I0255016

KEEPSAKE

DES JEUNES PERSONNES

CORBEIL, IMP. DE CRÉTÉ.

KEEPSAKE

DES

JEUNES PERSONNES

PAR Mme LA COMTESSE DASH.

ILLUSTRÉ PAR ERNEST GIRARD.

PARIS,
PÉTION, ÉDITEUR, RUE DU JARDINET, 11.

1847

KEEPSAKE DES JEUNES PERSONNES.

INTRODUCTION.

La plus belle chose de ce monde et celle dont généralement on sait le moins jouir, c'est la jeunesse. Tant qu'elle dure, on la croit éternelle. Il est impossible de supposer qu'une habitude si douce puisse avoir une fin, et l'on ne commence à s'apercevoir qu'elle s'envole que lorsqu'il n'est plus temps de la retenir. C'est une vérité dont nous sommes tous convaincus, nous qui pleurons nos beaux jours enfuis, nous qui vivons dans le passé et pour qui l'avenir a fermé ses portes d'airain. Malgré moi, cette idée me suit sans cesse ; je me rattache à mes souvenirs, je passe de longues heures à contempler les vieilleries qui m'entourent, dans lesquelles je retrouve l'histoire de ma vie, et chacun de ces souvenirs apporte après soi des regrets !

J'aime aussi, par cette même raison, les jeunes personnes ; c'est un miroir où je me trouve telle que j'étais autrefois, c'est une image de ce temps que je ne reverrai jamais. Je m'entoure de ces chères enfants ;

elles viennent aussi volontiers dans ma retraite, elles regardent curieusement cette foule d'inutilités anciennes qui garnissent ma maison. Elles m'interrogent sur leur origine, sur leur usage; alors ce sont des contes interminables qu'elles me font faire. Elles sont impitoyables et ne me font pas grâce d'un détail. Tantôt elles exigent l'histoire d'un portrait, tantôt celle d'un Chinois de porcelaine, elles veulent même connaître la biographie de mes bijoux.

Mon petit chien, ce cher Fanfreluche, dont la généalogie est plus en règle que celle de bien des maisons de France, est aussi le favori de mes jeunes amies. Elles le nourrissent de biscuits, elles lui mettent au cou des pompons roses, elles entrelacent des rubans dans les longues soies de ses oreilles qui touchent la terre, jusqu'à ce que l'animal volontaire et gâté, se lassant de leurs attentions, se réfugie dans sa maison couleur de rose, au milieu de ses dentelles et de son édredon, et leur montre sa double rangée de dents, pointues comme des aiguilles et blanches comme des perles. Alors elles le quittent en l'appelant grognon, en lui jetant des dragées qu'il ne daigne pas voir et courent chercher un autre jouet.

Je les suis de l'œil, je ris de leur gaieté, je réponds à tout, je leur permets même un innocent pillage, tant qu'il ne s'attaque pas aux fétiches de mes souvenirs, ce charmant tumulte me plaît. Elles prétendent que je les amuse, quand je voudrais, au contraire, les remercier de ce que je fais pour elles. Ainsi se passent mes derniers jours, jusqu'à celui où je serai appelée à répondre devant Dieu. Il est temps qu'il arrive, je le vois sans peur, car il me rapprochera de tout ce que j'ai aimé, de tout ce que j'ai perdu. L'hiver dernier j'avais pris *un jour*, comme les élégantes, pour la réunion de mon charmant cercle. Elles venaient chercher chez-moi une collation friande et une histoire, c'était notre convention. Bien plus, il avait fallu leur promettre de m'habiller ce jour-là avec mes anciens costumes. J'ai toujours conservé la poudre, je mettais plus de soin dans mes coiffures; je portais des bonnets d'autrefois; dont la forme leur semblait si gracieuse qu'elles en prirent le modèle. Mes belles robes de damas ou de Dauphine faisaient le sujet de leur admiration ; elles s'étonnaient que je les eusse si bien conservées. Plus tard elles comprendront comment j'y ai donné tant de soin.

Elles se plaignaient un soir, au moment du jour de l'an, de voir offrir à leurs mères tant de beaux livres à gravures, tant de keepsakes, dont les nouvelles devaient être bien amusantes, à en juger par les vignettes.

— Eh bien! mon enfant, dis-je à l'une d'elles, espiègle, brune et charmante, on vous les laisse voir ces vignettes, cela vous amuse, n'est-ce pas?

— Oui, madame, mais on me défend de lire le texte et j'en ai une envie mortelle.

— Et cela est bien injuste, chère comtesse, ajouta la douce et blonde Mina, si jolie et si timide d'ordinaire, personne ne s'occupe de notre âge, toutes les belles choses sont pour nos mères.

— Ma chère petite, ayez patience, vous y arriverez, vous n'y arriverez que trop tôt.

— Sans doute, reprit Clémence, charmante étourdie, lorsque nous sommes trop grandes pour jouer à la poupée, on ne nous donne plus que des boîtes à ouvrage, des couleurs, des livres d'histoire, rien qui nous amuse.

— Ma tante, poursuivit Mathilde, dont les grands yeux noirs reflètent la bonté de son cœur, si vous étiez bien aimable, vous nous feriez un keepsake pour nous.

— Un keepsake! m'écriai-je, vous n'y songez pas, à mon âge, à quatre-vingt-neuf ans, m'embarquer dans cette entreprise, je serais morte avant de l'achever.

— Oh! si vous vouliez, Madame, interrompit Esméralda, cette jeune fille, qui n'est pas Française et que nous serions si fières d'appeler une Parisienne, ce serait si facile?

— Comment cela, s'il vous plaît?

— Vous avez conté à chacune de nous une histoire que vous nous avez données par écrit; permettez-nous de les réunir, il y a certainement de quoi faire un volume. De la sorte, les jeunes personnes auront leur keepsake, sans que vous preniez d'autre peine que de rassembler vos manuscrits.

— Consentez, Madame, dit Cléopâtre en levant sur moi son beau regard.

— Oh! oui, consentez! crièrent-elles toutes à la fois, joignant leurs petites mains.

J'étais bien tentée de me laisser fléchir, cependant je me fis prier par un vieux reste de coquetterie.

— Il y aura des gravures, nous y placerons à la tête votre portrait, celui de Fanfreluche, continuèrent-elles, ce sera charmant.

— En fait de portraits, Mesdemoiselles, placez-y les vôtres; à mon âge on ne se fait plus peindre.

Elles mirent tant d'insistance, tant de charmantes chatteries dans leurs manières, que je me vis obligée de céder, à la condition, toutefois, que je ne m'occuperais de rien et qu'elles se chargeraient de tous les arrangements avec mon éditeur et le peintre. Voilà comment ce livre a été composé. Il ne s'adresse qu'aux jeunes personnes, il leur appartient; c'est à elles que je le dédie. Puisse-t-il les amuser quelques instants! J'ai longtemps écrit pour elles dans leur journal. J'y étais soutenue par des noms et des talents illustres, aujourd'hui je suis seule en face de mon délicieux public. Puissé-je n'en être pas moins bien reçue! J'ai tâché de mêler la morale au conte, la vérité à la fable; j'ai laissé parler mon cœur plus souvent que mon esprit. C'est aussi au cœur que je m'adresse.

Comtesse DASH.

HENRIETTE DE NAMPLES.

A Mademoiselle

ESMÉRALDA BOLDAR DE KOSTAKY LÁTYESKO.

Votre nom doit porter bonheur à ce recueil, chère Esméralda, ce joli nom que notre grand poëte a retrouvé et qui semble avoir été fait pour vous. Ceci est une histoire de mon siècle, de ce siècle où vous auriez dû naître, vous gracieuse et élégante comme lui. En rencontrant de charmantes jeunes filles telles que vous, je me souviens plus amèrement de ces jours enfuis et remplacés par une si triste époque. Il y avait alors des croyances et du dévouement, de l'enthousiasme et de belles manières. A présent l'égoïsme et l'intérêt règnent en despotes. On ne trouve que très-rarement des affections désintéressées, qui bravent le temps et les orages. Aimez-nous donc, nous qui vous aimons ainsi; évitez de la sorte la déception, ce ver rongeur de toutes les fleurs de l'âme; dansez, joyeuse et insouciante, avec le charme d'une bayadère et l'innocence d'un enfant, et laissez aller votre existence au cours heureux qui l'entraîne, ainsi vous atteindrez le port.

HENRIETTE DE NAMPLES.

C'est une histoire de l'ancien temps que je vais vous dire, ma chère Esméralda, de ce temps où j'étais jeune aussi et où j'aimais les histoires. Vous la lirez, j'espère, avec intérêt et vous voudrez bien songer que l'auteur est une vieille femme qui n'a plus que des souvenirs à vous conter. L'avenir est à vous, le passé m'appartient ; à vous l'espérance, à moi le regret.

Dans cet ancien temps dont je vous parle, presque toutes les filles de qualité faisaient leur éducation au couvent. Il était bien rare qu'on nous gardât dans la maison paternelle. Les héritières, les filles uniques jouissaient seules de ce privilége, et encore ne leur était-il pas accordé généralement. On choisissait une abbaye à portée de ses terres ou de sa résidence habituelle ; on y envoyait les jeunes personnes avec une gouvernante, et bien recommandées à quelque tante ou quelque amie religieuse, chose qui ne nous manquait pas,

Dieu merci! Parmi les communautés d'élite, l'abbaye de Chelles jouissait d'une haute réputation. Sa situation à douze lieues de Paris et de Versailles rendait les communications commodes et fréquentes. Des princesses du sang en avaient été abbesses et les plus grandes dames s'honoraient d'y être reçues.

Le 25 janvier 1771 un carrosse roulait très-vite sur la grande route de Chelles à Paris. Dans le fond, une jeune fille de seize ans, vêtue de blanc des pieds à la tête, se tenait penchée vers la portière et examinait le paysage d'un air à la fois triste et étonné. A côté d'elle une grave personne, en robe et en coiffe noires, échangeait quelques mots avec l'écuyer placé sur le devant dans une attitude respectueuse ; la jeune fille ne les écoutait pas, lorsque le nom du marquis de Gironne lui fit promptement retourner la tête.

« M. le marquis est un enfant charmant, disait l'écuyer ; c'est dommage que sa santé soit si faible. Madame la duchesse l'adore, et elle a bien raison, car on n'a pas plus d'esprit que lui.

— Ressemble-t-il à mademoiselle? demanda la gouvernante.

— Si j'osais exprimer toute ma pensée, répondit l'écuyer, je dirais qu'il n'y a pas la plus petite ressemblance entre eux. C'est un genre de beauté tout différent. »

Henriette soupira, attendit un instant que la conversation se rengageât de nouveau, et, voyant qu'ils se taisaient, reprit sa première occupation.

Henriette était fille du duc de Namples ; elle avait perdu sa mère de très-bonne heure, et son père, en se remariant à mademoiselle de Saint-Sernin, l'avait envoyée à Chelles, d'où elle sortait pour la première fois à seize ans. Quelques rares visites du duc et de la duchesse lui avaient montré dans son père un homme froid et indifférent, et dans sa belle-mère une fort grande dame, belle, vaine de sa beauté, de son rang, sèche et dédaigneuse. Combien alors elle regrettait sa mère, sa mère qu'elle n'avait pas connue! Quant à son frère du second lit, le marquis de Gironne, elle ne l'avait jamais vu.

Vous comprenez, ma chère petite, combien Henriette était préoccupée en songeant à la vie inconnue qui allait s'ouvrir devant elle. Elle regrettait le couvent, elle craignait son père, sa belle-mère; mais elle aspirait à connaître le monde, à voir de près cette cour dont les récits merveilleux avaient tant de fois excité sa curiosité; elle espérait en son frère, jeune enfant de douze ans, qu'elle aimait déjà. Ces mille pensées se croisaient dans sa tête, et la voiture roulait toujours; enfin, elle entra dans Paris et bientôt les deux portes de l'hôtel de Namples se refermèrent sur elle.

Aussitôt qu'elle eut mis pied à terre, elle demanda aux valets qui s'avançaient au-devant d'elle l'appartement de son père.

« M. le duc est à Versailles, répondit l'un d'eux, mais j'ai ordre d'introduire mademoiselle dans le salon de madame la duchesse. »

Henriette sentit son cœur se serrer; elle avait compté sur la présence de son père pour la soutenir devant cette terrible belle-mère dont l'aspect était si altier et si décourageant! Elle monta l'escalier d'un pas timide et suivit le laquais qui annonça à haute voix:

« Mademoiselle de Namples! »

Henriette fit une révérence assez gauche en entrant et leva les yeux lorsqu'elle sentit une main prendre la sienne.

« Soyez la bien venue, ma chère Henriette, dit la duchesse d'une voix qui cherchait à être caressante; votre père arrivera demain; en attendant, voici votre frère, pour lequel je vous demande vos bontés. »

La duchesse était en grand habit; elle arrivait du Palais-Royal, où madame la duchesse d'Orléans l'avait conviée à dîner. Sa beauté semblait plus frappante ainsi, mais elle imposait beaucoup; aussi mademoiselle de Namples ne trouva-t-elle aucune réponse à lui faire et s'avança-t-elle vers la cheminée où le marquis de Gironne l'attendait avec son gouverneur.

« Venez ici, Louis, continua la duchesse. C'est mademoiselle de Namples votre sœur. »

Elle appuya beaucoup sur ce dernier mot. Le marquis sembla la comprendre à merveille, et, prenant la main d'Henriette, il la baisa avec plus de galanterie que de tendresse.

« Vous pouvez l'embrasser, mon fils, elle n'a point de rouge, » ajouta madame de Namples en souriant.

Il l'embrassa. Le marquis de Gironne avait douze ans, ainsi que je vous l'ai dit, ma chère Esméralda. Il était petit, un peu contrefait, d'une pâleur maladive qui faisait mal à voir. Son visage n'offrait rien de remarquable que ses yeux, dont l'éclat et la beauté ressortaient encore par le contraste de ses autres traits parfaitement insignifiants. Il portait le costume du régiment de Flandre, dont il était colonel. Ses manières réunissaient l'impertinence de sa mère à la roideur compassée du duc; il n'avait d'un enfant aucune gentillesse, aucune timidité; on eût dit un vieillard souffrant et caustique. Henriette sentit son cœur se serrer, elle si franche, si gaie, si jeune !

« Ma fille, dit la duchesse, vous allez vous retirer chez vous. J'ai quelques personnes à souper, et il ne serait pas convenable que vous parussiez chez moi avant d'avoir été présentée par votre père à toute votre famille. On vous servira dans votre appartement, demain nous nous reverrons. »

Et lui faisant un signe de la main, elle la congédia.

Le lendemain elle entendit la messe dans la chapelle de l'hôtel où se réunissait la nombreuse livrée de son père. Ce peuple de laquais en habits blancs lui donna une haute idée de la puissance de sa maison ; pour la première fois de sa vie elle songea qu'elle était une héritière et se demanda quel serait son avenir. Le marquis de

Gironne, agenouillé près d'elle s'informa de sa santé avec sollicitude ; elle le trouva plus laid encore que la veille.

Un peu avant le dîner le bruit d'un carrosse et de plusieurs chevaux l'attira à sa fenêtre ; elle vit son père descendre de sa voiture, monter les marches du perron ; elle l'entendit parler au maître-d'hôtel ; il l'interrogea sur la duchesse, sur le marquis, sur les personnes qui s'étaient fait écrire chez lui, et ne parla point de sa fille.

« Mon Dieu! pensa-t-elle, personne ne m'aime donc ici, pas même mon père! »

Sa gouvernante la pria de s'habiller, afin de ne point faire attendre ses parents. Elle revêtit pour la première fois un élégant costume ; on poudra ses cheveux, on les orna de fleurs et de rubans, et quand elle fut parée, madame Martin la conduisit au salon. Henriette y trouva son père entouré de plusieurs seigneurs, et la duchesse au milieu d'un cercle de femmes assises. Le duc en l'apercevant s'avança vers elle, la baisa au front en lui souhaitant un bonjour bien indifférent, puis il la présenta à toutes les personnes qui composaient l'assemblée. Ce furent une suite de révérences cérémonieuses bien embarrassantes pour une jeune fille, n'est-ce pas, Marie? Mais alors on tenait beaucoup aux formes extérieures. On croyait, et je ne sais si l'on n'avait pas raison, on croyait que les enfants devaient montrer à leurs parents tout le respect possible. Un chef de famille était une sorte de petit souverain, ses décisions faisaient loi et nul ne songeait à s'y soustraire.

Henriette fut placée à table entre un chevalier de Malte et un officier aux gardes françaises qu'on lui dit être de ses cousins. Ils lui semblèrent d'une amabilité un peu prétentieuse, mais pleine d'attentions. Les compliments dont ils l'accablèrent la firent rougir, tout le bien qu'ils lui racontèrent du duc et de la duchesse lui donna de leur bonté la meilleure opinion. Quand on les laissa seules, la duchesse appela Henriette et la fit asseoir près de son fauteuil.

« Comment trouvez-vous nos convives? lui dit-elle. Ils ont été charmants, n'est-il pas vrai?

— Oh! oui, madame, ils m'ont montré un intérêt extrême; ils se sont informés de tout ce qui me regardait, jusqu'aux plus petits détails; ils m'ont écoutée avec une indulgence dont je suis profondément touchée.

— Vraiment! si vous connaissiez le monde, vous le seriez moins. Ces deux messieurs sont les neveux de votre mère. Sans vous, ils auraient hérité de sa fortune, ils vous détestent. Leur vœu le plus cher serait de vous voir rentrer au couvent et surtout de vous empêcher dans ce cas de rien donner à mon fils.

— Mon frère! mais ils m'en ont parlé pendant une heure comme d'un enfant de la plus belle espérance.

— Le monde est fait ainsi, ma chère; ne le croyez jamais, ne vous y fiez pas. Les femmes, et vous plus qu'une autre, y marchent entourées d'écueils. Le plus heureux est le plus adroit. Il y a loin de là, n'est-ce pas, à tout ce que vous aviez rêvé? vous aviez peuplé nos salons d'anges et de saintes; je me crois obligée de vous désabuser, votre erreur eût été trop cruelle. »

La pauvre Henriette regardait sa belle-mère avec des yeux pleins de larmes.

« Quoi! madame, mes cousins ne m'aiment pas, ils haïssent mon frère, ils songent à nous dépouiller tous les deux! mais cela est horrible!

— Hélas! ma chère enfant, jugez que de courage il faut avoir pour vivre au milieu de cette caverne quand on a le cœur droit et pur. Comme on gémit de la nécessité qui vous y attache! comme on soupire après la retraite! Pour moi, je vous assure que le seul beau temps de ma vie a été celui de mon enfance. J'étais si heureuse dans ce joli jardin à Fontevrault, entourée de jeunes filles douces et franches comme moi, de pieuses et bonnes religieuses, n'ayant d'autres chagrins que ceux que je me causais moi-même, voyant l'avenir si riche et si brillant! Eh bien! toutes ces joies se sont effacées, toutes ces fleurs se sont flétries; à leur place je n'ai trouvé que des piéges, et je n'avais personne pour m'aplanir la route, personne qui me prévînt ainsi que je vous préviens aujourd'hui. C'est à mes dépens que j'ai acquis de l'expérience.

— Merci, madame, merci, répondit froidement Henriette ; vous êtes trop bonne, ma reconnaissance...

— Ne parlons pas de cela; je remplis un devoir, et ce devoir de mère me fait du bien. J'aurais tant aimé une fille comme vous! Allons, essuyez vos yeux, ne vous affligez pas; remontez chez vous, écrivez à une bonne amie de Chelles; cela reposera votre petite âme froissée par la triste vérité. Vous souperez seule ; monsieur le duc et moi nous allons chez la maréchale de Beaufort; ce n'est point une maison convenable à votre âge. Bonsoir, embrassez-moi et soyez toujours sage et belle. »

Mademoiselle de Namples suivit le conseil de la duchesse; elle écrivit à son amie la plus intime, qui se préparait avec regret à prendre le voile. Elle lui raconta tout ce qu'elle venait d'apprendre, en lui promettant une suite de renseignements plus rassurants peut-être lorsqu'elle aurait pu juger par elle-même. A votre âge, ma chère Esméralda, on croit si difficilement le mal! C'est là une des belles prérogatives de la jeunesse, c'est ce qui prouve son innocence et ce qui la lui conserve.

Mademoiselle de Namples commença dès lors une vie nouvelle et étrange pour elle. Sa belle-mère la présenta dans le monde, c'est-à-dire dans un certain monde où il était habituel de mener une jeune personne. Sa beauté, sa grâce, sa bonté surtout, lui procurèrent un aimable accueil. Son pauvre cœur froissé renaissait devant les prévenances; elle écoutait avec ravissement les douces paroles, elle recueillait les regards affectueux, les sourires caressants, comparant en elle-même ces égards, ces attentions avec le maintien glacé, la froide réserve de son père et de la duchesse envers elle.

« Mon Dieu! se disait-elle, chacun m'aime dans ces salons où l'on me conduit, il n'y a que ma famille à laquelle je ne plais pas, et cependant je l'aime bien ma famille! Oh! je suis trop malheureuse! Pourquoi m'a-t-on retirée de Chelles? »

Le soir, quand elle rentrait encore tout émue de ces amusants soupers où on la recevait si bien, madame de Namples assistait à son coucher, et là commençait un autre supplice auquel sa jeune âme ne s'accoutumait point. La duchesse reprenait une à une toutes les phrases encourageantes, tous les compliments qui lui avaient été adressés, et, sous prétexte d'éclairer la pauvre enfant, elle lui en démontrait la fausseté. On eût dit qu'elle remplissait un devoir maternel. Arrachant sans pitié le masque qui couvrait ces visages trompeurs, elle les montrait tels qu'ils étaient réellement ; elle dévoilait impitoyablement à sa belle-fille les vices, les turpitudes, les vanités de l'espèce humaine. Le seul livre qu'elle lui mit entre les mains fut les maximes de M. de La Rochefoucauld. La naïve créature repoussait en vain de toutes ses forces ce tableau hideux ; en vain elle fermait les yeux pour ne rien apercevoir qu'à travers le prisme de ses dix-sept ans; la duchesse la forçait à les ouvrir ; elle arrachait une à une les fleurs de sa couronne d'illusions, ne lui laissant à la place que des débris informes et décolorés.

« Madame, disait Henriette, madame, laissez-moi croire, je vous en conjure.

— Non, ma chère ; je sais que je suis cruelle, mais c'est pour votre bien ; plus tard vous m'en remercierez. Il n'y a que Dieu de vrai et le cœur de vos parents ; n'ayez foi qu'en lui, n'ayez confiance qu'en eux. Vous voyez que j'élève mon fils ainsi, et cependant c'est un homme. Il a des chances de bonheur qui vous manquent ! »

La conduite du marquis de Gironne était toute différente. Il entourait sa sœur d'affection ; il ne sortait pas sans lui rapporter quelque joli présent, toujours, ou presque toujours, des objets de dévotion ; pour elle seule il se montrait caressant ; il avait presque l'air de la préférer à sa mère. Il en résulta qu'il devint la seule personne qu'elle pût aimer, qu'elle reporta sur lui les sentiments qu'on se plaisait à refouler chaque jour dans son sein. Tous ceux qu'elle voyait lui semblaient suspects ; elle vivait dans une perpétuelle méfiance, écoutant avec un sourire d'incrédulité les protestations et les éloges. Voyant un mensonge sous toutes les paroles, une tromperie dans toutes les actions, la crainte prêtait à cette jeunesse si belle toute la tristesse des vieux ans : cela faisait peine à voir.

Comme vous le supposez sans doute, ma chère enfant, mademoiselle de Namples, un des plus beaux partis du royaume, ne manqua point de prétendants. A peine eut-elle paru deux fois que l'escadron des jeunes gens à marier se mit en campagne et tourna les yeux vers elle. Les uns s'adressèrent au duc, les autres à la duchesse ; les plus hardis firent leur cour à Henriette elle-même ; mais tous, devinant avec cet instinct d'intérêt personnel qui s'égare peu généralement que son frère avait un immense pouvoir sur elle, se mirent à s'occuper sans relâche de plaire à cet enfant bossu et capricieux. La tâche n'était pas facile, ou, pour parler plus juste, il s'étudiait à la rendre presque impossible ; sa malice et son esprit s'exerçaient sans cesse aux dépens de ce qu'il appelait les chevaliers de sa sœur. Il n'y avait sorte de tours qu'il ne leur jouât, les tournant en ridicule, les bafouant, devant elle surtout, jusqu'à ce que, perdant patience, ils quittassent la partie, voyant qu'ils ne réussissaient point.

Il s'était amusé à en dresser une liste avec des notes explicatives. La duchesse, pour se montrer impartiale et bonne mère, se fit la loi de ne rien cacher à Henriette ; dès qu'un nouveau soupirant se présentait, elle l'en instruisait, la laissait parfaitement libre d'accepter ou de refuser, ne se permettant pas la plus petite observation. Mais le marquis de Gironne arrivait sa liste à la main, et, les reprenant tous avec leurs nom, prénoms, qualités, défauts, prétentions, il ennuyait tellement sa sœur de ce mot : *mariage*, que, sans rien examiner de plus, elle disait non, en suppliant qu'on la laissât tranquille. Le duc, tout occupé des intrigues de cour, des intérêts politiques dont la gravité commençait à frapper les esprits sérieux, avait abandonné à sa femme la direction des deux enfants. Sa fille d'abord était pour lui l'être le plus indifférent. Il chérissait dans son fils l'héritier de son nom et de ses titres, celui qui devait transmettre à la postérité ces honneurs qui lui semblaient la seule chose digne d'envie et qu'il avait acquis à force de soins et de peines ; aussi tous ses plans d'avenir étaient-ils fondés sur lui, le sort d'Henriette n'y entrait aucunement. Qu'elle se mariât tôt ou tard, qu'elle épousât un nom ou un autre, peu lui importait, pourvu que ce nom fût illustre, qu'elle ne fît point de mésalliance et que sa position servît à l'élévation de sa maison à lui. Il s'en rapportait sur tout cela à la duchesse, dont il connaissait la fierté, bien convaincu qu'elle veillerait comme lui-même à ce qu'aucune dégradation ne vînt les frapper.

Je ne crois pas, ma chère petite, que vous ayez entendu parler d'un homme qui fit à cette époque-là beaucoup de bruit dans le monde, monsieur de Lettorière, qui, par la puissance de sa seule beauté, arriva à la faveur et à la fortune. C'était un simple cadet de province sans protection, sans argent, qui vint à Paris chercher les aventures, ainsi que beaucoup de gentilshommes le faisaient alors. Rien n'était comparable à sa tournure et à son visage ; il frappait tous ceux qui le voyaient. On raconte qu'un jour de pluie il s'était tapi sous une porte cochère pour ne pas salir ses bas de soie blancs, et, n'ayant pas les trente sous à donner à un carrosse de place, il attendait. Un fiacre passe ; le cocher le regarde, s'arrête et lui propose de le conduire.

« Je ne puis accepter, répondit le jeune homme ; je n'ai pas de quoi vous payer.

— Montez toujours, mon gentilhomme ; il ne sera pas dit qu'un joli garçon comme vous restera dans la boue tant que j'aurai deux bons chevaux à mon service. »

Il monta, et l'honnête cocher le déposa dans la maison où il se rendait, sans lui demander un liard.

Cette influence, il l'exerçait sur tous ceux qui l'approchaient. Il l'exerça sur le roi lui-même, qui le prit en amitié, le reçut dans ses *particuliers* et voulut lui faire un sort brillant. Mille partis se présentaient à lui, il vit mademoiselle de Namples et ne songea plus qu'à elle.

La duchesse trouva là un rude adversaire. Il n'y avait pas un mot à dire, pas le plus petit ridicule à lui prêter ; c'était un cadet de famille, voilà tout. Mais ce cadet apportait des avantages que beaucoup d'aînés de noble naissance ne pouvaient offrir : il avait l'amitié du roi et la certitude d'arriver aux emplois les plus élevés. Sa réputation intacte ne laissait aucune prise à la médisance : il passait pour très-spirituel ; enfin il n'était pas possible de rencontrer un homme plus accompli.

Il fallut, pour ne point dévier de l'usage établi et pour conserver sa réputation d'impartialité, que madame de Namples transmit à Henriette cette demande comme les autres, la jeune fille baissa les yeux et ne répondit point. Le soir le marquis de Gironne entra dans sa chambre en riant aux éclats.

« Eh bien! ma sœur, un prétendant nouveau?

— Oui, mon frère.

— Et qu'en dites-vous?

— Rien.

— Quoi! rien du beau Lettorière! de l'Adonis moderne!

— Absolument rien.

— Vous êtes bien difficile ou bien dissimulée.

— Ni l'un ni l'autre, je vous assure; vous savez que je ne veux pas me marier.

— Il commence cependant à être temps de faire un choix. J'ai apporté ma liste avec le nom de Lettorière en lettres majuscules. Nous allons les reprendre tous, et il faudra que séance tenante vous déclariez quel est l'heureux mortel dont vous porterez le nom.

— Vous vous moquez de moi, marquis!

— Pas du tout; je veux un beau-frère, il est temps que cela finisse. Voyons :

« N° 1. Très-haut et très-puissant duc de Frontanac, âgé de cin-
« quante-six ans, nez en bec de corbin, yeux louches, cent mille li-
« vres de rente, un tabouret, un catarrhe, goutteux, trois vieux
« chiens, une gouvernante maîtresse, et un blason superbe. »

— Cela vous va-t-il?

— Non, cent fois non!

— Très-bien! Continuons.

« N° 2. Monsieur le marquis de Fassy, brigadier des armées du
« roi, gentilhomme de la chambre; verrue sur le front, perruque
« rousse sans poudre par économie, quarante-cinq ans, disciple de

« Voltaire, amoureux de madame de Pompadour avant et depuis
« sa mort, récit de la prise de Mahon, de la bataille de Fontenoy à
« écouter tous les jours. »

— Qu'en dites-vous ?

— Louis, je vous ai déjà prié de me laisser en repos avec ce vieux soldat radoteur.

— Passons à un autre.

« N° 3. Le vicomte de Namples, votre très-honoré cousin, qui
« vous procurerait l'avantage d'écarteler de notre écusson. Il vous
« apporte en mariage six blessures, cinquante mille écus de dettes,
« trois dents de moins, une effronterie à toute épreuve et deux
« chevaux poussifs. »

— Ne me parlez jamais de cette figure de poupée !

— « N° 4. Le marquis de Sainte-Luce. Pour celui-là, c'est un char-
« mant cavalier, fait au tour, un peu soupçonné de poltronnerie ;
« fat à plaisir, soixante mille livres de rente ; dansant le menuet
« comme un zéphyr, mais le dansant du matin jusqu'au soir ; cou-
« vert de paillettes et d'habits brodés, fréquentant quelque peu les
« cabarets et les mousquetaires, rentrant à l'hôtel avec une pointe
« de vin, légèrement brutal ; du reste très-agréable dans le monde,
« si ce n'est qu'il ne veut parler qu'anglais, dont il ne sait pas un
« mot. »

Henriette leva les épaules en souriant.

— Vous n'êtes pas satisfaite ? Alors nous y voilà.

« N° 5. Le marquis de Lettorière, le beau Lettorière. Adoré de
« toutes les femmes, recherché dans tous les cercles, apportant à la
« jeune personne qu'il choisira beaucoup d'espérances et peu de
« réalités positives. La faveur du roi, déjà fort âgé ; une tournure,
« une grâce inimitables qui le font remarquer partout, et qui pro-
« cureront à la future marquise le plaisir d'entendre dire autour

2

« d'elle : C'est la femme de monsieur de Lettorière. Cette chère
« marquise est parfaitement sûre de n'être rien par elle-même, de
« passer inaperçue, d'avoir un mari pour tous, excepté pour elle. Au
« total ce sera le plus charmant zéro de la cour. Le marquis,
« ayant une réputation brillante à soutenir, donnera tout son temps
« au monde, il ne s'occupera jamais de sa femme ; ce sera pour lui
« un meuble doré de plus, et voilà tout. Si cette femme a le malheur
« de l'aimer, sa destinée n'en sera que plus affreuse. Dédaignée par
« les étrangers, oubliée de son mari, abandonnée peut-être de sa
« famille, à qui cette union semble bien disproportionnée, elle cou-
« lera de tristes jours, seule et dolente, enviant le sort de celles qui
« possèdent un mari stupide et laid, mais qui du moins leur appar-
« tient en propre, maudissant la vanité qui lui aura fait choisir ce
« nouvel Alcibiade, et se retirera dans un couvent pour y finir ses
« jours au milieu des regrets. »

— Que vous semble du tableau ? »

Henriette, la tête baissée, écoutait en silence la peinture fidèle du ménage d'un homme à la mode. Elle rougissait à chaque instant, n'osant interrompre le marquis et craignant de le laisser continuer; voyant qu'elle se taisait, il reprit:

« Eh bien ! ma sœur ?

— Eh bien ! Louis ?

— Vous ne trouvez pas d'objections contre ce charmant vainqueur?

— Mon frère, vous vous moquez de moi.

— Pas le moins du monde, ma chère ; je veux seulement que vous vous expliquiez.

— Et sur quoi ?

— Sur ma liste et en particulier sur M. de Lettorière. Ne vous en ai-je pas lu assez? J'ai encore une douzaine de noms, attendez.

— C'est déjà trop, Marquis; vous me tourmentez horriblement; je ne me marierai pas, je ne me marierai jamais, je resterai fille.

— Voyez un peu le beau métier! Je vous y engage, et je vous commanderai dès demain un écusson en losange. Cela vaudra mieux encore que d'écarteler de Namples avec notre très-honoré cousin le vicomte. »

Henriette sourit encore, et une minute après retomba dans la rêverie. On les appela pour le souper de famille et elle porta à table cette même tristesse, dont son frère et la duchesse la raillèrent impitoyablement.

« J'ai pourtant une bonne nouvelle à vous donner, ajouta cette dernière; je vous annonce un bal magnifique, un bal avec quadrilles et travestissements, chez moi; votre père me permet de le donner à Chervière, dans ce beau château que vous désirez tant connaître; ce sera superbe, la cour tout entière. N'êtes-vous pas charmée de voir un spectacle semblable, ma fille?

— Oh! oui, madame, charmée en vérité.

— Vous composerez votre quadrille ainsi que vous l'entendrez; je vous laisse maîtresse du choix des costumes et des acteurs. Votre frère aura le sien, ceux des enfants de son âge, et moi, le mien également. Les autres seront conduits par les plus jolies femmes de ma connaissance; je serai très-difficile.

— Je vous remercie, madame, de cette complaisance; mais si vous le permettiez, j'aimerais bien mieux ne rien choisir, ne rien conduire du tout; je n'y entends pas grand'chose.

— Je vous aiderai, soyez tranquille; mais il ne serait pas convenable que vous ne prissiez pas dans cette soirée la place que vous devez occuper. Voyons, quel siècle représenterez-vous? les Romains, les Grecs, les Turcs?

— Je ne sais, madame; tout ce que vous voudrez.

— Nous y réfléchirons. De votre côté cherchez les noms des danseurs; vous me les présenterez et je verrai s'ils me conviennent aussi.

La duchesse se leva de table, embrassa sa belle-fille sur le front et se retira dans son appartement. Mille idées nouvelles germaient dans la tête d'Henriette. En se déshabillant elle fut distraite. Tout ce que son frère lui avait dit se représentait à son imagination avec des traits plus forts encore.

« Mais, disait-elle, où trouver le bonheur en ce monde ? Me marier ! avec qui ? pourquoi ? Oh ! tous sont trompeurs, tous sont faux, tous feraient le malheur de ma vie. Oh ! mon beau couvent de Chelles, que je vous regrette ! »

Et puis les idées du bal revenaient à la suite; elle se voyait dans ces superbes salons de Chervière avec une brillante toilette, elle entendait d'avance bourdonner à ses oreilles les compliments dont on ne pouvait manquer de l'accabler; et ces mille enchantements dont le bal fourmille, et l'éclat des bougies, et l'orchestre, enfin toute cette joie fallacieuse qui séduit tant à votre âge, ma chère Marie, et dont on revient si vite !

La nuit se passa ainsi en rêves, en visions, en folies; elle dormit peu, attendit le lendemain avec impatience pour s'occuper de ses préparatifs de toilette et distraire les tristes pensées qui la suivaient partout. La duchesse se montra moins dure et moins blessante que de coutume. Dans un moment même où le marquis de Gironne reprenait ses plaisanteries sur le vicomte de Lettorière, elle le gronda sévèrement à cet égard.

« Ne tourmentez pas votre sœur, mon fils; M. de Lettorière est un homme fort distingué, très-capable de plaire à une femme, et tout ce que vous dites là n'a pas le sens commun. S'il convient à mademoiselle de Namples d'épouser un cadet de famille, sans fortune, n'en est-elle pas la maîtresse? Ne peut-elle pas l'enrichir, sans s'occuper de vos sottes billevesées d'amour? Faut-il donc absolument un mari qui nous adore? Et qu'importe à Henriette que le sien soit égoïste et fat, l'essentiel c'est qu'il lui convienne, et elle est plus à même que personne de savoir cela. »

On se remit à discuter les quadrilles. Après beaucoup d'irrésolutions, madame de Namples se décida à faire porter à Henriette une espèce de costume de fantaisie presque du temps de Louis XIII, avec de longues et larges manches, un corsage pointu à olives, une rose dans ses cheveux bouclés, sans poudre; rien n'était plus simple et plus propre à rehausser la jeune et fraîche beauté d'Henriette. La duchesse lui choisit des cavaliers élégants, des danseuses charmantes, enfin ce quadrille devait écraser tous les autres et remporter des suffrages unanimes. Monsieur de Lettorière en fit partie. L'habillement des hommes, encore plus riche et plus gracieux peut-être, montrerait avec tous leurs avantages sa taille et la régularité de son visage.

Depuis ce moment jusqu'au jour fixé pour le bal, la famille de Namples habita le château de Chervière, situé à quatre lieues de Paris, dans la belle et fraîche vallée de Montmorency. On y faisait des préparatifs immenses. Le duc et la duchesse voulaient que cette fête fût digne en tout de la splendeur de leur maison. On espérait y avoir M. le comte d'Artois et M. le duc de Bourbon; cet honneur inaccoutumé était dû aux pressantes sollicitations du duc de Namples et à l'amitié de Louis XV pour lui.

Les ouvriers les plus célèbres furent employés à la décoration des appartements. On fit de ce vieux castel un palais de fées. La saison était des plus favorables, la lune brillait, les fleurs embaumaient l'air. Les bosquets, les allées du parc furent illuminés en verres de couleurs; des orchestres cachés exécutaient des sérénades, des théâtres en plein vent offraient aux amateurs les acteurs favoris de la foire Saint-Laurent. Les lustres de cristal resplendissaient de lumières répétées par d'immenses glaces de Venise, entourées de guirlandes et de riches étoffes. Une foule de valets remplissaient les antichambres. Le souper, servi d'abord pour les princes, ensuite pour les autres convives, était disposé sous une tente, parfumée d'orangers, au milieu des jardins. Jamais rien de plus magnifique ne s'était offert aux regards de cette cour accoutumée à la magnificence. Les entrées de ballet eurent tout le succès possible, mais celui d'Henriette surpassa tous les autres. On l'admira et par savoir-vivre et par conviction ; chacun la trouva ravissante. Son ajustement lui seyait à merveille ; elle conserva, parmi cet enchantement d'amour-propre et de plaisir, sa touchante modestie, et on ne l'en louait que davantage.

M. de Lettorière fut ce qu'avait prévu la duchesse, l'homme le plus remarquable du bal. On ne parlait que de lui, on le vantait, on l'entourait pour le mieux voir ; à peine daignait-il y faire attention, tant il était accoutumé aux triomphes. Mademoiselle de Namples l'examinait malgré elle. Comme des fantômes menaçants, les observations de sa belle-mère et de son frère se plaçaient entre elle et ce séduisant seigneur. Elle se demandait si le bonheur était dans ce luxe, dans cet éclat ; si la femme d'un tel homme pourrait vivre de cette vie de cœur, si calme, si douce et si essentielle à la paix d'un ménage. Elle comprenait trop que sa famille disait vrai, qu'il fallait au vicomte un grand théâtre pour y briller, et que jamais l'amour, les soins de sa femme ne suffiraient à remplir son âme. Ces réflexions la conduisirent dans une allée écartée où elle s'assit et respira à son aise. Bientôt, de l'autre côté de la charmille, elle entendit causer, et reconnut en tremblant la voix de M. de Lettorière.

« Cette jeune fille est bien belle, disait son compagnon.

— Oui, reprit le marquis, très-belle, trop belle pour une héritière.

— Pourquoi donc ?

— Parce qu'on l'épouserait bien sans cela.

— Est-il vrai que tu l'aies demandée ?

— Très-vrai ; j'attends sa réponse, et de bonne foi j'espère qu'elle me sera favorable.

— Ah ! vraiment ?

— Oui, ce soir elle me regardait beaucoup ; elle semblait pensive, et...

— Et tu crois que, lorsqu'une femme devient pensive en te regardant, c'est qu'elle est plus d'à moitié vaincue. A-t-elle de l'esprit ?

— Je l'ignore, je n'ai pas pensé à m'en informer ; que m'importe ? Ce que je sais le mieux, c'est qu'elle s'appelle mademoiselle de Namples, qu'elle a deux cent mille livres de rente et que monsieur son père est un des seigneurs les plus aimés de Sa Majesté Louis XV et de monsieur le Dauphin.

— Allons, mon cher, nous danserons à ta noce et nous nous amuserons après ; car tu auras, je suppose, une bonne maison ?

— Repose-toi sur moi pour cela ; tu sais que je m'y connais. »

Ils s'éloignèrent en continuant leur conversation. Pauvre Henriette ! elle en avait assez entendu pour comprendre la réalité de ses craintes. Cet homme la marchandait comme une esclave ; il ne s'occupait ni de son esprit, ni des qualités de son âme, à peine de sa beauté. Son or était tout ce qu'il voulait d'elle. La dernière de ses illusions disparut. Reportant ses regards sur ce qui l'entourait, elle se révolta à la seule pensée de choisir un autre mari. Elle n'avait plus foi à rien, les larmes inondaient ses joues; tremblante, éperdue, elle se jeta dans un petit pavillon destiné aux études de son frère et où se trouvaient encore son chapeau et son manteau de mascarade. Là, tombant à genoux près de la fenêtre ouverte, éclairée par la lune, elle prononça ces paroles avec une agonie de cœur indicible :

« Mon Dieu ! il n'y a que vous en qui une âme droite puisse avoir confiance ; tout le reste n'est que tromperie et mensonge. Recevez donc mon âme, et accueillez-moi au nombre de vos servantes. Je quitte ce monde dont le vain éclat ne peut cacher la laideur ; ces bruits, ces chants qui arrivent jusqu'à moi, dans cet instant solennel, j'y renonce à jamais. Ma jeunesse, mon avenir, je vous offre tout, mon Dieu ! et ce n'est point un sacrifice. »

La pauvre jeune fille resta de la sorte plongée dans une espèce de vertige, jusqu'à ce que le marquis, qui la cherchait partout, la découvrît. Il l'emmena presque malgré elle ; elle le suivit pâle, résolue, ne donnant plus aucune attention aux enchantements qui l'entouraient. La fête se prolongea bien avant dans la nuit ; ce ne fut qu'au lever du soleil que le château de Chervière se trouva libre de ses nobles hôtes. Le duc et la duchesse venaient de reconduire les derniers convives. Avant de remonter chez eux ils entrèrent dans un des salons où leurs enfants étaient restés.

« Eh bien ! marquis, dit le duc, vous êtes-vous amusé ?

— Oui, monsieur, oh ! je me suis amusé comme un fou ; mais ma sœur a l'air bien sérieux.

— Cela est vrai. Henriette, qu'avez-vous ?

— Mon père, répondit la jeune fille, en tombant aux pieds du duc, j'ai vu de près le monde, je sens que je ne puis y vivre ; je vous demande la permission de retourner à l'abbaye de Chelles et d'y entrer en religion.

— En religion? vous! avec votre fortune? Y avez-vous bien pensé?

— Oui, mon père, j'y suis décidée; il ne me manque que votre consentement et celui de madame. Je laisse ma fortune à mon frère, trop heureuse d'augmenter la sienne. »

Le duc et la duchesse se regardèrent, indécis en apparence, mais charmés au fond du cœur. Le marquis de Gironne se composa sur-le-champ une physionomie d'attendrissement qui promettait beaucoup pour son âge. Henriette demeurait toujours à genoux, attendant la décision de son père. Sa parure en désordre, ces débris de fêtes, ces fleurs effeuillées, ces tentures flétries, ces lumières expirantes et le jour se montrant beau et radieux à l'orient, le contraste de toutes ces choses avec la scène qui se passait, donnaient à cet instant un aspect plus grave et plus étrange encore.

« Relevez-vous, ma fille, dit enfin le duc. Ni votre mère ni moi ne voulons contraindre votre vocation. Dans quelques jours, quand vous voudrez, nous vous conduirons à la sainte demeure que vous avez choisie. Puissiez-vous y être heureuse, mon enfant, et que le ciel vous bénisse comme je le fais moi-même! »

Henriette courba la tête sous la bénédiction paternelle. Son cœur battait vivement; avant de se relever elle dit :

« Daignez, monsieur, mettre le comble à vos bontés en me laissant partir sur-le-champ. Cette séparation est cruelle; pourquoi la retarder et ne pas frapper tous les coups à la fois? Ma gouvernante me conduira, et j'espère que vous daignerez permettre à mon frère de m'accompagner.

— Mais, ma chère Henriette, interrompit la duchesse, resteznous encore quelques jours; il est impossible de nous quitter ainsi; que dirait-on?

— On dira, madame, que la grâce m'a frappée au milieu d'une fête. Ne pénètre-t-elle pas partout? Dieu ne cherche-t-il pas ses enfants où il lui plaît? Laissez-moi, laissez-moi partir.

— Ne la contrariez point, madame, qu'il soit fait comme elle le désire. Adieu, ma fille, j'irai bientôt savoir si vous persistez dans votre courageuse résolution, rappelez-vous que, dans tous les cas, la maison paternelle vous sera toujours ouverte.

— Je vous mènerai moi-même à madame l'abbesse, ajouta la duchesse, je vous demande seulement quelques heures de repos. Embrassez-moi, pieuse enfant, je vous envie; vous allez être heureuse! »

Et ils se séparèrent. Henriette ne se coucha point, elle rassembla les petits objets qu'elle désirait emporter, distribua sa garde-robe entre ses femmes, qui pleuraient toutes à chaudes larmes, puis elle redescendit dans les salons que les tapissiers remettaient en ordre.

« Voilà donc ce qui reste de toutes ces magnificences! quelques débris, quelques ruines, et que les ruines des fleurs sont tristes. »

Elle dit adieu à ces lieux, témoins des splendeurs de ses pères. Pas un regret ne se fit jour à travers ses larmes.

Vers les trois heures de l'après-midi elle partit pour Chelles avec la duchesse et le marquis de Gironne. Elle vit avec joie les portes de ce saint cloître s'ouvrir. Les pensionnaires, les religieuses accoururent au-devant d'elle. Ce fut à qui la féliciterait de son retour. Il lui sembla qu'elle allait renaître à la vie au milieu de ces âmes droites et de ces cœurs purs.

« Ici, se disait-elle, tous les sourires sont francs, toutes les paroles sont vraies; on m'aimera, je pourrai croire qu'on m'aime. Mon frère, ajouta-t-elle avant de franchir la grille, je ne regrette qu'une chose en quittant le monde, c'est de vous y laisser. Vous y serez bien malheureux, mais je prierai pour vous ! Adieu ! »

Et le rideau noir retomba derrière elle. C'en était fait, mademoiselle de Namples allait devenir la sœur Henriette.

Après le temps voulu pour le postulat, toute la cour fut conviée à la prise d'habit. Ce jour-là on la para pour la dernière fois de tous les diamants de la famille. Elle était belle comme le jour, avec un magnifique habit de satin blanc, bordé et brodé de pierreries. Il y eut une rumeur dans l'église quand on la vit paraître ainsi vêtue, le voile des fiancées sur la tête et le bouquet virginal au côté. Un long sanglot retentit sous la voûte lorsque ses longs cheveux tombèrent sous les ciseaux, lorsqu'on lui enleva un à un tous ses atours pour la revêtir de la robe de bure. Ses regards tournés vers le ciel semblaient le remercier de ce qu'il l'avait enfin amenée au but de tous ses désirs ; on eût dit un ange exilé du paradis, et auquel le Seigneur avait rendu ses ailes.

La contenance du duc était sérieuse, celle de la duchesse convenable. Le marquis de Gironne pleurait à flots, auprès de sa sœur. Chacun remarqua sa douleur, chacun admira cet amour fraternel, qui lui faisait répandre ainsi des larmes sur un événement qui doublait son héritage. Henriette en fut profondément reconnaissante. Après la cérémonie elle lui remit elle-même les bijoux de la première duchesse de Namples, le priant de les accepter en gage de son affection.

« Je ne puis les porter, mon frère, je vous les donne. Puissent-ils orner un jour le front d'une femme aussi noble et aussi parfaite que celle à qui ils ont appartenu ; puissiez-vous rencontrer une pareille compagne, et ne pas la perdre si tôt ! Pardon, ma mère, reprit-elle en se retournant vers la duchesse, pardon, c'était aussi ma mère !

De ce moment Henriette se livra avec la plus grande ferveur aux pratiques de sa sainte profession. On la citait comme l'exemple du couvent. Les novices l'appelaient la sainte, et cependant nulle n'était plus indulgente. Sa mélancolie douce lui prêtait un charme toujours nouveau. Bien différente de celles, heureusement en petit nombre, qui cherchent à ressusciter dans le cloître les intrigues du monde, elle ne s'occupait que de ses devoirs. Souvent son frère et sa belle-mère la visitaient, le duc plus rarement. Néanmoins il existait dans ses manières une sorte de tendresse qu'elle ne lui avait point vue à l'hôtel de Namples. Elle en était heureuse et s'en montrait vivement reconnaissante. Ainsi s'écoula l'année de son noviciat.

Le jour où elle prononça ses vœux fut aussi solennel que celui de sa prise d'habit. La cour tout entière s'y porta en foule, on ne croyait pas à sa persistance. Mille propos avaient couru à cet égard. Il ne se passait point de semaine où l'on n'annonçât officiellement son retour chez ses parents, et son mariage avec un soupirant quelconque. Maintenant il n'y avait plus moyen de douter, elle était décidément religieuse, elle renonçait à tout jamais aux plaisirs et aux honneurs. Tous l'admiraient et la plaignaient, sans que la sérénité de ses traits pût les convaincre de sa vocation sincère. Le cœur humain est fait ainsi, il ne comprend le bonheur des autres que par le sien. Nous attribuons à notre prochain nos erreurs, nos vices mêmes ; sans nous en apercevoir, nous nous mettons toujours à sa place. C'est pour cela qu'il faut se défier des personnes trop sévères et de celles qui jugent légèrement. La véritable vertu est indulgente, parce qu'elle ne soupçonne point le mal dont elle est incapable.

La vie de sœur Henriette depuis ce jour mémorable devint tellement uniforme que pas un événement n'en marqua le cours pendant plusieurs années. Une seule peine attrista son cœur ; le marquis de Gironne et la duchesse cessèrent presque entièrement leurs visites. Son père, que quelques déboires atteignirent à la cour, chercha, au contraire, des consolations auprès d'elle ; souvent il lui témoignait le regret de l'avoir laissée s'éloigner de lui. La mort de Louis XV bouleversa sa position. Ainsi que cela arrive toujours à un changement de règne, les favoris du feu roi n'étaient pas ceux de Louis XVI. Le duc de Namples s'aperçut bien vite, en véritable courtisan, qu'on ne le voyait point du même œil à Versailles, et se retira peu à peu, afin de s'épargner la honte d'un exil. M. de Lettorière avait été très-frappé de la retraite de Henriette, il la regardait comme une conquête assurée, accoutumé qu'il était au succès. Depuis son entrée en religion, mademoiselle de Namples bannit sévèrement ce souvenir. En vain son frère, ses compagnes lui en parlèrent-ils quelquefois, elle leur répondait à peine, ou c'était d'un ton si simple, si indifférent, qu'il leur ôtait tout prétexte de continuer.

Lorsque le marquis de Gironne eut atteint sa dix-huitième année, sa santé, toujours si chancelante, se dérangea complétement. Contrefait et rachitique depuis son enfance, la mélancolie et le désespoir le gagnèrent ; quand il fut devenu jeune homme, il ne se consolait point de ses difformités, et son caractère déjà si porté à la malice et à l'astuce, se montra dans toute sa laideur. Personne ne pouvait demeurer près de lui ; il lui prenait des accès de rage, dans lesquels il maudissait sa mère de lui avoir donné un physique semblable ; il maudissait son père, il maudissait tout, jusqu'à la victime qu'il avait faite et à laquelle il devait une immense fortune. Si on essayait de le calmer en lui représentant la brillante position, l'avenir de richesses et d'ambition qui l'attendait, il redoublait de fureur.

« A quoi bon tout cela ? à être le jouet et le bouffon de la cour ?

Voyez le duc de Gesvres; suis-je plus grand seigneur et plus opulent que lui, n'est-il pas gouverneur de Paris, ce que je ne serai jamais? Eh bien! que de moqueries, que de quolibets l'accablent à chaque instant! Irai-je commander mon régiment avec cette tournure? Vous avez beau me répéter que mon esprit me place au-dessus de toutes ces niaiseries, que ne suis-je une brute, et que n'ai-je la beauté de ce fat de Lettorière! »

Bientôt une maladie de poitrine se déclara, et ce fut pis encore. Il voyait venir sa fin avec le désespoir d'un damné. Profondément irréligieux, il repoussa les secours et les consolations d'en haut. Sa mère, au comble de la douleur, s'humiliait chaque jour devant lui, en lui demandant un mot affectueux pour elle, en le suppliant de songer au salut de son âme, il la repoussait et la haïssait comme la cause première de ses maux. Ce fut un tableau atroce que celui de ses derniers moments; le duc au désespoir en assistant ainsi à la mort du seul héritier de son nom, la duchesse plus froissée dans son amour maternel que dans ses ambitieuses espérances; ce jeune homme disgracié de la nature, défiguré par ses longues douleurs, retrouvant de l'énergie pour lancer l'anathème sur les auteurs de ses jours, déplorant sa perte et voyant s'éteindre en lui la seule affection de leur vie. On n'entendait d'autre bruit que les blasphèmes du moribond et les plaintes des assistants. Tout à coup la porte s'ouvrit; une femme vêtue de blanc parut sur le seuil, son voile relevé, les mains jointes, les yeux au ciel.

« Vierge sainte! s'écria-t-elle, je vous remercie, j'arrive à temps. »

Et s'approchant du lit, elle montra son sourire d'ange parmi ces larmes et ces blasphèmes, et les suspendit tous, tant sa présence imposa de respect et montra d'espérances.

« Mon frère, vous ne m'attendiez point, n'est-il pas vrai? Vous ne saviez pas que je viendrais vous aider dans ce passage terrible.

Mes supérieures, touchées de ma douleur, me l'ont permis; me voilà près de vous et je ne vous quitterai que lorsque votre âme et votre corps seront sauvés. »

Le marquis interdit n'osait ni la repousser, ni l'entendre. Elle continuait toujours, parlant inspirée, semblable à un jeune apôtre. Peu à peu il prêta plus d'attention, peu à peu la lumière sainte descendit sur lui; il se retourna vers elle et l'écouta, l'admiration peinte dans ses regards. Elle lui montra le ciel et ses béatitudes, le bonheur d'une conscience tranquille, d'une mort chrétienne. Elle étendit pour ainsi dire ses chastes voiles sur ce lit de douleur, et y ramena la croyance et l'espoir.

« Ma sœur, murmura le jeune malade, ne m'accablez point. Vous ne savez pas combien je suis coupable, vous ne savez pas ce que j'ai fait contre vous; oh! vous ne me pardonneriez jamais.

— Je vous ai pardonné depuis longtemps, et Dieu vous pardonnera aussi, Louis. Ayez confiance, ayez foi en sa bonté. Songez à lui seul; il vous attend, il vous réclame. Un moment encore et ce sera vous qui prierez pour moi. »

La pieuse Henriette disputa ainsi au démon l'âme de son frère et devint son bon génie. Elle l'amena à demander lui-même un ministre des autels. Monsieur l'évêque d'Arras, son oncle, reçut sa confession et lui administra les sacrements. Peu d'heures après il expira, implorant l'indulgence de Dieu, celle de ses parents, celle de sa sœur, les bénissant tous, et aussi admirable dans son repentir qu'il avait été effrayant dans son impiété.

A peine eut-il rendu le dernier soupir que le duc inconsolable se jeta dans les bras d'Henriette.

« Ma fille, lui dit-il, il ne nous reste plus que toi, tu ne nous abandonneras pas. Les dispenses de tes vœux sont faciles à obtenir.

— Henriette, ajouta la duchesse en tombant à ses pieds, celui qui n'est plus, mon pauvre enfant, dont vous avez sauvé l'âme, a imploré son pardon ; moi aussi, je vous le demande, car je fus plus coupable que lui. Égarée par mon amour maternel, je vous ai peint le monde sous des couleurs odieuses. J'ai tué chez vous les illusions si belles de votre âge, je vous ai trompée ; j'ai brisé votre cœur en vous enlevant la confiance dans l'avenir. Le ciel m'en punit en m'arrachant mon fils ; ne m'en punissez pas, vous. Demeurez près de moi, sans vous je ne saurais désormais vivre tranquille ; j'ai besoin de vous voir pour croire à la clémence.

— Relevez-vous, madame, ma mère ; ce n'est point là votre place, et le ciel m'est témoin que je n'ai pour vous que les sentiments les plus tendres. Mais je retourne à Chelles. Je vous dois une reconnaissance infinie ; vous avez assuré le bonheur de mon existence. Ces illusions que vous regrettez pour moi, cette belle croyance du jeune âge, je l'ai retrouvée plus belle et plus forte encore. C'est en Dieu que je l'ai placée ; il m'a donné en échange les joies, les délices ineffables qu'il accorde à ses serviteurs. Croyant en lui, je crois à tout, je crois à la vertu, à la justice, à la charité. Dans ce monde que vous m'avez fait maudire, je ne vois plus que des amis et des frères. C'est donc moi qui dois vous remercier. Je vous quitte, ma tâche est remplie. Venez souvent auprès du sanctuaire, vous y trouverez toujours indulgence et secours. Adieu, mon père ; portez vos regards là haut, et cherchez-y les espérances qui vous sont enlevées sur cette terre. Apaisez votre douleur avec ces espérances, et lorsque vous souffrirez trop, pensez à moi qui vous aime tant ; je suis toujours votre fille. »

Elle sortit, belle et imposante, comme elle était arrivée, laissant le duc et la duchesse à genoux, entre le lit où reposait le seul héritier de leur nom et le remords qu'elle emportait avec elle. Ils demeurèrent inconsolables et inconsolés; leur orgueil même fut leur plus grand châtiment. Ce nom, ce titre auxquels ils avaient tout sacrifié, ils les avaient vus s'éteindre; leur vieillesse solitaire ne connut ni joie ni souvenirs. Ils ne retrouvaient un peu de repos qu'à Chelles, près de la sainte qu'ils avaient faite en croyant sacrifier une victime.

Voilà, ma chère Esméralda, le vieux conte que vous m'avez demandé. Puissiez-vous y trouver une instruction salutaire, puisse-t-il vous amuser un peu et vous faire penser à votre vieille amie dont l'affection ne se démentira jamais!

LES INSÉPARABLES.

A Mademoiselle

MARIE.

A vous cette histoire, ma chère Marie, c'est l'histoire de deux sœurs, l'une enfant, souffreteuse et maladive, l'autre modèle d'abnégation, de résignation, et presque martyre de l'affection fraternelle. Je suis sûre que vous aimerez mes deux sœurs, l'une pour sa bonté de tous les jours, de tous les instants, l'autre pour la manière digne dont elle sut en un instant effacer et racheter toutes les fautes de son passé.

LES INSÉPARABLES.

I

Vous voilà devenue une jeune personne, ma chère Marie, et les contes dont on berça votre enfance vous feraient sourire maintenant que vous ne pouvez plus y croire. Hélas! c'est ainsi que les croyances s'effacent peu à peu. D'abord, ainsi que vous, on repousse les joyeux récits du premier âge; un peu plus tard on doute; plus tard enfin on *sait*, et dès lors on regrette. Oh! comme je vous le disais il y a plusieurs années, quand vous sautiez si gracieusement autour de moi, dans le salon de madame votre mère :

> Formez des nœuds de fleurs de vos doigts caressants,
> Dansez, dansez, heureux enfants,
> Vous ignorez les peines de la vie !

Gardez donc le plus longtemps possible vos douces illusions ; soyez longtemps ce que vous êtes, c'est-à-dire une jeune fille gaie, rieuse, heureuse du présent et de l'avenir. Surtout ne hâtez pas le temps, avec votre impatience de connaître; croyez-moi, il viendra trop vite. Il vaut bien mieux dire : *Bientôt!* que de regarder en arrière en murmurant : *Déjà!*

Voici une histoire recueillie dans de vieux souvenirs ; voulez-vous me permettre de vous la dédier, ma chère petite amie? Vous y trouverez, j'espère, d'utiles enseignements, et peut-être quelques instants de distraction. Je le désire, et je vous en remercie d'avance.

Par une belle matinée du mois de juillet 1680, un seigneur de bonne mine se présenta à la porte du couvent de Lichtenthal, situé près de Baden, dans le margraviat de ce nom ; il accompagnait une litière, soigneusement fermée, dans laquelle se trouvaient deux jeunes filles et une négresse.

L'aînée de ces enfants paraissait avoir environ dix ans; l'autre semblait de moitié plus jeune; quant à la négresse, elle n'avait plus d'âge. Le gentilhomme, après être descendu de cheval, s'approcha de ses compagnes de voyage.

« Lena, dit-il, Aurore dort-elle encore ?

— Oui, mon oncle, et cela est bien fâcheux ; si on la réveille maintenant, elle pleurera toute la journée.

— Ne l'éveillez pas, monsieur le marquis, répliqua vivement la négresse; n'éveillez pas ma chère enfant !

Le marquis parut vivement contrarié. Son indécision dura quelques minutes; enfin il reprit :

« J'en suis désolé pour vous, ma chère Lena ; vous consolerez votre sœur ; mais je n'ai pas de temps à perdre. Il faut que je vous installe ce matin à Lichtenthal ; car ce soir je dois avoir passé le Rhin et me trouver à Strasbourg. »

Lena se pencha doucement vers la petite fille qui dormait couchée sur la négresse et l'embrassa au front. Aurore poussa un cri de mauvaise humeur et se retourna de l'autre côté.

« Aurore, ma sœur chérie, dit bien doucement Lena, réveillez-vous ; nous sommes arrivés à Lichtenthal. »

L'enfant leva promptement la tête à ces paroles, elle regarda tout autour d'elle et commença à pleurer sans larmes, comme le font toujours les enfants gâtés.

« Je veux que les chevaux marchent ; je ne descendrai point ici : c'est trop triste ; il y fait froid. Lena, Hébé, je veux aller plus loin et dormir. »

La négresse leva les bras au ciel en appelant tous les saints à son aide. Lena se mit à genoux devant sa sœur, la couvrit de baisers, lui donnant les noms les plus tendres. Aurore se débattait toujours, la repoussait, et jeta enfin des cris effroyables.

« Faites-la donc taire, reprit le marquis, et que cela ait une fin. Je vous le répète, je suis pressé. »

Et sans écouter les représentations et les plaintes de sa nièce, il frappa lui-même à la porte du couvent, et donna ordre à ses gens d'ouvrir le carrosse.

Une sœur se présenta à la grille.

« Dites à madame l'abbesse, ma très-chère sœur, que le marquis de Livreuil, gouverneur d'Haguenau, demande à avoir l'honneur de la voir. »

La sœur s'inclina et se dirigea vers l'appartement de madame l'abbesse. Pendant ce temps la colère d'Aurore ne faisait qu'augmenter. On lui résistait pour la première fois de sa vie peut-être. Elle en devenait violette de fureur, et menaçait de se jeter par la portière si on ne faisait pas sa volonté. A la fin, son oncle, fatigué de cette lutte, la prit dans ses bras et la mit par terre, malgré sa résistance.

« Mon Dieu! s'écria Hébé, il va lui donner des convulsions! »

La tourière venait d'ouvrir la porte; la cour intérieure du monastère se présenta aux regards des voyageurs; la nouveauté du spectacle suspendit comme par enchantement les cris et la rage d'Aurore.

Une longue procession de novices, vêtues de blanc, s'avançait, la bannière en tête, vers la chapelle; elles chantaient un hymne religieux. Ces voix suaves, ces costumes inconnus pour elle, cette pompe, cet encens, ces lumières, frappèrent l'imagination de l'enfant; elle se réfugia dans les bras de sa sœur, à moitié effrayée et devenue subitement attentive.

Le marquis et ses gens se découvrirent et s'agenouillèrent jusqu'à ce que les portes de l'église fussent refermées; alors la sœur tourière le pria de la suivre auprès de madame l'abbesse. Ils traversèrent la cour, entrèrent dans un bâtiment vaste et silencieux, et, après avoir parcouru de longs cloîtres donnant sur un jardin, ils furent introduits dans le parloir.

C'était un petite pièce boisée de chêne jusqu'à la moitié de sa hauteur, de grands bahuts noirs l'entouraient. Un portrait d'homme, en costume de chevalier, en face d'un Christ en ivoire, formaient les seuls ornements de ce lieu sévère, dans lequel madame l'abbesse se tenait assise sur un vieux fauteuil à pointes et à clous dorés. Un gros livre de prières à fermoirs était posé sur un pupitre, et une novice, se tenant debout, faisait à voix haute une lecture de piété.

La sœur tourière marchait devant les voyageurs; le marquis la suivait. Derrière lui venaient les deux jeunes filles, se tenant serrées l'une contre l'autre, surprises et craintives à l'aspect de l'habitation qu'elles ne devaient plus quitter; enfin, à quelque distance, Hébé portant à la main une cage de filigrane, dans laquelle se trouvaient deux perroquets de la plus petite espèce. Leur plumage charmant se ressentait du froid, car les matinées sont toujours froides dans les montagnes. On aurait dit qu'ils comprenaient les émotions de leurs maîtresses, et qu'ils regrettaient comme elles le beau pays qu'ils venaient de quitter.

Madame l'abbesse était une femme de plus de soixante ans ; droite et roide, avec le regard dur et l'abord glacial. Elle se leva au nom du marquis de Livreuil, lui fit la révérence et lui montra un siége à une assez grande distance du sien ; son œil se porta ensuite sur les deux enfants ; elle ne les encouragea par aucune parole bienveillante, malgré leur trouble bien évident, et, se retournant du côté de leur oncle, elle lui demanda d'un ton poli à quoi elle devait l'honneur de sa visite.

« Pardonnez-moi, madame, de vous demander aussi, avant toutes choses, si vous n'êtes pas la comtesse Éléonore de Wilberg ?

— On me donnait ce nom dans le monde, monsieur le marquis.

— Permettez alors que j'aie l'honneur de vous présenter les filles de votre nièce, Hélène de Wilberg, et de mon pauvre frère le marquis de Livreuil. »

L'abbesse devint subitement pâle comme un linge et se leva d'un mouvement tout à la fois brusque et solennel. On venait de toucher cette âme morte à toutes les émotions, par le seul côté où elle fût encore vulnérable, l'amour de son nom.

« Soyez les bienvenues en cette abbaye, mesdemoiselles mes nièces ; que puis-je faire pour vous être agréable ?

— Lena, dit le marquis, approchez-vous de madame l'abbesse et implorez la grâce de baiser son anneau ; vous y conduirez ensuite votre sœur. »

La jeune fille obéit et Aurore, intimidée, ne fit aucune difficulté pour l'imiter.

— Maintenant, madame, veuillez faire conduire ces enfants au jardin ; je dois vous parler sans témoin, si toutefois vous daignez y consentir. »

L'abbesse appela la novice qui se tenait dans un coin de l'appartement, et lui donna ordre d'emmener mesdemoiselles de Livreuil et la négresse dans son parterre réservé et de leur servir une collation composée des meilleures confitures du couvent. Dès qu'ils furent seuls, M. de Livreuil s'exprima ainsi :

« Avant de vous remettre le billet dont je fus chargé par ma malheureuse belle-sœur, il faut, madame, que je vous raconte les événements affreux dont sa mort fut précédée.

— Quoi ! interrompit l'abbesse, ma nièce la marquise de Livreuil est morte !

— Hélas ! oui, madame, morte bien jeune et d'une manière bien cruelle ! Vous savez, comme moi, qu'élevée dans cette maison par vos soins et sous vos yeux, elle se maria, il y a douze ans, à mon frère qu'elle avait connu à la cour du margrave de Baden, lorsqu'il y fut envoyé par une mission spéciale du roi ; ils partirent presque aussitôt après pour l'île de Saint-Domingue où ma mère nous avait laissé de grands biens. Mon frère, très-épris de sa jeune femme, renonça pour elle aux honneurs et à l'ambition ; il fixa son séjour dans son habitation des colonies, et y vécut sept ans heureux et tranquille. La naissance de sa fille aînée mit le sceau à sa félicité, et il ne demandait rien au ciel que la continuation de ses grâces, lorsque la marquise devint grosse une seconde fois. J'étais alors près d'eux : on m'avait accordé un congé entre deux campagnes pour aller voir les seuls parents qui me restassent en ce monde. La santé de ma belle-sœur souffrit beaucoup pendant cette grossesse ; elle quittait à peine son lit, et nous donnait même de sérieuses inquiétudes.

« Un jour, mon frère et moi, nous chassions dans les mornes, au bord de la mer, lorsque nous tombâmes dans un parti de nègres marrons, qui se jetèrent sur nous avec leur férocité accoutumée. Nous et nos gens nous nous défendîmes comme des lions, mais il fallut céder au nombre, et nous succombâmes promptement malgré la supériorité de nos armes et de notre courage ; je tombai, couvert de blessures, à côté de mon frère dont le sang se mêlait au mien. Un mulâtre, qui avait trouvé le moyen de fuir, se rendit en toute hâte aux cases, et, sans prendre la moindre précaution, il annonça à la marquise le malheur affreux qui venait de la frapper. Elle était alors dans le septième mois de sa grossesse; sans calculer ses forces, elle se jette à bas de son lit et ordonne à l'esclave de rassembler tous ses camarades, d'aller chercher des troupes à la ville, s'il le fallait ; mais, avant toutes choses, elle voulait être conduite au lieu du combat. Ni représentations ni prières ne purent l'arrêter, et, comme au fait personne n'avait le droit de s'opposer à sa volonté, on se décida à lui obéir.

« Portée dans un palanquin, elle arriva bientôt à l'endroit où nous avions succombé. Elle s'approcha de son mari, et, sans verser une larme, avec le courage que Dieu donne aux femmes pour les dédommager de leur faiblesse, elle souleva sa tête brisée, mit la main sur son cœur pour s'assurer s'il battait encore, et lorsqu'elle eut acquis la certitude de sa mort, elle resta un instant à le contempler d'un œil sec et s'écria :

— « Mon Dieu ! je vous confie mes enfants. »

« Pendant ce temps, les soins nécessaires m'étaient prodigués; je revenais à la vie. Ma sœur me regardait d'un air à la fois désespéré et reconnaissant. Dès que j'eus repris connaissance, elle me fit placer dans le palanquin, s'y assit auprès de moi, et nous nous remîmes en route.

« J'étais effrayé de l'immobilité de sa douleur : elle ne pleurait pas, elle ne parlait pas, mais sa pâleur devenait à chaque instant plus livide et plus affreuse. Le corps de mon frère nous suivait, porté par ses domestiques; de temps en temps, elle entr'ouvrait les rideaux du palanquin pour s'assurer qu'il était toujours là. Nous arrivâmes ainsi à l'habitation, trois cadavres pour ainsi dire. Au milieu de la nuit, je reposais, accablé par la fatigue et les douleurs de tous genres, des cris affreux me réveillèrent, et, bientôt Hébé, la négresse que vous venez de voir, entra dans ma chambre : « Monsieur, me dit-elle ma maîtresse se meurt et vous demande ; il faut vous faire transporter chez elle. Oh! venez, venez ! bientôt il sera trop tard sans doute.»

« Des esclaves prirent mon lit et moi, apportèrent le tout dans l'appartement de ma belle-sœur, où le spectacle le plus déchirant m'attendait. Elle venait de donner le jour à une fille; le médecin lui prodiguait les soins les plus attentifs, mais il était visible qu'elle ne résisterait pas à cet accouchement prématuré : son visage, bouleversé par les souffrances, offrait déjà l'image de la mort. Dès qu'elle m'aperçut, elle fit un léger effort pour se tourner vers moi. Lena, sa fille aînée, âgée alors de cinq ans, se tenait près de son lit, et, à côté de sa pauvre mère, on avait posé la frêle créature dont les plaintifs gémissements révélaient seuls l'existence.

— Mon frère, murmura la marquise, je vais le rejoindre. Dieu n'a pas permis que je pusse survivre à l'horrible malheur dont j'ai été la victime. Soyez le père de ces orphelines, je vous les confie. Ma volonté est qu'elles restent à Saint-Domingue jusqu'à ce que ma petite Aurore soit assez forte pour supporter le voyage. Alors elles seront conduites par vous au couvent de Lichtenthal, près de Baden où j'ai été élevée. Voici quelques mots que j'ai tracés pour l'abbesse, ils vous serviront d'introduction. Quand mes filles seront en âge d'être mariées, vous amènerez votre fils près d'elles, il choisira celle qui lui plaira le plus pour sa femme; de la sorte les biens et les titres de notre maison se trouveront réunis sur une seule tête. Je désire que mon autre fille reste à Lichtenthal, dont un de mes aïeux fut le fondateur et dont une grande partie des abbesses a porté mon nom; il lui serait facile de succéder à ma tante, et là elle sera à l'abri des chagrins de la vie. »

« Une faiblesse lui coupa la parole. Lorsqu'elle revint à elle, elle appela Lena d'une voix mourante :

« Ma fille, lui dit-elle, tu es bien jeune, mais je connais ton cœur et ton intelligence. Je sais que tu garderas la mémoire de tout ceci et que tu comprends ce que je vais exiger de toi. Tu dois être la mère de ta sœur. Tu dois me remplacer auprès d'elle; je te la confie, je te la lègue comme mon bien le plus cher. Ma reconnaissance te tiendra compte d'une larme que tu lui éviteras, et ma bénédiction sera sur ta vie entière si tu remplis le noble devoir auquel tu es appelée. Hébé ne vous quittera ni l'une ni l'autre, j'en suis sûre, et c'est pour moi une grande tranquillité. Jure-moi donc ici, ma fille, que tu feras ce que je te demande et que tu te conformeras en tout aux volontés que je viens d'exprimer à ton oncle, auquel tu dois maintenant, avant toutes choses, soumission et respect. »

« L'enfant avança la main sur le sein de sa mère et sur la tête de sa sœur, et, avec un regard brillant d'intelligence, elle fit le serment qui lui était demandé.

« Peu d'heures après madame de Livreuil expira.

« Je fus forcé de revenir en France. Mon devoir et ma famille m'y rappelaient. Mes nièces ne purent me suivre. Aurore avait à peine un souffle de vie, et le moindre déplacement l'aurait tuée. Il y a six mois que, sur une lettre de Lena, je suis reparti pour Saint-Domingue afin de les aller chercher. J'ai trouvé les orphelines bien portantes, mais la tendresse de sa sœur a fait d'Aurore une enfant insupportable. Elle et la négresse se laissent dominer par ce petit tyran, et, dans la crainte de la contrarier, elles se soumettent aveuglément à ses volontés les plus déraisonnables. J'ai tout fait pour corriger l'une de sa faiblesse, l'autre de ses caprices, je n'ai pu y réussir.

« Rappelez-vous ce que j'ai juré à ma mère, me dit tristement Lena.

— Je serai malade si je ne fais pas ce qui me plaît, répond Aurore. »

« Je me suis soumis à ces deux arguments et j'attends tout de votre bon esprit et de la volonté de Dieu, continua le marquis en s'inclinant. »

Madame l'abbesse prit la lettre qu'il lui présentait et essuya une larme, la première qu'elle eût répandue depuis longtemps sans doute.

« Soyez tranquille, monsieur le marquis, mesdemoiselles de Livreuil trouveront ici tout ce que leur infortunée mère pouvait désirer pour elles. Si cela vous est agréable, nous allons les faire revenir, et je les installerai en votre présence dans l'appartement que je leur destine.

— J'en serai d'autant plus reconnaissant que je dois vous quitter bientôt. Mon gouvernement d'Haguenau me réclame ; mais je partirai sans inquiétude sur le sort de mes nièces, et ce sera pour moi une grande satisfaction. »

L'abbesse agita une petite clochette placée sur la table, et peu d'instants après les enfants entrèrent. Elle les fit approcher, et les regarda attentivement. Lena était remarquable par la grâce et la souplesse de sa taille, par la perfection de ses mains et de ses pieds, et par l'expression charmante de son visage. Aurore, au contraire, avait la plus admirable tête qu'il fût possible de rencontrer. Sa beauté ravissante éclipsait tout ce qui l'approchait. Cependant son corps ne répondait point à sa figure. Elle était maigre, osseuse, rachitique presque ; de longs doigts, de longues jambes lui donnaient quelque chose d'étrange et de singulier dans les gestes et dans la démarche.

L'abbesse vit tout cela d'un coup d'œil et parut néanmoins satisfaite de son examen.

« Suivez-moi, mesdemoiselles mes nièces, dit-elle ; vous allez habiter un joli pavillon, au milieu des jardins de l'abbaye. J'espère que vous vous y trouverez bien, et que vous vous conduirez de manière à mériter mes bontés. »

L'appartement qui leur était destiné charma les jeunes filles par sa gaieté et par le site charmant dont il était entouré. Elles y firent porter leur bagage, y suspendirent la cage de leurs perroquets, et s'établirent joyeusement avec Hébé dans leur nouvelle demeure. Le marquis les quitta bientôt, en les recommandant de nouveau aux soins de l'abbesse et en leur donnant sa bénédiction.

Au bout de quelques semaines, Lena et Aurore étaient déjà tout accoutumées à leur position, et, chose inouïe ! elles avaient tellement subjugué le cœur de l'abbesse que, malgré sa sévérité, elle ne changea rien à leur genre de vie. Aurore continua à dominer sa sœur, à tyranniser Hébé ; elle en vint même à soumettre tout le couvent à ses caprices, et jamais on ne vit d'enfant plus gâté et plus insupportable.

Quant à Lena, son angélique caractère se développa de jour en jour. Elle montrait une bonté, une douceur sans égale. Ses maîtres étaient ravis de ses progrès. Autant Aurore demeurait rebelle à la science, autant Lena profitait des leçons qu'elle recevait, et devenait ainsi plus parfaite et plus charmante.

Cinq ans se passèrent ainsi. Aurore venait d'atteindre sa dixième année ; Lena en avait quinze. Les mêmes différences existaient toujours entre leurs figures et leurs caractères. Un matin Hébé entra tout effarée dans la chambre où Lena dessinait, en la priant de passer chez Aurore, qui la demandait au plus vite.

« Que me voulez-vous, ma sœur ? dit Lena, se levant sur-le-champ.

— Je veux qu'on mette ces perroquets chacun dans une cage séparée, répondit Aurore du fond de son lit, car elle le quittait à peine depuis quelques jours ; il y a trop longtemps que je les vois ensemble, cela m'ennuie.

— Vous savez bien, Aurore, que cela n'est pas possible ; autrement nous perdrons ces chers petits oiseaux ; ils ne peuvent exister l'un sans l'autre ; aussi les appelle-t-on les *inséparables*.

C'est une plaisanterie, ma chère ; ils vivraient bien sans cela, je vous en réponds. Ouvrez la cage. »

Lena sentit une larme mouiller sa paupière à l'idée de perdre ce dernier souvenir de sa chère patrie.

« Je vous en conjure, renoncez à cette idée, chère Aurore ; voyez comme ils sont jolis !

— Bah ! bah ! s'écria Aurore, et, sautant à bas de son lit malgré sa faiblesse, elle ouvrit elle-même la cage. »

Les oiseaux, pressés l'un contre l'autre sur le même bâton, ne sortirent pas.

« Vous le voyez bien, ma sœur, contentez-vous de cet essai. »

Mais l'enfant volontaire ne céda pas. Elle introduisit sa main dans la cage, prit un des perroquets, et s'approchant de la fenêtre, elle lui donna la liberté, puis elle ferma la petite porte de filigrane et empêcha ainsi l'autre de le rejoindre. Ce fut alors un touchant spectacle que celui du pauvre oiseau resté seul. Sa douleur se traduisit de mille manières. Il battait des ailes, il frappait son bec contre les barreaux, il poussait des gémissements plaintifs. Lena pleurait à chaudes larmes. Malgré la *défense* de sa sœur, elle ouvrit la cage en s'écriant :

« J'aime mieux les perdre tous les deux que de voir celui-ci mourir de chagrin.

Aurore entra alors dans une fureur difficile à rendre ; elle en prit une convulsion. Hébé accourut à ses cris, s'empressa de la calmer, et Lena, désespérée de cette scène, après avoir vu sa sœur reprendre un peu de tranquillité, se rendit chez madame l'abbesse pour la prier de donner des ordres et de faire chercher ses chers oiseaux.

Ce parloir, si tranquille au commencement de ce récit, était alors encombré d'objets divers peu faits pour l'habitation d'une religieuse. Aurore y venait jouer chaque jour, et il fallait qu'elle retrouvât les choses telles qu'elle les avait laissées. Ainsi on voyait sur un bahut une sphère géographique; par terre, aux pieds de l'abbesse, assise dans son fauteuil, sa canne; à côté d'elle gisaient, pêle-mêle, une boîte à toilette, un livre à fermoirs, une rose, un cahier de musique et un éventail à plumes. Madame de Wilberg lisait. A l'approche de Lena elle ferma son livre et lui demanda ce qu'elle voulait.

Quelle ne fût pas la joie de la jeune fille, en apercevant ses chers oiseaux à côté l'un de l'autre sur la boîte à toilette. Elle se baissa, et celui qu'elle aimait le plus vola sur son bras.

« Voilà ce que je veux, madame, dit-elle, mes inséparables qui s'étaient enfuis.

— Ils sont entrés ici l'un après l'autre, il n'y a qu'un instant. Je leur ai donné l'hospitalité, pensant que vous ne tarderiez pas sans doute à les réclamer. Comment va Aurore?

— Elle vient d'avoir une crise violente. Hélas! madame, que deviendrons-nous si nos craintes se réalisent!

— Il faut tout remettre entre les mains de Dieu, mon enfant, et espérer en sa bonté.

— Je ne puis dormir un instant en face de cette terrible idée. Tout à l'heure, en dessinant, mes larmes couvraient mon papier. Elle si fière de sa beauté, elle si orgueilleuse de la supériorité que son visage lui donne sur moi! Qu'en ferons-nous quand elle découvrira qu'elle n'est plus belle?

— Il serait possible de le lui cacher, peut-être. Il est certain que si la taille de cette enfant vient à tourner complétement, elle en mourra de chagrin.

— Ah! madame, s'écria Lena, je mourrais bien vite aussi moi. Nous sommes comme ces oiseaux de notre pays, *inséparables!* »

En ce moment Hébé entra les traits bouleversés, la voix brisée d'émotion.

« C'en est fait, madame l'abbesse, c'en est fait, mademoiselle Lena, le docteur est venu, il a examiné notre enfant elle sera *bossue!* »

Lena jeta un grand cri et s'évanouit.

Je vais reprendre mon récit à l'endroit où je dus l'interrompre hier, ma chère amie; à mon âge les forces ne sont pas toujours en harmonie avec la volonté, et, il faut bien vouloir ce que l'on ne saurait empêcher. Revenons donc, aujourd'hui que mon rhumatisme et mon catharre me donnent un peu de relâche à nos *Inséparables,* dont j'ai à vous raconter la suite.

J'ai laissé, mesdemoiselles de Livreuil au moment où Hébé venait d'annoncer à l'abbesse le terrible arrêt porté par le médecin sur Aurore. Lena en fut tellement frappée qu'elle se trouva mal. Elle qui connaissait si parfaitement sa sœur, elle comprit quel avenir se préparait pour toutes deux.

« Qu'allons-nous faire, madame? dit-elle à l'abbesse.

— Rien, ma chère enfant, il faut nous soumettre.

— Mais, madame, elle en mourra, s'écria Hébé.

— Non, elle n'en mourra pas, du moins il faut bien l'espérer, à son âge on se console de tout. D'ailleurs il est inutile de le lui dire.

— Comment le lui cacher? elle si fière de son beau visage; elle dont l'amour-propre est si charmé des compliments qu'elle recueille! Elle s'en apercevra sur-le-champ.

Pour apaiser ses craintes, Lena fut à la chapelle, et s'agenouillant devant la sainte image de la Vierge, elle pria longtemps avec ferveur. Quand elle se releva son visage était radieux et comme illuminé par une divine inspiration. Ce fut alors, et pendant les six années qui suivirent, que Lena, comme les âmes aimantes et dévouées, devint sublime de ruse et d'abnégation pour cacher à Aurore sa malheureuse infirmité. D'accord avec la fidèle négresse, elle imaginait chaque jour des toilettes qui pussent dissimuler à ses yeux mêmes sa difformité. L'abbesse, toute sévère qu'elle fût, se prêtait à ses faiblesses, car le dévouement a la puissance de tout faire excuser aux yeux des personnes les plus rigides.

Aurore, ainsi environnée d'attentions et de soins délicats, grandissait joyeuse et insouciante sous la douce influence de ceux qui l'entouraient. A mesure que sa taille se contournait, par un de ces phénomènes assez ordinaires dans pareille maladie, son visage acquérait une beauté surprenante par la finesse et le gracieux des contours. Ses grands yeux bleus jetaient parfois, dans leur colère d'enfant gâté, un éclat fébrile et de triste augure; les méplats transparents de son nez et la pâleur de ses traits n'annonçaient que trop sa débile santé;

aussi gardait-elle souvent le lit, abattue et souffrante, après les petits accès de rage qui s'exhalaient dans les plus légères contrariétés. C'est alors que l'attentive Lena redoublait de tendresse pour sa sœur bien-aimée; elle inventait chaque jour de nouvelles distractions pour occuper cet enfant volontaire et capricieux. Les pauvres petits oiseaux souffrirent beaucoup des fantaisies de la malade; elle prenait un malin plaisir à les séparer, ce qui mettait Lena dans un chagrin véritable, qu'elle se gardait de montrer dans la crainte d'irriter sa sœur.

Aurore cependant n'était pas dépourvue de toute sensibilité; mais les vices de son éducation en avaient fait une profonde égoïste, et retenez bien ceci, ma chère enfant, il n'y a pas au monde un vice plus affreux que celui-là; il cause le malheur de tous ceux qui nous aiment, et nous rend également à plaindre; peu à peu les affections se brisent lorsqu'elles ne trouvent point de retour, le dévouement le plus entier se fatigue, l'égoïste meurt seul, sans laisser après lui ni souvenirs ni regrets.

La santé de Lena se ressentit bientôt de toutes ses inquiétudes; son visage se flétrit, elle devint d'une maigreur inquiétante, enfin madame l'abbesse et Hébé s'aperçurent avec effroi que sa taille tournait comme celle de sa sœur. Aurore le découvrit promptement : depuis ce jour elle ne tarissait pas en plaisanteries sur ce qu'elle appelait la *gibbosité* de mademoiselle de Livreuil. Pas un reproche n'échappa à la jeune fille, qui paraissait avoir pris le parti de tout souffrir sans se plaindre. Aurore demandait dix fois par jour un miroir, ne cessait d'y contempler son ravissant visage en le comparant à celui de Lena d'une manière si blessante, que cette dernière en avait souvent les larmes aux yeux.

Plusieurs années se passèrent de la sorte. Aurore avait seize ans, Lena venait d'atteindre sa vingtième année, lorsque le marquis de

Livreuil arriva à l'abbaye accompagné de monsieur son fils. Ainsi que je vous l'ai dit, ma chère Marie, d'après le désir de leur mère mourante, le comte devait épouser une de ses cousines, afin de réunir sur une seule tête tous les biens de leur maison.

Madame l'abbesse reçut les deux seigneurs dans son parloir, et leur expliqua d'avance le malheur arrivé aux jeunes filles, afin qu'ils ne s'en montrassent pas surpris.

« Je ne cherche pas à vous influencer, monsieur, continua-t-elle, pourtant je vous assure que Lena est une créature parfaite. Sa sœur est admirablement jolie ; il est dommage que nous l'ayons tant gâtée ; mais elle n'existerait peut-être plus sans cela. »

Mesdemoiselles de Livreuil se rendirent bientôt aux ordres de leur tante. Lena se montra très-embarrassée en faisant la révérence à son cousin ; quant à Aurore, deux sœurs converses la transportèrent dans son fauteuil, car il lui était bien difficile de marcher. Le jeune comte parut frappé de sa beauté et de l'esprit qu'elle montra dans la conversation ; il s'assit à ses côtés, l'interrogea sur ses goûts, sur ses habitudes, lui prodigua les compliments les plus flatteurs, parut enfin si désireux de lui plaire que nul doute ne pouvait rester dans l'esprit de personne. Son choix était fait.

Lena le comprit la première ; lorsqu'on les laissa seules avec madame l'abbesse, elle se jeta à genoux devant elle et lui dit :

« Ma mère, le jour de la fête de la Vierge, vous me donnerez l'habit de novice. »

Une larme tomba sur l'anneau pastoral de l'abbesse qui lui avait donné sa main à baiser. La pauvre jeune fille regrettait le monde qu'elle ne connaissait pas. Semblable à ces enfants qui voient se flétrir des boutons de leur plante favorite, et qui pleurent à l'idée de ne jamais cueillir la fleur qui leur était promise. Elle rentra dans sa chambre, et s'approchant de ses perroquets elle leur chanta une chanson créole, qui disait combien ils étaient heureux de vivre et de mourir ensemble, et elle ajouta :

« Hélas! moi je mourrai seule. »

La visite du marquis de Livreuil se termina plus promptement qu'il ne l'avait cru d'abord. Un ordre du roi le rappela à Haguneau ainsi que son fils. La guerre venait d'éclater avec une nouvelle fureur entre la France et les Confédérés. La mort de monsieur de Turenne avait laissé un grand vide dans les armées de Louis XIV. Le maréchal de Lorges, son neveu, prit le commandement en deçà du Rhin. Malheureusement la politique européenne dicta au grand roi une mesure dont la cruauté n'a jamais été bien excusée. Le Palatinat et les petits Etats qui l'entouraient furent incendiés; nos soldats portèrent le fer et le feu dans cette paisible Allemagne déjà si poétique, toujours si noble et si généreuse.

Le 24 août de l'année 1689, les Français se portèrent devant la ville de Bade, mirent le feu au couvent des religieuses, au collége des Jésuites, à l'église, aux quatre coins de la ville qui, en peu d'instants, fut réduite en cendres, il n'y eut que le couvent des Capucines d'épargné par l'ordre exprès du maréchal; mais quelques semaines après, il fut aussi livré aux flammes. De tous les bâtiments des environs il ne resta que le vivier de la cour, situé dans le faubourg de Lichtenthal. La tradition rapporte à ce sujet le trait suivant : la femme du pêcheur avait préparé pour les Français des truites qui leur parurent excellentes; en reconnaissance ils n'allumèrent que quelques bottes de paille sous le manteau de la cheminée, et trompèrent ainsi par les tourbillons de fumée qui s'en échappaient les émissaires chargés de voir avant leur départ si toutes les maisons étaient en flamme.

La margrave, Marie-Françoise de Fuschtenberg, veuve du margrave Léopold, mort héroïquement en Hongrie, demeura dans le château jusqu'aux massacres de ce jour funeste. Elle s'échappa au milieu du désastre et fut se réfugier à Lichtenthal.

Cependant l'effroi était grand à l'abbaye ; les religieuses se pressaient autour de madame de Wilberg, dont la fermeté ne se démentit pas un instant. Lorsqu'elle vit entrer la margrave, elle s'avança au-devant d'elle, et s'inclinant profondément elle lui dit :

« Soyez la bienvenue, madame, dans ce pauvre couvent ; puissent ses murs vous défendre contre vos cruels ennemis, et que Dieu garde Votre Altesse dans son divin sanctuaire ? »

En finissant ces mots, elle marcha vers l'église suivie de toute la communauté. Lena s'approcha d'elle et lui demanda la permission de rester près de sa sœur, dont la maladie avait fait des progrès effrayants.

« Madame, s'écria-t-elle, laissez-moi près de l'enfant que j'ai juré de protéger. Du haut du ciel, ma mère veille sur nous; elle nous sauvera, j'espère, ou du moins nous périrons ensemble. Si le danger devient plus pressant, j'emporterai devant l'autel de la Vierge le dépôt qui me fut confié. Je jure de nouveau que le tombeau seul me séparera d'elle. »

Lena en entrant dans la chambre d'Aurore, la trouva sur son lit, agitée d'une fièvre cruelle, augmentée par les craintes et par les récits effrayants d'Hébé; pour la première fois de sa vie elle montra à sa sœur un sentiment de reconnaissance et d'affection.

« Ma sœur, lui dit-elle, nous allons mourir toutes les deux, sans doute; moi du mal terrible que j'ai apporté en naissant, vous sous les décombres de ce monastère, livré à toutes les horreurs du pillage. Venez près de moi ; venez m'embrasser encore une fois, que je vous remercie de vos soins, que j'implore votre indulgence pour tout ce que je vous ai causé de chagrins; pourtant, ma Lena chérie, je vous aimais, croyez-le bien; j'ai abusé de mon empire sur vous, mais je n'en ai pas moins senti tout le prix de votre dévouement. Nous nous retrouverons là-haut. C'est à vous maintenant de remplir le vœu de ma mère et d'épouser le comte de Livreuil, si vous échappez à cet affreux désastre. Vous n'êtes encore liée par aucuns vœux, et je ne doute pas que notre digne abbesse ne vous permette de quitter ce monastère. Maintenant prions ensemble et attendons. »

Lena éclatait en sanglots en couvrant de ses baisers les mains décharnées d'Aurore. Pour Hébé, la frayeur et l'affliction la rendaient muette et presque stupide. C'était un de ces jours d'été, dont la chaleur étouffante cause une souffrance commune à tous les êtres créés. Les petits perroquets semblaient en ressentir l'influence d'une manière plus forte encore que d'habitude; ils se serraient l'un contre l'autre, poussaient des cris plaintifs et refusaient toute nourriture. Les regards de la mourante se portèrent sur eux avec une sorte de regret.

« Eux aussi, je les ai tourmentés, dit-elle en les montrant à sa sœur; mais bientôt je ne les verrai plus; ils m'oublieront parce qu'ils seront heureux; tout le monde m'oubliera. »

Une caresse plus tendre de Lena lui rappela son injustice.

« Non, non, vous ne m'oublierez pas, bonne amie, j'en suis sûre, pardonnez-moi encore cette dernière ingratitude, elle est loin de mon cœur. Mais le bruit approche, on dirait que les Français se dirigent vers l'abbaye. Que Dieu ait pitié de nous! »

En ce moment une novice se précipita dans l'appartement, plus blanche que son voile, en s'écriant que tout était perdu et que les ennemis arrivaient.

« Madame l'abbesse vous demande, ajouta-t-elle en se tournant vers Lena, elle désire nous réunir toutes à la chapelle.

— Et ma sœur? Je ne puis abandonner ma sœur!

— On m'y portera ; je ne vous priverai pas de cet asile saint, vous ne vous êtes que trop dévouée pour moi.

— Mais vous souffrirez trop, vous ne le supporterez pas peut-être ?

— Qu'importe ! et son beau visage s'illumina comme d'une auréole. Laissez-moi prier un instant je retrouverai du courage. »

Toutes les femmes s'agenouillèrent autour du lit qu'Aurore n'avait pas quitté depuis près d'une année. Le silence le plus profond régnait dans le monastère. On entendait seulement des cris lointains, le bruit des cloches qui sonnaient à toute volée, et comme un bourdonnement produit par une grande multitude.

Tout à coup Aurore releva la tête, elle semblait revêtue de nouvelles forces.

« Habillez-moi, s'écria-t-elle, Dieu m'inspire : Je vous sauverai toutes. Je vais réparer le mal que j'ai causé pendant ma courte vie. Habillez-moi, et qu'on me porte à l'église ; vous verrez ! »

Les religieuses obéirent à cette jeune fille par un reste d'habitude, et aussi parce qu'elle leur présentait un rayon d'espérance au milieu de leurs affreuses craintes. On appela des sœurs tourières, et la plaçant sur son matelas, on la transporta devant la porte intérieure de l'église, comme une barrière entre les ennemis et les épouses du Seigneur. Son visage offrait une expression de souffrance mêlée à l'exaltation la plus pure ; elle tenait la main de Lena, et de l'autre écartait ses longs cheveux qui s'échappaient sous sa coiffe.

Lorsqu'on l'eut déposée à la place qu'elle avait choisie, elle essaya de se soulever, toujours appuyée sur sa sœur, et faisant entendre, pour la première fois, sa faible voix sous ces voûtes sacrées ; elle dit :

« Que toutes vos alarmes cessent, mes sœurs ; revêtez-vous de vos habits de chœur, prenez votre croix, votre crosse et votre manteau abbatial, madame l'abbesse, montez sur votre trône et bénissez ce troupeau tremblant à vos genoux; parez l'autel, entourez-le de fleurs, que l'encens fume, que les cierges s'allument, que tout ait ici un air de fête; chantez des hymnes à la Vierge, et ne craignez rien, vous êtes sauvées. »

En prononçant ces paroles, Aurore avait reconquis toute son énergie. Elle donna des ordres avec une précision et une tranquillité admirables. Les novices se groupèrent autour d'elle, on déploya la grande bannière de l'abbaye, et bientôt les voix les plus suaves retentirent dans le temple. Les religieuses de Lichtenthal sont encore renommées pour la perfection de leurs chants; je les ai entendues, ma chère petite, et je vous assure qu'elles méritent leur réputation. Jugez combien elles trouvèrent d'expression en ce jour mémorable, quand il s'agissait de sauver leur vie en désarmant leurs farouches vainqueurs!

Un affreux orage éclata sur la montagne. Les éclairs et le tonnerre se succédaient sans interruption; mais pas une goutte de pluie ne venait rafraîchir la terre altérée. Au milieu de la tempête les voix humaines sont bien faibles, soit qu'elles blasphèment, soit qu'elles prient; aussi les concerts des vierges et les hurlements des pillards se confondaient-ils avec l'ouragan. Aurore écoutait avidement les bruits du dehors.

« Les voilà, s'écria-t-elle, levez-vous et entonnez le *Magnificat.* »

Lorsque le portail de l'église se trouva inondé de soldats, le spectacle le plus imposant se présenta à leurs regards et les arrêta sur le seuil.

Un nuage d'encens montait jusqu'au ciel, le tabernacle, paré comme aux solennités, scintillait de pierreries. Une multitude de cierges allumés se mêlaient avec des buissons de roses, dont le parfum l'emportait encore sur la fraîcheur. Les dignitaires du chapître, dans leurs stalles, vêtues de leurs habits de cérémonie, les mains jointes, chantaient le cantique de Marie, l'orgue les accompagnait et de jeunes enfants, agenouillés devant l'autel, semaient de fleurs le sacré parvis. Sur son trône, madame de Wilberg avait l'air d'une sainte attendant le martyre, plutôt que d'une femme craintive redoutant la mort. Enfin, entre les religieuses et les sacriléges, Aurore, Aurore mourante, s'appuyant d'une main sur Lena et de l'autre repoussant les téméraires, semblait un jeune ange qui s'offre en holocauste. Pas un seul homme n'osa franchir cette barrière ; elle en profita, et se retournant vers celui qui parut le chef :

« Monsieur, lui dit-elle, nous sommes françaises ; nous sommes les nièces du marquis de Livreuil, gouverneur d'Hagueneau ; nous vous demandons sûreté pour notre asile et pour ces pieuses filles qui nous ont recueillies. »

Épuisée par ce peu de mots, Aurore retomba sur son oreiller.

« Oh ! s'écria Lena, d'une voix entrecoupée de sanglots, elle va mourir, ma pauvre sœur, laissez-la s'éteindre doucement, ne troublez pas ce moment suprême. Si vous êtes chrétiens, si vous êtes Français, si vous êtes hommes, n'allez pas plus loin, Dieu vous maudirait. »

Comme si elle eût été entendue, un coup de tonnerre affreux retentit d'échos en échos, et un éclair éblouissant fendit la nue. Les soldats se consultèrent entre eux, ils hésitaient, lorsqu'un jeune homme couvert de sang et de poussière, l'épée à la main et la fureur dans le regard, parut sur le seuil de l'église.

« Que faites-vous ? s'écria-t-il, êtes-vous donc des lâches pour vous en prendre à de tels adversaires. Respectez cette abbaye ; voici un ordre de M. le maréchal ; le premier de vous qui en enlèvera une pierre sera fusillé sur-le-champ. Refermez les portes et quittez ces lieux. Quant à vous, mes sœurs, dit-il aux religieuses, rassurez-vous, une garde fidèle va vous être donnée, je la commanderai moi-même, et vous êtes sous la responsabilité de mon honneur. »

Les soldats obéirent. L'abbesse délivrée de ses horribles craintes, commença elle-même le *Te Deum,* qui fut répété en chœur par tout le monde. Cependant une scène bien touchante se passait au bout de la chapelle. Le comte de Livreuil, car c'était lui, reconnaissant ses cousines, s'approcha d'elles. Aurore semblait toucher à son dernier soupir; les émotions qu'elle avait éprouvées, la violence qu'elle s'était faite, avaient épuisé ce qu'il lui restait de vie ; elle luttait contre la mort avec la même volonté qui la faisait lutter contre tous ceux qui l'entouraient autrefois.

« Je voudrais bien vivre, murmurait-elle, mais je ne le puis plus ; Dieu m'appelle. Mon cousin, je vous rends mon anneau de fiancée, c'est à cet ange qu'il faut que vous le donniez, ici, devant moi, avant que mes yeux se ferment; vous ne savez pas tout ce que vous gagnez au change. »

Une faiblesse lui coupa la parole. On en profita pour la reporter dans sa chambre. L'abbesse, Lena, le comte de Livreuil (car la gravité de la circonstance avait rompu la clôture en faveur du sauveur de l'abbaye), entouraient cette couche funèbre. Au bout d'un instant la malade sembla reprendre un peu de force, à l'aide d'un cordial.

« Il me reste un aveu à faire, un pardon à demander, reprit-elle ; vous avez cru, ma sœur, et vous aussi ma tante, que j'ignorais le changement de ma taille ; vous vous êtes trompées. Et comment cela eût-il pu être ? Non, non, je le savais ; mais le démon de l'orgueil m'a forcée de le cacher ; c'était une supériorité que je me conservais sur ma pauvre Lena, sur celle qui fut si longtemps ma victime, et je ne voulais pas la perdre. Me pardonnez-vous encore cela, ma sœur ? »

Lena ne lui répondit que par un baiser. Hébé, placée à côté d'elle, arrêta ses larmes en écoutant Aurore.

« Puisque vous êtes devenue une sainte, mon enfant, vous saurez tout ce qu'elle a fait, vous saurez jusqu'où elle vous a aimée. C'est inutile, je dirai tout, continua-t-elle, en se tournant vers Lena qui cherchait à l'interrompre, il y a assez longtemps que ce secret me pèse. Sachez donc que pour ne pas vous humilier, que pour ne plus avoir ce que vous n'aviez plus, elle s'est dévouée à vos sarcasmes, à vos plaisanteries. Sa taille est droite comme un palmier, jamais je n'en vis de plus élégante. Lorsque la vôtre changea si malheureusement, ma chère enfant, elle exigea de moi, elle me fit jurer sur la mémoire de ma maîtresse que je serais sa complice, que je ne révélerais jamais sa pieuse fraude, et elle me força ainsi à lui ôter son plus bel ornement; voilà pourquoi nul autre que moi n'était admise à sa toilette. Prenant le prétexte d'une faiblesse, dont elle était incapable, elle prétendit vouloir dissimuler à tous sa difformité; nous nous enfermions ensemble, et là il me fallait employer autant d'art pour l'enlaidir que d'autres en mettent à se parer. Voilà ce qu'elle a fait, monsieur le comte, vous ne l'auriez jamais su si ma bien-aimée Aurore n'était pas un ange aussi à présent. »

Aurore contemplait sa sœur avec un sentiment d'admiration et de reconnaissance qui tenait de l'extase.

« Mon Dieu! s'écria-t-elle enfin, faites-moi vivre pour lui rendre tout cela ! »

La scène qui s'ensuivit ne peut se décrire. La confusion, la rougeur de Lena, la douce joie de son cousin, l'étonnement de l'abbesse, et surtout le repentir d'Aurore, formaient un tableau bien vrai des passions humaines. Dieu, sans doute, exauça les prières de la jeune fille, il voulut lui laisser le temps d'expier ses fautes, et il lui inspira une résolution qu'il accepta en échange de sa vie. Soit que la crise violente qu'elle avait essuyée fût favorable, soit que la nature eût pris le dessus, la santé d'Aurore s'améliora sensiblement ; elle paraissait même devoir se rétablir tout à fait. Son caractère et ses idées subissaient le même changement.

Un jour qu'elle se sentit mieux qu'à l'ordinaire, elle appela Lena et le comte de Livreuil.

« Mon cousin, ma sœur, dit-elle, les événements qui viennent de s'écouler ont décidé de notre avenir à tous. Permettez-moi de conserver encore l'autorité dont j'ai fait un si mauvais usage autrefois, et de régler notre destinée. Prête à mourir, j'ai fait le vœu de me consacrer aux autels, si le ciel daignait venir à mon secours ; ce vœu je l'accomplirai et sans regrets, car Dieu m'appelle et je ne puis plus appartenir qu'à lui ; le même jour verra se réaliser le dernier désir de ma mère par votre union. Vous serez heureux, vous irez vivre dans cette belle France, patrie de mes ancêtres, que je ne verrai jamais. Cependant promettez-moi que tous les ans vous viendrez ici, près de moi, promettez-le-moi tous les deux, si vous voulez que je vive, car tu le sais, ma sœur, nous sommes comme ces oiseaux de notre pays : *inséparables!* »

Ce sacrifice était grand, ma chère Marie, il payait tous ceux que Lena avait faits à Aurore, car Aurore aimait le comte, et personne ne le sut que Dieu !

Quelques mois après deux cérémonies eurent lieu au couvent de Lichtenthal : Aurore prononça ses vœux et Lena devint comtesse de Livreuil. Avant d'aller à l'autel, elle se jeta à genoux devant le portrait de sa mère, en disant :

« Ma mère ! j'ai tenu ma parole, j'ai tout fait pour l'enfant que vous m'avez confié ; maintenant bénissez-moi comme vous me l'avez promis. »

La vie des deux sœurs fut heureuse ; elles se virent chaque année, ainsi qu'Aurore l'avait demandé : peu à peu cette dernière perdit le souvenir de son amour; elle devint une bonne et pieuse recluse, aimée de tous et digne de l'être. Après la mort de madame de Wilberg, elle lui succéda et fut abbesse de Lichtenthal. Les perroquets restèrent avec elle, et moururent aussi comme ils avaient vécu : *inséparables*. Hébé demeura au service de madame de Livreuil.

Voilà, ma chère Marie, l'histoire de mes petits oiseaux, puisse-t-elle vous intéresser et vous rappeler quelquefois votre vieille amie !

MA MÈRE!

A Mademoiselle

CLÉOPATRE STOURDZA.

Voici une petite histoire que je vous offre, ma chère Cléopâtre. Vous, qui avez une si bonne mère, vous prendrez part à la douleur de la pauvre fille qui cherchait la sienne. Une mère, c'est le premier des biens, c'est celui qui ne se remplace pas; c'est l'asile le plus sûr contre les maux de la vie. Puissiez-vous, ma chère enfant, n'avoir besoin de ce refuge que pour y porter vos joies! La destinée des femmes est de souffrir, elles doivent s'y accoutumer de bonne heure et regarder aussi les grands et saints devoirs qui les en dédommagent. Dieu vous préserve du découragement! c'est la plus affreuse plaie de l'âme, et pour ne la connaître jamais, adressez-vous à votre mère, appuyez-vous sur son cœur, ouvrez-lui toujours le vôtre. Dans vos chagrins invoquez deux providences, celle de Dieu et celle de votre mère, elles ne vous manqueront ni l'une ni l'autre.

MA MÈRE!

Le soleil se couchait, le vent du soir agitait légèrement les feuilles des arbres, les fleurs des champs et portait vers le ciel les blanches fumées du hameau de P...., en Picardie. La fumée monte, c'est l'encens du pauvre, c'est son hymne de reconnaissance, quand, après une journée de travail, ses enfants partagent avec lui la nourriture que Dieu donne à tous. Ce jour (13 juin 1806), la chaleur avait été accablante, les troupeaux rentraient tard, les laboureurs fatigués rejoignaient péniblement leur chaumière; on les voyait descendre dans le vallon, leurs cris se répondaient; ils semblaient ne former tous qu'une seule famille dont l'Éternel est le père.

Au sommet du coteau, dominant cette scène de bonheur, une enfant, assise sur une pierre, regardait tristement au-dessous d'elle. Sa mise, simple et propre, n'annonçait pas la misère; ses cheveux, relevés sous un bonnet bien blanc, encadraient sa jolie figure de leurs boucles blondes. Elle roulait un papier dans ses doigts déliés, et quand ses yeux quittaient la vallée, ils se fixaient avec une ardente curiosité sur l'écriture qu'elle ne pouvait lire. Enfin, elle se mit à genoux et pria. Un ange, sans doute, recueillit cette prière et la porta vers le trône du Créateur, car la jeune fille se releva consolée et prit d'un pas ferme le chemin du village.

En ce moment, un petit chien épagneul noir, marqué de feu, s'élança vers elle.

— A bas, à bas, Charlot; vous n'êtes pas venu à la promenade, je vous en veux, laissez-moi.

Mais sa colère ne fut pas longue ; elle lui rendit bientôt ses caresses, et tous les deux s'avancèrent en bonne intelligence vers une maison d'une apparence un peu plus riche que celles qui l'entouraient. A la porte, un vieillard, pâle et maigre, se tenait assis. Un sourire illumina son visage à l'aspect de la jeune fille.

— Te voilà, Christine ; Charlot te cherche depuis longtemps ; où étais-tu? Oh! je devine, là-haut, à la place ordinaire. Seule! toujours seule!

— Et ne suis-je pas seule en ce monde, monsieur! Vous le savez, je ne puis assister à la rentrée des champs; ces enfants ont une mère, et moi!

— Pourquoi pleurer; Dieu est là, et je ne t'abandonnerai pas.

— Vous! merci, monsieur.

Une grosse larme coula sur sa joue.

— Ta mère! reprit le vieillard, tu y penses donc sans cesse; tu n'as donc que cette idée? Pourquoi pas ton père?

— Oh! monsieur, vous l'avez dit, Dieu est mon père! et vous! Mais ma mère? Vous ne comprendrez jamais ce que c'est qu'une mère pour une fille; moi, je le devine, et voilà pourquoi je ne me console pas. Mais, ajouta-t-elle, après un instant de silence, rentrons, il fait trop frais ici ; et puis, vous me donnerez une leçon de lecture.

Ils rentrèrent dans une salle basse très-proprement tenue ; les murs sans tapisserie étaient garnis d'images dans des cadres noirs ; les rideaux des fenêtres, en serge verte, interceptaient le jour ; une grande table de bois tenait le milieu de la chambre, des chaises et un fauteuil de paille l'entouraient. Christine avança le fauteuil, prit une escabelle, s'assit à côté de son maître, et, ouvrant un alphabet, étudia avec la plus grande attention. Quand neuf heures sonnèrent, M. Vorlin ferma le livre, prononça à haute voix une oraison du soir, et, souhaitant une bonne nuit à son élève, il se retira.

Christine resta longtemps la tête appuyée sur la table. Charlot la tira de sa rêverie, elle l'embrassa vivement et se mit à lui parler.

— Tu ne sais pas, Charlot ; je connais mes lettres.

Bientôt je pourrai lire ce papier, ce papier qui ne me quitte pas ; je verrai ce qu'on y a écrit, et je retrouverai ma mère. Mon Charlot, mon ami ! toi à qui je raconte toutes mes pensées et qui me comprends si bien, n'est-ce pas que je la retrouverai ?

Le chien remuait sa queue, et son regard intelligent, cherchant celui de sa maîtresse, semblait s'associer à ses espérances.

Le lendemain et les jours suivants se passèrent de même. Christine soignait le ménage de M. Vorlin, priant Dieu, étudiant avec zèle, et le soir montant au côteau et causant avec son chien avant de s'endormir. Ses progrès étaient rapides ; elle lut bientôt couramment dans un livre ; ce n'était pas tout encore, il fallait lire sa lettre !

Un dimanche, elle revenait du salut et elle s'asseyait comme de coutume auprès de son maître ; celui-ci lui demanda tout à coup ce que c'était que ce papier qu'il lui voyait sans cesse à la main quand elle ne se croyait pas observée, et qu'elle cachait avec tant de soin dès qu'elle n'était plus seule. Christine rougit; M. Vorlin répéta sa question.

— Monsieur, je vais vous le dire, puisque vous l'exigez, à une condition cependant.

Vous me promettez de ne point ouvrir cette lettre, de ne pas la lire, vous me le promettez?

— Je te le promets.

— Eh bien! monsieur, pour vous expliquer ce que vous désirez savoir, je suis obligée de vous répéter ce que vous savez déjà : vos bienfaits, votre bonté pour moi, dont je serai éternellement reconnaissante. Vous m'avez souvent raconté comment, ancien commis des aides à Laon, vous vous étiez retiré ici, comment vous y viviez seul avec votre sœur. Cette sœur mourut. Un matin vous rencontrâtes une vieille femme tenant un enfant par la main. Cette vieille femme, c'était Gertrude; cette enfant, c'était moi. Vous nous accueillîtes toutes deux; Gertrude devint votre servante; moi, je l'aidai de mon faible pouvoir. Il y avait un mystère sur ma naissance, Gertrude n'était point ma mère; elle se taisait dès qu'on l'interrogeait à cet égard, et mettait tous ses soins à me cacher aux yeux des étrangers. Le curé fut mis en prison; Gertrude redoubla de surveillance. Je grandissais; ma santé délicate ne me permettait aucun travail. Enfin j'atteignis ma quinzième année, il y a six mois. La paix rendue à la France avait fait cesser toutes les inquiétudes de ma vieille amie. Au commencement de l'hiver dernier, Dieu l'appela à lui; vous le savez, monsieur, elle mourut comme une sainte. Peu de moments avant de me quitter, elle m'appela.

« Christine, me dit-elle, te voilà grande fille, je te laisse avec
« M. Vorlin, qui aura bien soin de toi; mais tu ne peux pas être
« toujours chez lui, ce n'est pas ta place, mon enfant. Tiens! (Et elle
« me donna un papier.) Je vais te confier ce dépôt; il renferme sans

« doute ta destinée. Ne le montre à personne. Apprends à lire, et
« quand tu le sauras, lis toi-même, et seule, ce que renferme cet
« écrit. Il fut envoyé à mon mari, à qui tu as été confiée. Je suis
« malheureusement trop ignorante pour y rien comprendre. Mon
« pauvre homme avait des connaissances parmi les grands seigneurs,
« lui, et c'est là ce qui l'a perdu. En me quittant pour aller à Paris,
« d'où il n'est plus revenu, il me recommanda de conserver ce pa-
« pier et d'abandonner la maison avec toi, s'il lui arrivait malheur.
« — Songe bien, me dit-il, que cette enfant est entourée d'ennemis;
« cache-la, si tu veux la conserver. — Et pas un mot de plus ; je ne
« sais donc point qui tu es : ce secret est là. Garde-le, Christine,
« c'est ma dernière prière, c'est le dernier ordre de mon bon
« François. »

Elle me dit tout ceci en bien des fois, monsieur; elle était si faible! Elle mourut, et moi j'obéis à ses recommandations. Vous m'avez appris à lire. Dans peu de jours je saurai ce qui me manque encore pour connaître mon sort, et, seule, devant l'image de la Vierge, j'apprendrai ma destinée; après, Dieu m'inspirera !

— Je ne te blâme pas, Christine. Mais tu veux donc me quitter? Attends, je suis bien vieux, et ma santé n'est pas forte. Attends, Christine, promets-moi de rester ici. — Quelques jours encore, et tu seras libre ; va, je ne vivrai pas longtemps!

Il avait raison, le pauvre vieillard, l'avenir à son âge, c'est le lendemain !

Christine n'était point ingrate, elle promit tout.

Cette conversation précéda de bien peu de jours celui où, respirant à peine, elle entra dans la chapelle de la Vierge, sa lettre à la main. Tremblante, elle lut ce qui suit :

Le 28 août 1792.

« François, — M. le comte veut partir, il veut partir de suite, et
« mon enfant ne peut nous suivre. Je suis plus morte que vive, la
« tête me tourne ; que faire de cette adorée Christine ? La laisser au
« château, pour qu'elle y soit massacrée, peut-être ? Oh ! non ; je
« vous l'envoie donc, à vous qui avez fidèlement servi son père.
« Gardez-la, c'est plus que ma vie, c'est ma fille. M. le comte a été
« dénoncé ; nous avons à peine le temps de fuir. Il ne veut pas que
« sa fille entrave notre marche. Hélas ! un père n'a pas le cœur d'une
« mère ! Élevez-la comme si elle était à vous, ne la confiez à per-
« sonne. Je reviendrai la réclamer, — si je reviens, — sinon, qu'elle
« reste avec vous. Quand elle sera grande, parlez-lui de moi ; appre-
« nez-lui à m'aimer ; pourtant qu'elle ne sache pas que je suis sa
« mère, si elle ne doit plus me revoir. Ce serait lui donner un cha-
« grin, et qu'elle n'ait jamais de chagrin, ma fille. Je te bénis avant
« de te quitter ! le Ciel te protége et te rende heureuse, mon enfant !
« Mon cœur se brise. Mon enfant, François, vous m'en répondez :
« Dieu vous traitera comme vous traiterez la fille de votre maître.
« Adieu ! adieu, ma Christine chérie ! Ne te verrai-je plus ?
« Que je te bénisse encore ; la bénédiction d'une mère, c'est un
« baiser ! »

Une demi-heure après avoir lu ceci, Christine, les yeux rouges, le visage animé et la démarche ferme, ouvrit la porte de
M. Vorlin.

— Monsieur, voici ma lettre, lisez-la. Vous le voyez, elle n'est
point signée, elle n'offre aucun indice. Eh bien ! j'en suis sûre, avec
cette écriture seulement je retrouverai ma mère ! J'irai de château

en château, Dieu me conduira et, je vous le répète, monsieur, je retrouverai ma mère.

Le vieillard la regarda avec une sorte de respect, elle était comme inspirée.

— Vous m'avez promis de ne pas me quitter, Christine; puis-je compter sur votre parole?

— Oui, monsieur, le premier de mes devoirs est envers vous, je ne vous quitterai pas.

Elle n'eut pas longtemps à attendre. Depuis plusieurs années son protecteur languissait, à la chute des feuilles le juste s'éteignit en la bénissant.

Aussitôt qu'elle lui eut rendu les derniers devoirs, Christine décida qu'elle partirait le lendemain.

C'était donc la dernière nuit qu'elle passerait dans la chambre rustique. On ne renonce pas sans regrets aux lieux qu'on a habités longtemps. Il y a des souvenirs dans tout ce qui nous entoure, et les souvenirs sont nos liens en ce monde.

Le lendemain, la jeune fille se mit en route. Charlot, joyeux et content, courait devant elle. La première moitié de la journée se passa bien ; l'avenir s'ouvrait si riant pour elle ! Sa mère devait être si bonne, d'après ces expressions tendres qu'elle relisait sans cesse ! Elle l'aimait tant ! Mais le soir, quand elle arriva à un gîte étranger, quand elle se vit seule, elle eut peur.

— Si je ne retrouvais pas ma mère ! pensa-t-elle. Et, pour la première fois, un doute se présenta à son esprit. Elle souffrit beaucoup. L'isolement est affreux ! C'est de toutes les douleurs, la plus difficile à supporter. Que faire de son cœur, quand on n'a personne à aimer? que faire de sa vie, quand on ne peut la donner à personne? L'isolement, c'est la mort de l'âme.

Le matin suivant, comme elle cheminait tristement vers un village, un domestique à cheval lui demanda si elle voulait lui vendre son chien. Sa maîtresse avait envie d'en avoir un semblable, et le payerait bien.

— Vendre mon chien, monsieur ! Oh ! jamais ! Elle ne songeait pas qu'elle avait à peine de quoi vivre. Charlot était pour elle plus qu'une cour pour un puissant monarque ; c'était son seul ami ! Le vendre ! oh ! non !

Le domestique la suivait ; elle n'y fit pas attention. Le jour baissait, elle marchait fort vite, ensevelie dans ses pensées ; elle voulait atteindre à une chaumière pour y demander l'hospitalité.

Tout à coup elle entendit le galop d'un cheval qui s'éloignait, et il lui sembla en même temps qu'un cri de détresse arrivait jusqu'à elle.

— Charlot ! Charlot ! dit-elle en se retournant.

Nul bruit ne répondit à sa voix.

Elle répéta encore, pleurant à moitié : Charlot ! Charlot ! —Rien.

— On venait de lui voler son chien ! — Mon Dieu ! s'écria-t-elle, mon Dieu ! où est Charlot ? Et elle se mit à courir de toutes ses forces dans la direction qu'avait prise le ravisseur, sanglotant et appelant Charlot, et invoquant Dieu, jusqu'à ce qu'elle tomba haletante sur la terre.

Elle était bien seule à présent ! Le soleil la trouva à la même place, sans qu'elle eût songé à s'en éloigner. Le frais de la nuit avait pénétré ses membres ; elle ne le sentait pas. A côté d'elle, son morceau de pain était resté intact. Quand l'âme souffre à ce point, elle oublie le corps.

Les paysans, qui se rendaient au travail, la tirèrent de son immobilité. Elle les regarda étonnée.

— Savez-vous où est Charlot ? leur dit-elle.

Ils la prirent pour folle et s'éloignèrent.

Le premier moment passé, l'humanité reprit ses droits ; elle s'aperçut qu'elle avait faim, qu'elle avait froid, et cherchant une habitation, un château s'offrit à sa vue.

— Ah mon Dieu ! C'est peut-être là qu'est ma mère.

Et se dirigeant vers la grille, Christine tira sa première lettre de son sein ; les domestiques la repoussèrent comme une mendiante.

— Je voudrais pourtant bien parler à votre maîtresse, leur disait-elle, je ne demande rien qu'à la voir.

— Madame ne reçoit pas les vagabonds, répondaient-ils.

Elle s'éloigna, alors, murmurant tristement :

— Oh ! ce n'est pas là qu'est ma mère !

Trois jours s'écoulèrent ainsi ; accueillie des uns, rebutée des autres, elle arriva enfin à la porte d'un parc magnifique. Cette porte était ouverte, elle la franchit, on ne la repoussa pas. Elle entrevit dans le lointain un vaste bâtiment, et reprit un peu de courage.

— C'est peut-être là, mon Dieu ! disait-elle toujours.

La pauvre enfant approcha sans difficulté jusqu'à une terrasse sur laquelle on arrivait par une porte vitrée ; elle osa jeter un regard dans l'appartement ; il était vide, seulement un petit chien noir, marqué de feu, étendait douillettement ses membres sur un coussin près de la cheminée.

— Charlot ! pensa-t-elle, pauvre Charlot !

Au mouvement qu'elle fit, le chien leva la tête et voulut s'élancer vers elle, c'était Charlot ! Autant sa douleur avait été vive, autant sa joie fut folle. Le petit animal criait, aboyait ; retenu par un ruban au pied d'un lourd fauteuil, il faisait de vains efforts pour attirer le meuble après lui et rejoindre sa maîtresse, qui, de son côté, s'essayait inutilement à ouvrir la porte. On vint à ce tapage, c'était une grande femme d'un abord sec et froid, qui commença par gronder et frapper le chien, et ensuite menaça la jeune fille.

Celle-ci, parvenue enfin à trouver la clef, entra dans le salon, s'avança vers le chien, le détacha et ensuite le couvrit de caresses, qu'il lui rendit avec usure.

La dame s'émut un peu à ce tableau, tant il était touchant et gracieux.

— C'est à vous ce chien, mon enfant ?

A cette question Christine se releva, laissa tomber Charlot, regarda la femme qui lui parlait, et son cœur battit plus vite encore.

— Oui, madame, oh! oui, il est à moi, demandez-lui plutôt.

— Et qui êtes-vous? que faites-vous ?

— Je cherche ma mère.

Elle ajouta presque : C'est peut-être vous !

— Qui est votre mère ?

— Je n'en sais rien.

— Où est-elle !

— Je l'ignore.

— Mais alors, vous êtes folle.

— Tenez, madame, lisez.

La grande dame prit la lettre, examina l'écriture et tressaillit. Christine la dévorait du regard, et involontairement ses genoux ploiaient, ses mains se joignaient. La dame lut deux fois la lettre, se tut un moment, et reprit :

— Vous êtes Christine?

— Oui, balbutia-t-elle, et vous?

— Relevez-vous, mon enfant, vous m'intéressez.

A dater de ce jour, vous resterez ici.

— Serait-ce là ma mère ? Elle ne m'aime donc pas alors !

Une femme de charge accourut au bruit de la sonnette.

— Madame Auguste, emmenez cette jeune fille, habillez-la proprement, et vous me la renverrez. Elle mangera avec moi. Dites aussi à Antoine, que, lorsqu'il amènera ici un chien, ce ne soit pas un chien volé. Et faisant un signe amical à Christine, elle la congédia.

La jeune tête de celle-ci était bouleversée.

Quel changement ! Où était-elle ? qu'allait-elle devenir ? qui était cette digne protectrice ?

Elle demanda tout cela à la femme de charge qui, discrète comme tous les anciens domestiques de bonne maison, répondit d'une manière évasive. Elle n'apprit rien, si ce n'est qu'elle était chez madame de Linsvel au château de ce nom ; que sa protectrice, veuve, n'avait qu'un fils, alors au service.

Quand on lui eut fait sa toilette, on la ramena au salon. Madame de Linsvel l'interrogea de nouveau et la regarda longtemps. Il y avait dans tout cela beaucoup de curiosité et fort peu de tendresse. Elle obtint la permission de se retirer de bonne heure et d'emmener Charlot.

Je laisse à penser quelle joie !

Comme dit le Bonhomme.

L'imagination de Christine fit bien du chemin ; comme elle eût voulu être au lendemain ! Ce lendemain sans doute lui dévoilerait tout. Quels beaux rêves donc ! Ses prières furent plus ferventes que de coutume. Combien peu d'entre nous, cependant, trouvent les mêmes expressions pour rendre grâces à Dieu que pour implorer sa bonté ! il faut qu'il ait une inépuisable clémence, puisqu'il nous écoute encore après cette ingratitude.

Ce lendemain si désiré arrive, car le temps arrive toujours ; qu'on le désire ou qu'on le repousse, il marche d'un pas égal, seulement il est des heures plus lourdes, celles où la douleur lui met du plomb aux ailes, comme le plaisir lui prête les siennes, pour s'enfuir plus léger.

Christine déjeuna seule ; madame était allée à Soissons, et ne reviendrait que le soir ; on la laissa libre de se promener ; elle parcourut le jardin, les bois environnants. Hélas ! pensait-elle toujours, est-ce ici que je verrai ma mère !

Quand madame de Linsvel arriva, elle la fit appeler. Ses questions recommencèrent.

Christine répéta son histoire qui fut écoutée avec la même attention.

— C'est bien, répondit enfin madame de Linsvel, demain à huit heures vous viendrez avec moi à Soissons. L'enfant n'osa pas en demander davantage ; mais quelle nuit elle passa ! Elle était prête avant le jour, et quand elle monta en voiture, il fallut presque la soutenir. Madame de Linsvel lui prit la main, ce qu'elle n'avait pas fait encore, et tirant une lettre de son portefeuille, elle la présenta à la jeune fille.

— Est-ce la même écriture que celle que vous m'avez montrée, mon enfant ?

— Oh ! oui, madame, vous êtes ma mère !

Elle se jetait déjà dans ses bras.

— Non, je ne suis point votre mère ; lisez ce que je vous ai remis, et vous saurez tout.

Lire ! elle n'en avait plus la force.

— Lisez, madame, je vous en prie, je n'y vois plus.

Madame de Linsvel commença ainsi :

« A mademoiselle Christine de Linsvel.....

— Mais, madame, c'est votre nom, vous me trompez, vous êtes ma mère !

— Écoutez, écoutez donc !

« A mademoiselle Christine de Linsvel.

« Ma fille, ma fille perdue depuis quinze ans, je te retrouve,
« c'est toi, je n'en puis douter. Viens à moi, je t'attends. Hélas ! je
« ne pourrai te serrer dans mes bras ; mais je te verrai, mais je t'en-

« tendrai ; viens, mon enfant, Dieu me donnera le courage de ne
« pas murmurer. Viens ! »

— Madame, où est ma mère ? Je veux la voir.

— Nous allons vers elle. Votre mère est au couvent des Carmélites de Soissons ; elle s'y est retirée depuis son veuvage, depuis qu'elle vous a crue morte ; vous ne la verrez que son voile baissé, et à travers la grille.

— Mon Dieu ! ma mère ! Oh ! madame, c'est impossible !

— Non, la règle s'y oppose. A moins d'entrer dans l'intérieur du couvent, et nul ne le peut que les religieuses, vous ne verrez pas son visage.

—Ne pas voir le visage de ma mère que je n'ai jamais vue ! Madame, vous n'y pensez pas.

Et vous dites qu'il n'y a aucun moyen ?

— Aucun : les religieuses seules se voient entre elles.

Christine se tut : elle rêvait et pleurait ; elle entendit à peine ce que madame de Linsvel ajouta : qu'elle était belle-sœur de sa mère, qu'elle avait aidé la comtesse à chercher sa fille ; qu'apprenant la mort de François et la disparition de Gertrude, elles avaient cru toutes les deux l'enfant perdu à jamais, et que de désespoir la pauvre mère s'était jetée au couvent.

On arriva enfin, Christine sauta en bas de la voiture, et courut jusqu'à la grille. Là, à l'aspect du rideau noir qui lui cachait l'intérieur du cloître, elle s'écria, avec une de ces inflexions qui pénètrent l'âme :

— Ouvrez-moi, mes sœurs, pour voir ma mère je renonce à tout, ouvrez-moi donc, que j'embrasse ma mère !

Madame de Linsvel essaya de la dissuader ; les religieuses mêmes tremblaient devant cette vocation soudaine. Elle n'écouta rien, il fallut la satisfaire : la grille fut ouverte, on lui posa un voile de novice sur ses cheveux, et elle se précipita sur le sein d'une femme qui l'attendait, fière de son noble dévouement, et pourtant inquiète de son sacrifice. On n'entendit plus que ces mots : Ma fille ! — Ma mère ma mère ! Et c'étaient des cris, des larmes. Pourquoi notre joie ressemble-t-elle donc toujours à la douleur?

Pendant plusieurs jours, après l'entrée de Christine au couvent, les passants remarquèrent un petit chien noir, marqué de feu, couché tristement à la porte.

Aucun moyen ne put l'en arracher. Il refusa toute nourriture, et mourut enfin.

Pauvre Charlot ! On l'avait oublié !

MARIE.

A Mademoiselle

BERTHE DE THANNBERG.

Vous ne me connaissez pas, Mademoiselle, mais cette histoire est pour vous une histoire de famille, une de vos grandes-tantes y a joué un rôle, et j'ai pensé que plus tard vous seriez bien aise de la connaître. Elle date du temps où j'étais, comme vous, une petite fille, où j'étais, comme vous, confiante dans l'avenir. Vous verrez quelque jour ce beau pays d'Alsace, que j'aimerai jusqu'à la mort. Les vieilles admirations sont comme les vieilles amitiés, l'image en est toujours fraîche. Ce pays est le vôtre, celui de vos ancêtres du moins ; en lisant leurs chroniques vous y trouverez des exemples de loyauté et d'honneur et des souvenirs précieux. J'espère que vous me saurez gré de rattacher à votre jeune main, un anneau de cette chaîne si longue qui me lie au passé et à votre maison. Bien des fleurs et bien des épines en sont tombées, depuis lors, recueillez les unes et rejetez les autres ; que notre expérience vous en préserve. Regardez en avant, vous y trouverez l'espérance et laissez derrière vous les regrets. Le chemin est pour vous et si long et si beau !

MARIE.

Je vous dirai un jour ma jeunesse, mes douleurs, mes déceptions ; aujourd'hui je veux vous parler de mon enfance, ma chère Berthe, mon enfance si belle, si rêveuse, si différente de ce qu'était alors l'enfance d'une fille de qualité. J'avais perdu ma mère en naissant ; mon père, tout à ses plaisirs, ne se trouva pas assez de temps pour s'occuper d'une créature si frêle, à laquelle il fallait des soins de toutes les minutes. Sa grande-tante maternelle, madame de Ribeaupierre, était abbesse de Marbach, et par conséquent, une des plus grandes dames d'Alsace. Il la pria de se charger de moi. Bonne et chère tante ! elle m'accepta pour fille, elle me fit venir à cette belle abbaye détruite maintenant, détruite de fond en comble, car ils ont abattu jusqu'aux flèches de l'église pour en construire un moulin ! Je ne pardonnerai jamais cela au vandalisme du dix-neuvième siècle.

L'abbesse de Marbach, sans avoir l'importance de celle de Remiremont, était cependant une personne d'une haute position dans l'Église. Ma tante ajoutait à la dignité de son rang celle de sa naissance. La maison de Ribeaupierre est d'une illustration si ancienne et si brillante dans toute l'Alsace, qu'on ne saurait rien lui comparer. Il n'en reste plus un seul rejeton en France. La dernière branche a émigré en Russie, où elle tient à la cour un rang distingué.

Marbach est situé dans une vallée admirable, au pied de la montagne du Hauenlansberg et de celle d'Egishem. Mes yeux s'ouvrirent au milieu de cette majesté de la nature, qui rend le reste du monde si petit et si mesquin. Ma tante, dont l'âme tendre avait besoin d'affection, s'attacha passionnément à moi, une mère ne m'eût pas plus aimée. On prévint toutes mes fantaisies, on ne me donna plus le temps de former un désir, on me gâta enfin tout autant qu'une fille unique avait le droit de l'être, dans un couvent, parmi cinquante nonnes qui n'ont que cela à faire. En grandissant je regrettai de ne point avoir de compagne de mon âge. Ma tante fit chercher aux environs les petites filles qui pouvaient jouer avec moi : on en trouva trois, dont une surtout m'intéressa sur-le-champ. Son père, tenancier de l'abbaye, était pourtant un homme d'une certaine naissance, il avait une sœur religieuse à Marbach ; on la chargea spécialement de nous, elle ne nous quitta plus, excepté dans nos excursions au dehors de l'abbaye. C'était ma gouvernante qui m'accompagnait alors. Ma bonne tante ne me refusait rien, et j'étais folle de nos courses de montagnes. Peut-être le lait de chèvre avec lequel j'avais été nourrie m'inspirait-il ce goût de précipices? On m'enseigna tout ce qui constituait alors une grande éducation. J'appris à toucher du clavecin, à peindre, et même la langue allemande, ce dont j'ai remercié le Ciel, lors de l'émigration.

Mais ce que je savais le mieux, ce que je n'ai pu oublier, ce sont les belles légendes chantées dans le pays, sur toutes ces ruines si merveilleuses, dont les montagnes sont couronnées. Si vous m'aimez, ma chère Berthe, écoutez-en quelques-unes. J'aurai un plaisir extrême à vous les raconter, et je crois qu'elles vous amuseront ; toutes ont ce caractère sauvage et étrange de l'époque et du lieu où elles se passent. Les Alsaciens sont un peuple brave et indépendant. J'ai toujours pensé qu'un homme courageux se mettant à leur tête ferait de belles et grandes choses. Ils n'aiment pas plus leurs anciens maîtres que les nouveaux. En eux-mêmes ils se regardent comme libres, et vous disent :

— Nous ne sommes pas Allemands, nous ne sommes pas Français, nous sommes Alsaciens.

Leur langage n'appartient à aucune langue connue : c'est de l'allemand, si vous voulez, mais de l'allemand si défiguré, qu'assurément un Saxon n'en comprendrait pas un mot, pas plus qu'un Parisien ou un Anglais. Ils ont surtout une manière de prononcer leur *io (oui)*, qui ressemble infiniment à une gamme chromatique ; bien souvent, nous étant perdues dans les montagnes, nous demandions notre chemin à des paysans, soit en allemand, soit en français, ils nous répondaient également aux deux questions, dans leur jargon intraduisible :

— Je n'entends pas le français.

Et ils passaient sans nous regarder. Au-dessus de l'abbaye, ainsi que je vous l'ai fait remarquer tout à l'heure, s'élevait la montagne du Hauenlansberg, couronnée par les admirables restes du château de ce nom. Nous y montions bien souvent pour jouir de la vue des vallées environnantes ; il me semble que j'y suis encore. Plus bas que ce roi de la contrée, qui n'a de rival dans toute l'Alsace que le Hauenkœnigsberg, on découvre, sur un mamelon isolé, s'avançant légèrement vers la vallée de Munster, une tour ronde et quelques pans de murailles, desquels se détache une ogive, parfaitement conservée, garnie de clématite, de lierre, de liserons et d'autres plantes grimpantes. Ce lieu ravissant s'appelle le Plixbourg. Si vous avanciez de quelques lieues sur la route de Lorraine, vous trouveriez une petite ville au pied des montagnes, entourée de murs et de fossés, fermée par des portes, ainsi que tous les bourgs d'Alsace. C'est Ribeauvillé, le berceau et le domaine de la maison de Ribeaupierre, dont ma tante était presque le dernier rejeton. Au-dessus de la ville, dans la position la plus étrange, sont les trois châteaux du même nom, bâtis sur trois pointes de rochers; l'une d'elles est devenue inaccessible. Les deux autres ruines, la plus grande surtout, annoncent l'importance de ces manoirs.

Il y a bien des siècles, ils furent construits par trois frères, qui, ne voulant pas se séparer et ne pouvant rester tous dans le même castel, à cause de leur suite nombreuse et de leurs grandes richesses, convinrent d'élever chacun une habitation à leurs frais. L'aîné choisit la plus haute, le cadet s'empara de cette pointe presque inabordable, le plus jeune se plaça au milieu; une affection sans bornes unissait particulièrement ces derniers l'un à l'autre. Ils se quittaient à peine, leurs plaisirs et leurs chagrins étaient communs, et rien ne semblait plus touchant que cette union fraternelle. Pour ne pas s'envoyer sans cesse des messagers et éviter à leurs serviteurs l'ennui de gravir ces rochers à pic, ils convinrent, lorsqu'ils voudraient aller à la chasse, de s'avertir l'un l'autre en tirant une flèche par une fenêtre. Chaque jour presque, ils répétaient ce signal qui les réjouissait également, car, je vous le répète, ils s'aimaient d'une tendresse bien rare. Un matin, l'idée de se prévenir leur vint en même temps; chacun s'avança vers la fenêtre, tout joyeux d'arriver le premier, tant il était de bonne heure. Au moment où le plus jeune ouvrait le châssis de plomb pour bander son arc, son frère, qui l'avait deviné, lança son trait; trop bien dirigé, il atteignit le pauvre jeune homme au cœur et le tua. Je vous laisse à penser quelle fut le désespoir du meurtrier. Le malheureux demanda alors à la religion un refuge contre la douleur que lui causait cet irréparable malheur; il légua tout ce qu'il avait à son aîné, et partit pour la Terre Sainte; on n'en a jamais entendu parler. Le seul des trois frères si unis qui survécut, Ulric de Ribeaupierre, ne voulut jamais qu'on ouvrît les manoirs inférieurs. Il ordonna qu'ils tombassent en ruines, en mémoire et en expiation du crime involontaire qui y avait été commis. Depuis ce moment, les paysans des environs assurent que, vers l'aurore, dans la saison des chasses, des ombres se montrent sur les murailles détruites, et qu'à quatre heures précises on entend le sifflement d'une flèche, auquel répond un cri déchirant. Ils en sont convaincus, et rien ne les empêcherait de faire un signe de croix et de murmurer une prière, lorsque le moindre bruit venant de la montagne frappe leur oreille.

J'aime tant ce pays, il est resté dans ma vieille mémoire tant d'émotions au nom seul de l'Alsace, que je ne puis m'empêcher d'en parler longuement quand une fois mes souvenirs s'éveillent. J'ai parcouru bien des royaumes différents, j'ai habité longtemps la Suisse, nulle part je n'ai trouvé la poésie douce qu'inspirent ces forêts et ces vallées où se promène le Rhin. Malgré moi, vous le voyez, mon style se ressent de ces impressions; je ne suis plus la grande dame de la cour de Louis XV, je redeviens la petite fille, courant les bois, en fourreau de linon, cueillant des fleurs, chassant les papillons, dénichant les oiseaux, et plus tard rêvant, à l'aspect des grandes beautés de la nature. Je sens encore mon vieux cœur battre ainsi qu'il battait alors, en écoutant les récits de la veillée; voilà pourquoi j'aime à les redire, pourquoi je vous demande de les écouter avec indulgence, et pourquoi surtout mes yeux sont mouillés de larmes en vous adressant cette prière.

En face de Marbach, entre le Hauenlansberg et les tours d'Eguishem, se trouve un tout petit château duquel il ne reste plus qu'un donjon carré. On l'appelle Hagueneck. Là vivait au quinzième siècle une jeune fille avec son père. Elle était belle comme le jour et naïve comme un enfant. Un chevalier italien, qui passait par là je ne sais pourquoi, en devint épris et la demanda à son père. Le vieux seigneur, pour complaire à sa fille qui aimait aussi le chevalier, accueillit sa demande, en y mettant pour condition toutefois que le prétendu irait dans son pays chercher le consentement de son père et les renseignements nécessaires sur sa fortune. Les pauvres enfants trouvèrent cette condition bien dure, mais il fallut obéir ; ils se séparèrent tristes et chagrins. Avant de se quitter, le chevalier fit promettre à sa fiancée de l'attendre un an et un jour.

— Si je ne suis pas revenu alors, lui dit-il, vous serez libre, vous pourrez former d'autres nœuds, car je n'existerai plus.

La jeune fille promit de l'attendre toute sa vie, et de n'aimer jamais que lui. Il partit. L'année se passa, on n'en eut aucune nouvelle. En vain elle montait au haut de la tour, cherchant à découvrir un voyageur sur la route du midi ; en vain elle envoyait tous les jours son petit page à la découverte, nul ne paraissait ; la seconde année s'écoula ainsi, puis une troisième; enfin, la belle fille, lasse d'attendre, lasse d'être seule, et croyant son fiancé ou mort ou infidèle, ce qui est bien la même chose pour un cœur aimant, entra à l'abbaye de Marbach, y prit le voile et y fit ses vœux, mettant sans regret une barrière insurmontable entre elle et le monde, puisqu'elle ne devait plus le revoir.

A peine y avait-il trois mois qu'elle avait fait profession, lorsqu'un pèlerin arriva au château. Il demanda l'hospitalité que le vieux seigneur ne refusait à personne. On le fit asseoir au bas bout de la table; il garda, sous prétexte d'un vœu, son grand chapeau rabattu qui lui cachait le visage. Ce repas fut triste et sombre, comme ils l'étaient tous depuis le départ de la jeune enfant.

— D'où vient, dit le pèlerin à un serf placé auprès de lui, que votre seigneur est seul sur son estrade? n'a-t-il donc point de femme, point de famille?

— Il a une fille unique, qui, après avoir attendu trois ans son fiancé, vient de se faire nonne à Marbach, de chagrin de l'avoir perdu. Le pèlerin ne répondit rien ; il enfonça davantage son chapeau sur ses yeux, et ne prononça plus une parole. Le lendemain, il se présenta à la grille du monastère, et demanda madame l'abbesse. Celle-ci ne tarda pas à paraître. L'étranger se jeta à ses pieds, lui avoua qu'il était le chevalier italien, fiancé de la pauvre religieuse ; qu'il avait été arrêté par des brigands sur les frontières du Tyrol, et que, l'ayant tenu enfermé près de trois ans, ils venaient en fin de le rendre à la liberté. Il accourait au Hagueneck, espérant la trouver encore libre, ou craignant de la revoir infidèle ; mais ce qu'il avait appris était affreux : elle le croyait mort, elle le croyait inconstant, il suppliait qu'on lui permît de la détromper, de lui parler une seule minute, et puis il jurait de s'éloigner ensuite, de ne point essayer de se rapprocher d'elle, et il versait des larmes amères ; son cœur paraissait près de se briser.

L'abbesse néanmoins resta sourde à ses supplications ; et elle lui répondit que celle qu'il aimait appartenait désormais au Seigneur ; que personne, hors Dieu et ses sœurs, ne devait voir son visage ni communiquer avec elle. — Mais, ajouta-t-elle, je vous promets de ne point oublier ce que vous venez de me confier, elle le saura au lit de la mort ; là seulement la règle permet à un intérêt mondain d'arriver jusqu'à nous. Malheureusement ce ne sera que trop tôt !

Le malheureux dut se contenter de ces paroles sévères ; il sortit bien affligé. A quelques jours de là, les paysans rencontrèrent un homme sur la montagne, occupé à construire une sorte d'ermitage à l'endroit le plus voisin de Marbach. Il se bâtit seul une petite demeure qu'il surmonta d'une croix et d'une cloche, et dans laquelle il s'établit, entouré de mille privations. Mais de là on voyait l'intérieur du couvent, on apercevait, au moment des récréations, les religieuses se promenant dans les cours et dans le préau, et parmi ces femmes habillées de blanc, toutes semblables, il cherchait la femme aimée, comme le soir, la nuit, le matin à l'office, agenouillé dans un coin de la chapelle, il cherchait la voix aimée au milieu de ces voix angéliques qui chantaient ensemble les louanges de Dieu. C'étaient là ses seules jouissances, bien douloureuses et bien pures !

Enfin il entendit sonner le glas des morts, il descendit à l'église, et s'informa auprès du sacristain pour qui on demandait des prières. C'était pour celle qui fut sa fiancée ! — La pauvre femme avait assez souffert sur la terre, Dieu la rappelait à lui. Il se prosterna devant l'autel, et resta ainsi jusqu'à ce que la cloche, en cessant de tinter, apprît à tous que l'âme chrétienne était devant son juge. Ce moment fut le plus beau et le plus affreux de sa vie. Elle mourait, mais elle apprenait combien il l'avait aimée, elle apprenait qu'il était là près d'elle, qu'il lui avait consacré son existence entière, et lui était bien certain d'aller promptement la rejoindre. Céleste et belle confiance de l'amour vrai, qui lie à jamais deux êtres qui s'aiment dans la vie et dans la mort !

On rendit à la terre le corps de la jeune vierge. Son fiancé, resté seul, languit encore quelque temps, et s'éteignit en prononçant son nom. Je ne sache rien de plus admirable que ces amours-là ; ils m'ont toujours profondément touchée. Je désire que ces petits récits vous amusent, mon enfant, et pour que vous ne me grondiez pas trop, je me dépêche de revenir à mon amie d'enfance, dont je vous ai promis l'histoire.

A une lieue de Colmar, au pied des Vosges, se trouve le charmant village de W...... Il est impossible d'imaginer une position plus romantique et plus riante à la fois ; d'un côté, la montagne et les ruines imposantes du Hauenlansberg ; de l'autre, la plaine du Rhin, les clochers de la ville, les champs cultivés, des habitations délicieuses ; enfin, tout le luxe de la civilisation et toute la majesté de la nature. Avant d'entrer dans le village, sur la gauche de la route, on remarque une petite maison blanche ; il n'y a rien de brillant dans cette espèce de chaumière ; seulement l'air de propreté qui y règne, les beaux arbres qui l'entourent la distinguent de celles qui la suivent. C'est là que demeurait Marie, Marie dont la taille svelte et ronde se courbait comme une jeune fleur frappée par l'orage, Marie dont le visage pâle et les cheveux blonds donnaient l'idée d'une fille du ciel. Oh! qu'elle était belle quand nous parcourions ensemble cette Alsace tant regrettée ! Dieu avait tout prodigué à cette créature frêle et délicate, tout ce qui fait le bonheur des autres, et rien de ce qui pouvait assurer le sien ; aussi n'ai-je connu aucune femme qui fût plus aimée et plus malheureuse que Marie. Son imagination poétique ne lui créait que des chagrins, parce que, depuis sa naissance, elle n'avait connu que les larmes. Sa mère mourut en lui donnant le jour ; son père, homme respectable et bon, se retira avec cette enfant dans sa maison de W..... Il prodigua tous ses soins à son éducation. Douée d'une étonnante facilité, elle apprit en peu d'années ce qui demande la moitié de la vie. Une de ses tantes, religieuse à Marbach, lui servait de mère. Marie l'aimait passionnément, comme elle aimait son père, comme elle aimait son jeune cousin, destiné à être un jour son mari. Dans son enfance, elle était triste, elle semblait craindre sans cesse un danger connu d'elle seule ; il y avait du regret jusque dans son sourire. Elle restait des heures entières au tombeau de sa mère, elle le semait de fleurs pour lesquelles elle professait une espèce de culte. Elle créa autour de ce tombeau une manière de petit bois ; mais elle ne pouvait rien faire comme les autres ; chacune de nous fut appelée à planter son arbre, celui qu'il nous plut de choisir, et dès lors ce lieu funèbre devint la retraite favorite de Marie. Nous, ses compagnes de jeu et d'études, nous allions l'y chercher, nous faisions de vains efforts pour l'entraîner dans nos excursions lointaines, elle nous résistait doucement.

— Laissez-moi, disait-elle, je suis bien mieux ici.

Marie avait quinze ans ; ainsi que je vous l'ai dit, Berthe, elle ne semblait pas appartenir à ce monde. Nous la respections comme un ange perdu au milieu de nous, elle nous inspirait presque de la crainte.

Un soir, je la vis revenir du cimetière, la tête baissée, l'œil morne ; elle passa près de moi dans le cloître sans m'apercevoir ; je l'appelai, elle jeta un cri de surprise, et, me prenant la main, elle me conduisit en courant au lieu d'où elle sortait.

— Regardez, me dit-elle, regardez l'arbre de ma tante, il se fane, voilà plus de huit jours que ses feuilles tombent, malgré tous mes soins, il mourra ; mademoiselle Bathilde, ma tante va mourir.

Il y avait quelque chose de solennel dans le son de sa voix ; debout près de la croix de marbre noir, ses longs cheveux agités par le vent qui gémissait dans les tombes, on eût dit une jeune pythonisse prédisant les malheurs à venir.

— Oui, ma tante va mourir, répéta-t-elle ; vous ne savez pas, j'ai toujours pensé que votre destinée à toutes se rattachait à ces arbres, voilà pourquoi je les garde, pourquoi je les arrose avec tant d'exactitude. Si l'une de vous quittait ce monde, l'arbre ne lui survivrait pas ;

si je meurs, moi, vous arracherez ce bouleau qui porte mon nom, je le veux, je l'exige; mais je mourrai la dernière.

Je ne répondis rien, j'étais glacée d'effroi. Elle ne parut pas s'en apercevoir, et continua à parler tout en formant une couronne de marguerites :

— J'ai toujours eu des idées à moi seule : par exemple, quand je vois une petite fille au berceau, son visage disparaît à mes yeux sous une masse de fleurs. Je suis persuadée qu'un bon ange en répand à profusion sur une couche innocente, et que le bonheur de notre vie dépend de l'usage que nous en faisons. Il y en a qui en forment un faisceau et qui le gardent comme un trésor, n'osant y porter la main : celles-là, ce sont les sages; d'autres les jettent à terre sans en connaître la valeur : celles-là sont les folles; d'autres encore les effeuillent une à une en peu de jours, et se trouvent ensuite avec des débris informes, objet continuel de leurs regrets et de leurs remords; d'autres enfin, c'est moi, voient se flétrir leur couronne avant qu'elle ne soit tressée, les roses languissantes se fanent sous leurs doigts, elles n'aperçoivent que des images de destruction : celles-là..., ce sont les malheureuses, ce sont les enfants qui n'ont pas de mère.

Puis, elle se mit à sangloter, et il me fallut l'emmener presque de force.

— Ma tante va mourir ! ma tante va mourir ! répétait-elle en tournant la tête vers le cimetière.

Hélas ! cela fut vrai; trois semaines après, nous avions creusé un autre tombeau.

Marie resta atterrée sous ce coup : ni les consolations de son cousin Albert ni les nôtres n'arrivèrent jusqu'à son cœur. Pendant plusieurs mois elle ne quitta pas sa chambre, ses leçons furent interrompues, et son précepteur, ce cousin qui l'élevait avec tant de soins, éloigna d'elle tout souvenir du passé. C'était un homme éminemment distingué qu'Albert : plus âgé de douze ans que Marie, destiné à être son mari, il entreprit, de moitié avec la sœur Élisabeth, la tâche pénible d'une éducation ; son élève reçut de lui les talents les plus variés et les connaissances les plus étendues. C'étaient de nouveaux éléments de malheur.

Enfin, après bien du temps, ma pauvre amie reprit sa vie ordinaire, seulement elle restait plus longtemps dans sa solitude. Elle avait, disait-elle, une visite de plus à faire. En vain nous l'entraînions avec nous sur les montagnes, dans ces belles ruines que nous aimions tant à parcourir, elle demeurait froide et calme au milieu du magnifique spectacle de la nature, son imagination restait muette jusqu'à ce qu'une idée mélancolique la traversât. Alors c'étaient des plaintes si douces, si touchantes, c'étaient des pleurs si vrais, que nous en étions pénétrées.

Nous restions quatre jeunes filles inséparables et liées de l'amitié la plus sincère. Une de nous, Louise, avait la santé délicate d'une poitrinaire ; nous savions, et elle comme les autres, qu'il arriverait un âge critique pour elle, et nous le voyions approcher en tremblant ; Marie ne doutait pas que cette époque ne lui devînt funeste.

— Regardez donc Louise, me disait-elle, elle tousse bien davantage, et maintenant elle ne peut plus monter même au Plixbourg, elle qui se plaisait tant dans cet oratoire de la châtelaine, près de cette fenêtre entourée de lierre. J'arracherai bientôt son arbre. Mon Dieu ! que je suis malheureuse ! oui, il y a une fatalité sur moi. Je n'ai pourtant rien fait au Ciel.

A la chute des feuilles, Louise mourut !

Nous n'étions plus que trois. L'hiver se passa tristement : réunies autour du foyer de ma tante, à l'abbaye, dans ces vastes pièces si tristes par elles-mêmes, nous cherchions celle qui ne devait plus revenir ; quand on ouvrait la porte, il nous semblait qu'elle allait s'asseoir à sa place, et nous frémissions involontairement à l'aspect d'un étranger. Les beaux jours nous rendirent un peu de gaieté ; il y a des moments où il est impossible d'être triste : l'âme est si reconnaissante envers le Dieu qui a créé ce bel univers, que toutes les pensées sont une action de grâces. Dans les pays que nous habitions, les merveilles de la création se multiplient à chaque pas. Suivies de ma gouvernante et du valet de chambre de madame l'abbesse, nous nous faisions conduire au coucher du soleil sur les cimes les plus élevées; nous admirions ce paysage qui se déroulait à nos pieds. Ce cercle de montagnes entourant les plaines d'Alsace, le Rhin se déployant comme un beau ruban, bordé de villages, de châteaux; les Alpes dans le lointain avec leurs crêtes roses et brillantes, et près de nous sur toutes les pointes des manoirs détruits dont les tours orgueilleuses percent encore les nuages. Nous faisions toutes une prière; et puis nous redescendions chargées de fleurs et de minéraux que notre bonne Elisabeth nous avait appris à classer.

Vers cette époque, madame votre grande-tante, notre compagne Adélaïde de Thanneberg, se maria et quitta le monastère ; ce fut un chagrin pour nous ; encore une place vide ! celle-là du moins ne l'était pas toujours; quand elle arrivait, cette chère Adélaïde, quelle fête dans le petit cercle! nous étions fières de son bonheur, de sa position brillante.

Dans un de ses voyages, nous formâmes avec elle une grande partie à la caverne du Dragon. La journée était étouffante, nous marchions dans un sentier découvert, et le soleil tombait d'aplomb sur nous. Parvenues à la caverne, nous nous y reposâmes avec délices. Marie était fatiguée, la fraîcheur la saisit, elle se plaignit de douleurs de tête. Nous eûmes bien de la peine à la ramener, et en rentrant elle se mit au lit. La pauvre enfant eut une fièvre cérébrale qui dura quarante jours. Nous l'avions emmenée à l'abbaye, et nos prières, nos soins assidus la rappelèrent à la vie ; mais quelle douleur l'attendait à sa convalescence! Adélaïde, notre chère Adélaïde, prit auprès de son amie mourante le germe d'une maladie mortelle aussi ; elle retourna à Ribeauvillé, chez son mari ; elle fut enlevée en vingt-quatre heures. Quand cette nouvelle nous parvint, je crus que je deviendrais folle; comment l'apprendre à Marie? il fallait qu'elle l'ignorât jusqu'à ce qu'elle eût assez de forces pour n'en pas être accablée. Nous dévorions nos larmes, nos soupirs, et que de fois, pendant le sommeil de Marie, debout toutes les deux à ses côtés, nous nous regardions étonnées, ma tante et moi ; nous étions seules!

Le premier mot de la malade fut pour Adélaïde, son premier regard avait été pour nous. Nous la trompâmes, nous la trompâmes longtemps. Un soir d'automne elle nous supplia de la conduire au cimetière.

— Je veux voir mon bouleau, nous disait-elle avec un triste sourire, il n'a plus de feuilles, n'est-ce pas?

Albert se leva en silence, il comprit que le moment était venu. Nous avions arraché l'arbre d'Adélaïde ; c'était la manière la plus simple de tout révéler à Marie, mais il fallait l'y préparer. A quelque distance du village était une petite chapelle dédiée à la Vierge et tapissée d'ex-voto ; nous dirigeâmes nos pas de ce côté. Après une courte oraison, nous nous assîmes tous les trois à la porte. Marie, comme si elle eût prévu ce que nous avions à lui dire, nous parla sur-le-champ d'Adélaïde.

— Comment ne vient-elle pas? elle doit être guérie, vous m'avez assuré qu'elle était malade. Moi qui suis si faible, me voilà remise, elle qui a une si bonne santé a dû l'être bien avant.

Nous ne répondîmes pas. Marie nous regarda l'une après l'autre ; nos yeux baissés, notre contenance même, lui laissèrent tout deviner. Elle devint pâle et tremblante.

— Encore celle-là, mon Dieu! murmura-t-elle, et elle s'évanouit.

Ces coups frappés si près l'un de l'autre, la laissèrent sans courage. Elle était dans une atonie complète qui durait encore plusieurs mois après. Vers cette époque mon père me rappela près de lui. Il avait arrangé mon mariage avec le marquis de Châteaugrand. Il me fallait quitter cette Alsace si chère, ces amies d'enfance si dévouées, pour le monde et la cour. La veille de mon départ, ma tante voulut nous réunir dans son parloir. Elle était bien triste! plus triste que moi, car j'avais quinze ans, et l'avenir brillant qui s'ouvrait devant mes yeux, me consolait un peu de l'absence. Marie eut à peine l'air de comprendre cette séparation. Elle m'embrassa d'un air distrait, me souhaita un bon voyage, comme si j'avais dû revenir le lendemain, et me quitta presque sans larmes!

J'étais mariée depuis un an, Marie m'écrivait quelquefois, Albert plus souvent. Leur union allait bientôt se former. Enfin, on me demanda les parures de noce; je les envoyai; que ne pouvais-je les suivre! Je restai deux mois sans recevoir de nouvelles. J'avais formé mille conjectures, j'étais horriblement inquiète, et j'allais m'adresser à des étrangers pour connaître la cause de ce silence, lorsque arriva une lettre de Colmar. L'adresse était de l'écriture de Marie, mais si altérée, que je ne doutai pas qu'il ne lui fût arrivé un grand malheur. Je rompis le cachet, voilà ce que contenait cette lettre, elle vous fera mieux connaître Marie, que tout ce que je pourrais vous dire :

— « Bathilde, mon Dieu! comment vous dirai-je ce qui vient de
« me frapper encore? Ma Bathilde, je suis brisée; vous savez bien
« ces bijoux, ces habits, ces dentelles, ils sont arrivés à temps pour
« orner un tombeau, encore un tombeau! Il est mort aussi, Albert!
« Albert! Oh! je suis maudite! mon amitié tue, Bathilde, je vous
« défends de m'aimer. Après aujourd'hui il n'y aura rien de commun

« entre nous, je ne vous reverrai jamais, je ne vous écrirai plus,
« c'est le seul moyen de vous sauver la vie, et je veux que vous vi-
« viez, vous et mon père, voilà tout ce qui me reste. Mon père est
« vieux, vous, vous êtes jeune et vous vivrez, car je ne vous aime-
« rai plus. Je ne vous donnerai pas de détails, je n'en sais pas ; je
« sais qu'il est mort, qu'on l'a placé près de ma mère, qu'on a arra-
« ché son arbre, que je ne dois le revoir qu'au ciel. Si je pouvais de-
« venir folle, si je pouvais mourir ! mais non, Dieu ne le veut pas.
« Il me laisse ma raison et ma santé, afin de souffrir plus longtemps.
« Adieu, adieu pour toujours ; adieu à vous, adieu au monde, adieu
« à tout ; votre souvenir planera comme un nuage doré au-dessus
« de mes douleurs ; je prierai pour vous, jamais avec vous ! »

Je n'essayerai pas de vous peindre ce que j'éprouvai à cette lecture. C'était une fatalité si incroyable, cette pauvre Marie était si
malheureuse, que je ne crus pas qu'elle pût y résister. Je lui écrivis,
elle ne me répondit pas. J'employai tous les moyens pour l'y décider,
ils furent inutiles. Une seule fois elle me fit dire par ma tante, qu'elle
ne voyait plus cependant, qu'elle ne voulait pas me répondre. J'appris
la mort de son père : c'était l'ordre de la nature ; mais désormais
elle restait seule. Je tentai une nouvelle démarche, sans obtenir
plus de succès. Cet abandon devint le plus grand chagrin de ma vie.
Mon mari, assez indifférent à mes démarches, m'engagea à faire
pour ma santé un voyage en Alsace ; j'acceptai ; je désirais retrouver ma tante, mon amie ; et puis je n'étais pas fâchée de revenir
grande dame où j'avais été petite fille. La nature de la femme ne
perd pas ses droits ; pourtant mon cœur battit en apercevant les
Vosges, surtout à la vue des clochers de Marbach ! J'embrassai ma
tante ; et, quoi qu'elle fît pour me retenir, je courus à la maison
blanche. Tous les volets étaient fermés. Je sonnai ; le bruit retentit
dans le corridor vide, aucun autre ne lui répondit. Je sonnai encore ;

un paysan sortit d'une chaumière voisine ; je l'appelai ; il s'approcha avec respect, et me dit, après mille questions :

— Mademoiselle Marie n'est plus ici ; depuis la mort de son père elle a quitté le pays ; personne ne sait où elle est allée ; elle ne veut ni vendre ni affermer sa propriété ; elle a laissé à ma petite-fille une rente pour avoir soin de ses tombes et de son arbre.

Son arbre ! ce mot me fit frémir ; il n'y en avait plus qu'un en effet.

— A présent, madame, elle est perdue pour nous, et c'est bien dommage ; elle était si bonne. Madame l'abbesse en sait peut-être plus que moi ; mais, dans le pays, on dit que non et qu'elle s'est cachée à tous !

Machinalement mes pas se dirigèrent vers le champ du repos ; j'aperçus deux nouvelles pierres, et près d'elles un tremble dont le feuillage mobile gémissait au bruit du vent : c'était mon arbre ! — Le bouleau de Marie avait disparu ; je compris qu'elle se regardait comme morte. Je me rappelai ses paroles :

— Votre souvenir planera comme un nuage doré au-dessus de mes douleurs !

Je me jetai à genoux et je priai, oh ! je priai du fond de mon âme ; mes larmes coulaient par torrents, et cependant je sentais une sorte de douceur à me trouver entourée de ces cendres si chères ; il me semblait qu'elles m'entendaient, qu'elles me voyaient, qu'elles gardaient ma destinée. Cet arbre fort et vigoureux, planté par moi, me parut l'image de mon avenir. Je rendis grâces au Ciel, je repris confiance en sa bonté ; hélas ! cet avenir, il fut loin de tenir ses promesses, mon enfant ; car j'ai bien souffert aussi.

Depuis lors, je n'ai revu ni l'Alsace, ni Marie ; au milieu de mon existence agitée, dans mes splendeurs, dans mon exil, je me suis reportée souvent vers ce pays de mon enfance, vers ces premières scènes de la vie si pleines de charmes et de douceur. Marie mourut au milieu de la tourmente révolutionnaire. Je l'appris en recevant son dernier présent, ce rosaire d'ambre qui lui venait de sa tante, qu'elle ne quittait jamais, et qui, j'en suis sûre, m'a préservée de bien des dangers dans ma longue carrière. Je le porte toujours avec moi : c'est une relique de cœur.

Parmi toutes les femmes que j'ai connues, pas une n'a parlé à mon âme comme Marie, pas une ne me convenait aussi bien : je n'ai trouvé que chez elle cette exaltation rêveuse qui engendre toujours le malheur, et que le Ciel donne aux êtres qu'il veut éprouver.

Voilà, ma chère petite, tout ce que je puis vous dire de ces vieux souvenirs. Ce petit monde de couvent et d'abbaye est très-nouveau pour vous, dans ce siècle-ci, où vous ne vous doutez pas de ce que c'était ; j'avoue que j'eus toujours un grand penchant pour ces monastères où l'on vivait bien plus heureux que vous ne croyez. Je ne manquais pas en Allemagne, en Suisse, dans tous les pays catholiques où j'ai vécu, d'aller les visiter.

J'accompagnai même une fois madame de Vilbelle, ma tante, à Remiremont. Madame l'abbesse, la princesse Christine de Saxe, m'avait conviée à lui faire une visite, et je profitai avec empressement de cette occasion pour voir un lieu aussi célèbre et un pays aussi pittoresque. Nous passions nos soirées chez madame de Vilbelle, au coin du feu, quand nous n'allions pas à l'abbatiale, et ces soirées s'embellissaient toujours des plus magnifiques récits répétés par de vieilles chanoinesses. Je n'ai jamais vu d'aussi vieilles femmes que les chanoinesses : le chapitre conserve, je crois.

Au milieu de toutes ces ruines s'en trouvait une plus ancienne encore : le gruyer. Cet homme, nommé Jacques Boy, vivait depuis près d'un siècle. Je ne sais pas ce qu'il ne contait point sur tout le monde. Il m'en effrayait, quand la comtesse Olympe l'envoyait chercher et lui permettait de s'asseoir et de parler. Il était sourd comme un tapis, fidèle comme l'acier et bête comme un canard. Ma tante m'écrivit de lui une drôle de chose.

Lorsqu'il arriva à Remiremont, il avait vingt ans, et quittait pour la première fois la Picardie et la petite ville de Coucy, son pays natal. Il n'avait jamais vu de perroquet. On le fit attendre auprès de celui de madame l'abbesse, la princesse Éléonore de Beauveau, dans son antichambre. C'était un magnifique ara, fort mal élevé, tout perroquet de princesse et d'abbesse qu'il était. Le gruyer s'en approcha pour le mieux examiner, et se mit à tourner autour de lui d'une façon très-attentive. L'oiseau, apparemment fâché de cette irrévérence, lui dit de sa voix forte et nasillarde :

— Veux-tu t'en aller, manant !

Le pauvre homme le regarda hébété, d'un air de stupéfaction profonde, ôta son chapeau, fit un salut jusqu'à terre et répondit :

— Pardonnez-moi, Monsieur, je vous prenais pour un oiseau !

Ne trouvez-vous pas cela adorable ? J'en ai ri dans ma jeunesse, et j'en ai fait rire bien des gens. Ce bon gruyer était le fils de Jacques Boy, *conseiller du Roi et de Son Altesse Sérénissime Monseigneur le duc d'Orléans, président-lieutenant-général au bailliage de Coucy*. C'était une manière de gentilhomme : il s'en montrait fier au dernier degré. Dans ses histoires, il s'arrangeait toujours de façon à nommer *monsieur* son père, avec tous les titres que je viens de vous transcrire, ou mieux encore, quelques-uns de ses parents nobles. Cela n'en finissait pas ; alors madame de Vilbelle était obligée de lui crier dans son cornet :

— Boy, nous savons cela !

Et comme il entendait tout de travers, ma tante se mettait en furie, lui disait des injures auxquelles il répondait par des remerciments, jusqu'à ce qu'elle l'eût presque jeté à la porte.

Ces scènes m'amusaient fort. Il savait les généalogies de toute la France, et si j'en avais le temps, je vous raconterais des choses bien curieuses que j'ai apprises de lui sur des gens qui font les grands seigneurs, et qui ne l'ont été de leur vie. Mais j'ai assez babillé pour aujourd'hui, vous devez en avoir la tête fendue.

Je vous en supplie, ma chère Berthe, allez voir l'Alsace. Faites-vous conduire à Marbach, dont il reste si peu de chose, à W., et écrivez-moi si la petite maison blanche existe encore, si mon arbre n'a pas été arraché, s'il y a quelques souvenirs de moi ou de ceux que j'ai aimés; et puis allez prier sur les tombes. Peut-être alors aura-t-on creusé la mienne! priez pour moi aussi, pour moi oubliée trop longtemps sur cette terre; je vous bénirai de ce soin pieux, et Dieu vous en récompensera en vous donnant une vie douce, en vous préservant de ces orages du cœur qui font la jeunesse si à plaindre et la vieillesse si pleine de regrets!

LE PETIT CHATEAU.

A Mesdemoiselles

SOYE.

Vous êtes jeunes, Mesdemoiselles, vous êtes encore rieuses et insouciantes sur le seuil de la vie. Un jour viendra où vous la connaîtrez comme nous. Combien alors ne vous estimerez-vous pas heureuses d'avoir eu un guide tel que le vôtre ! Croyez-le toujours, consultez-le sans cesse. Regardez près de vous, les bons amis, les bons exemples qui vous entourent. Parlez de moi à ces lieux aimés que je ne verrai pas de longtemps sans doute. Dites à ceux qui les habitent que mon cœur est resté le même et que je pense à eux chaque jour. En passant par vos lèvres d'enfants, cette vérité sera plus pure, elle trouvera plus de croyance. Que Dieu vous le rende dans l'avenir ! ne connaissez jamais les larmes, c'est un vœu bien cher à mon cœur.

UN PETIT CHATEAU.

Je suis allée ce matin me promener aux Tuileries par ce beau soleil, mes chères enfants, et c'est une des choses de ce monde qui m'attristent le plus; d'abord, il me semble que le soleil se moque de moi et de mon vieux visage, lui qui reste toujours jeune, qui éclaire toutes les jeunesses, sans gagner pour cela une ride à son disque brillant. Ensuite, votre Paris moderne me fait mal; on nous a enlevé toutes nos jouissances, à nous, de la génération éteinte, en dénaturant les lieux où nous avons été heureux, même ceux où nous avons souffert. Une singulière remarque que j'ai faite, c'est l'empressement que met un gouvernement à détruire les monuments commencés par un autre, et la manie qui possède les nouveaux venus, de débaptiser les places et les rues, comme si l'on n'avait que cela à penser. C'est une bizarre chose.

Je regardais donc ce matin la rue de la Paix, la colonne de la place Vendôme, et surtout la statue de cet homme extraordinaire auquel la France a dû tant de triomphes et tant de malheurs. Un de mes regrets, c'est de ne l'avoir jamais vu. Il devait avoir un puissant attrait, ce fléau de Dieu que tout un peuple adorait à genoux pendant qu'il le décimait, cet homme qui a fait mourir pour ses caprices des milliers de fils, de frères, de maris, et qui n'a pas trouvé une mère, une sœur ou une femme, qui songeât à lui en demander compte. Quoique je sois loin de partager les sentiments de ses admirateurs déraisonnables, il y a une corde de mon cœur qui vibre toujours à son nom. Je ne l'aime pas, je l'ai haï, il a prolongé de quinze ans mon exil, mais je l'admire profondément. C'était un grand homme, le plus grand homme, le plus fabuleusement héroïque que je connaisse. N'allez pas vous attendre à un panégyrique ou à une critique de Bonaparte : je ne saurais faire ni l'un ni l'autre. Je veux tout bonnement vous conter un épisode de mon dernier voyage en Poitou, le pays de ma mère. Je ne suis pas fâchée de sortir un peu de mon temps et d'entrer dans le vôtre. Vous verrez que je rends justice à tous.

En 1826, des intérêts de famille m'appelèrent aux environs de Poitiers. Je ne les connaissais pas, et j'eus grand plaisir à les visiter. C'est une de nos provinces les plus pittoresques et les moins appréciées. La partie qui avoisine le Limousin, surtout, est fort remarquable. J'avais perdu, pendant l'émigration, une de mes cousines, de laquelle je devais hériter ; cela se trouvait très-embrouillé, il fallait ma présence pour aider les gens d'affaires, je me décidai à me rendre au château de Morand. Tout ce qui constitue un voisinage de campagne vint m'y voir, on me raconta sur ce petit castel une anecdote des plus singulières : je vous l'adresse aujourd'hui. J'ai vu un des héros, le seul qui reste, peut-être, un chien, nommé Marengo.

Le pauvre animal habite tristement une niche d'où il ne sort que pour manger, et la nuit il hurle d'une force qui ferait trembler les plus braves. Les paysans prétendent que c'est un signe de mort, et pourtant aucun n'a osé toucher à ce prophète de malheur. La bonne espèce que le paysan poitevin ! il croit en Dieu, il va à la messe, il conserve un respect inné pour son seigneur, mais il n'a pas une parfaite intelligence. Rien d'aussi crédule et d'aussi facile à convaincre de ce qu'il ne comprend pas. J'en ai vu porter leurs habits à l'envers quatre mois de suite, pour se garantir des sorciers, et rester plusieurs nuits sans se coucher, parce que le diable habitait leurs grands lits à baldaquins de serge verte. Heureuses gens qui n'ont pas d'autres soucis !

Sur les confins du Limousin et du Poitou, au bord de la Vienne, il est une vallée si jolie qu'elle semble faite pour servir d'asile à ceux dont le monde a brisé le cœur, à ceux qui se fuient eux-mêmes, et qui cherchent le sein de Dieu pour s'y réfugier. La rivière, très-large en cet endroit, coule doucement, bordée de rochers agrestes, desquels la clématite et le lierre tombent en festons arrondis ; et puis ce sont des prairies vertes et fraîches, des chaumières éparses, et pour servir de cadre à ce charmant tableau, une ceinture de collines boisées. Au milieu des arbres s'élèvent modestement les petites tourelles d'un vieux manoir; si vous entriez dans ces cours, silencieuses maintenant, ma chère petite, vous verriez l'herbe couvrir les sentiers. Votre cœur serait douloureusement blessé à l'aspect de cette habitation déserte. Les persiennes se détachent de leurs gonds et restent suspendues au-dessus de la terre ; la mousse verdit les murailles, l'eau suinte de toutes parts; ce n'est point une ruine, c'est une maison abandonnée; enfin c'est une désolation telle que vous en oublieriez le riant paysage qui vous entoure.

Le 10 décembre 1805, cette maison, si triste aujourd'hui, présentait l'aspect le plus joyeux. Un bon feu brillait dans la cheminée de la salle basse ; les rires joyeux et le choquement de deux verres s'y faisaient entendre. De temps en temps une voix enfantine s'élevait par-dessus les autres et criait :

— Vive l'empereur !

On venait d'apprendre la victoire d'Austerlitz ! Il n'y avait pas dans toute votre France d'alors, un lieu, quelque brillant qu'il fût, qui renfermât des cœurs plus dévoués que ce petit coin de terre. Le capitaine Marcel avait suivi Bonaparte dans ses campagnes d'Italie. Il le suivit encore en Égypte, et n'échappa à la peste de Jaffa que pour tomber sur le champ de bataille d'Aboukir. On le trouva parmi les morts, il respirait encore ; mais les innombrables blessures dont il était couvert, laissaient peu d'espoir de le sauver. Bonaparte vint à l'ambulance au moment où l'on prenait presque la résolution de l'abandonner.

—Non, dit-il, c'est un brave, je veux qu'on le guérisse.

Cet homme disait *je veux* avec un orgueil !

On le guérit, du moins assez bien pour qu'il lui fut possible de s'embarquer avec son général. En revoyant la France, son premier mouvement fut tout à la joie : il allait retrouver sa femme, qu'il avait laissée à la veille de devenir mère, et son enfant sans doute, cet enfant qu'il ne connaissait pas et qu'il aimait d'avance ; mais au moment de se séparer de celui qu'il regardait comme un dieu, il oublia et patrie et famille. Il fallut presque employer la violence pour l'ôter de dessous les roues, lorsque la voiture du futur empereur partit pour Paris.

Un grenadier de sa compagnie, blessé comme lui, idolâtre comme lui, de l'être extraordinaire qui les commandait, avait juré de ne pas abandonner son capitaine. Il existait entre ces deux hommes des liens indestructibles : ils avaient souffert ensemble, ils avaient combattu ensemble, ils faisaient presque partie l'un de l'autre.

Quel plaisir eût trouvé Marcel à raconter ses campagnes, si Heslin n'eût pas été là pour lui dire : « Oui, capitaine, » quand il se tournait de son côté, comme pour demander une approbation ! Qu'est-ce que le pauvre Heslin aurait fait de son existence, s'il n'avait pas passé deux heures par jour à nettoyer les habits de Marcel, à arranger sa chambre, et le reste du temps à boire et à fumer près de lui. Ils s'acheminaient vers le Poitou, bien impatients d'arriver, car Marcel n'avait aucune nouvelle de sa femme depuis bien longtemps. Il faisait déjà des plans d'avenir pour l'éducation guerrière du petit garçon : car ce devait être un petit garçon, qui irait remplacer son père dans les rangs de l'armée, qui adorerait comme lui le *petit caporal,* et qui se ferait tuer plutôt que de reculer d'un pas. Enfin ils aperçurent la vallée, les tours du château se dessinèrent sur le ciel rougi par le soleil couchant. Marcel s'arrêta, les yeux mouillés de pleurs, à l'aspect du pays natal ; il écoutait ces chants de bergers, si étranges à cette heure, où toute est mélodie. Il dévorait du regard l'espace qui le séparait encore de sa famille :

— En avant! Heslin! s'écria-t-il. Et tous les deux gravirent à travers la forêt. Arrivés à la porte, Marcel s'arrêta :

— Je ne sais pourquoi je tremble, mon vieux, dit-il, va donc, toi, va voir où ils sont, va m'annoncer, on ne compte pas sur moi, sans doute.

Marcel attendit une demi-heure, Heslin ne revenait pas. Qu'ont-ils donc à faire? murmura-t-il entre ses dents; où est madame Marcel?

Le soldat reparut tenant dans ses bras une petite fille d'un an à peu près, qui lui sourit dès qu'elle l'aperçut.

— Mon capitaine, voilà le grenadier!

Ces mots enjoués contrastaient singulièrement avec l'air et le ton de Heslin. Il paraissait si embarrassé qu'il était impossible de ne pas deviner un malheur dans toute sa contenance.

— Et sa mère? et sa mère?

Marcel se précipita dans le salon, une seule femme s'y trouvait, revêtue d'habits de deuil. Elle se leva : ce mouvement découvrit une taille horriblement contrefaite.

— Vous! Mademoiselle, continua-t-il, où est ma femme?

— Là haut, répondit une voix douce, elle prie pour vous et pour nous!

Le malheureux se prit à sangloter, en couvrant son enfant de baisers. La petite eut peur, et cria en tendant ses mains vers mademoiselle Ursule de Nibières. Celle-ci l'apaisa bien vite avec des chansons. Hélas! il vient un âge où l'on ne chante plus! où les douleurs résistent à tout, hors à l'espérance d'une meilleure vie. Dieu a mis cette pensée dans notre âme, comme il a placé l'arc-en-ciel au milieu de l'orage.

Plusieurs jours se passèrent dans un désespoir profond. La présence de Léonie pouvait seule en adoucir l'amertume. Mademoiselle Ursule ne quittait pas un instant le pauvre affligé. Il y avait une âme d'ange sous cette enveloppe repoussante. Ce château était le sien ; Marcel, fils de son fermier, l'acheta à la révolution, et, au lieu d'en chasser sa maîtresse, la conjura d'y demeurer toujours.

— Nous y resterons avec vous, Mademoiselle, si vous le permettez, pour votre sûreté personnelle; je vais me battre, mais mon nom et ma femme vous protégeront.

En effet, personne ne les inquiéta. Ursule soigna madame Marcel, reçut son dernier soupir, et se consacra toute entière à la pauvre orpheline. Elle l'aimait d'un amour de mère, elle, orpheline aussi, elle, repoussée de tous à cause de sa difformité, et qui n'avait jamais connu de bonheur en ce monde. Le capitaine, malgré sa grossièreté apparente, était susceptible des sentiments les plus élevés; il comprit toute la noblesse de ce dévouement, et laissa Ursule entièrement maîtresse de sa fille. Un seul point excepté, elle la dirigeait à sa fantaisie. Ce point, c'était l'idolâtrie de son empereur; il ne cessait de lui en parler, il voulut qu'elle l'aimât plus que lui. Son nom fut le premier qu'elle balbutia. Il en résulta pour l'enfant la plus singulière éducation possible. Son père divinisait son général; son amie la conduisait avec elle dans ces régions éthérées, connues des âmes rêveuses; elle ôtait à toutes les choses de la terre leur enveloppe mortelle. Napoléon devint donc un dieu pour Léonie.

A la bataille d'Austerlitz, elle avait sept ans. Comme je vous ai dit tout à l'heure, on célébrait la victoire à Morand avec une ivresse folle. Marcel et Heslin buvaient à la santé de l'empereur, Ursule priait, Léonie chantait.

— Battus! battus! les Autrichiens! les Russes! oh! maudit boulet! criait Marcel en montrant sa jambe de bois. Comme j'aurais voulu être là!

— Et moi, répliquait la petite fille, j'aurais vu l'empereur!

La bonne Ursule s'inquiétait de cette démonstration belliqueuse, elle grondait son élève et la serrait contre son sein, comme pour la garantir de tout danger.

— Mon Dieu! pensait-elle, conserve-la-moi, je n'ai jamais été aimée que par elle.

Vous connaissez ces enfants pâles, dont l'âme semble réfugiée dans les yeux, qui vous étonnent par leurs réparties et leurs sentiments surtout : vous dites en soupirant :

— Quel dommage! il ne vivra pas!

Ainsi était Léonie ! son imagination ardente, grandie de bonne heure par les leçons d'Ursule, fixée sur un seul point par celles de son père, prenait quelquefois tous les caractères de la folie. Son cœur et son intelligence s'élevaient au-dessus de son âge ; à chaque bulletin de la grande armée, son exaltation augmentait. Elle suivait l'empereur pas à pas. Ce n'était encore qu'un attachement filial, plus tard cet attachement devint une passion, une passion d'autant plus singulière qu'elle était plus en dehors de la règle commune. En apprenant le triomphe de Wagram, elle se trouva mal de joie et de saisissement. Le théâtre de la guerre était celui de sa vie, la pauvre enfant ! elle n'avait pas de mère pour lui parler de Dieu, et son père n'en connaissait pas d'autre que Napoléon !

A l'époque du mariage de Marie-Louise, peu de jours après, Ursule mourut ; c'était le moment où Léonie avait le plus besoin d'elle, le moment où elle eût pu corriger, par des conseils salutaires tout le mal que son âme tendre avait fait sans le vouloir. Elle s'apercevait enfin des progrès de cette doctrine fatale ; il était trop tard, il ne lui fut pas donné de réparer son ouvrage. Elle avait semé sur un terrain dont la force lui était inconnue : au lieu de fleurs elle vit naître des arbres géants, et recula épouvantée ! Ses dernières paroles furent une prière pour le bonheur de son élève, une prière pour le repos de sa vie. Si près de la quitter, cette vie, Ursule prévoyait-elle l'avenir, avait-elle soulevé le nuage qui le cache à nos faibles yeux ?

Cette perte laissa Léonie face à face avec la douleur, pour la première fois depuis sa naissance. Elle l'avait entrevue, elle l'avait devinée, mais jamais sa pointe aiguë n'avait déchiré son âme. Il y a si loin des chagrins qu'on se crée aux véritables peines ; malgré soi, dans les afflictions imaginaires, on garde un reste d'espérance, quelque bien cachée qu'elle soit, on la découvre, c'est une fleur d'automne ensevelie sous des débris de feuillage. Mais un vrai déses-

poir, bien positif, bien réel, mais la mort! cette muraille d'airain
qui nous sépare de ce que nous aimons, et contre laquelle se brisent
tous nos efforts. Léonie se trouva sans courage. Seule désormais, son père la comprenait si peu! elle passait ses jours à
errer dans la campagne. Les récits glorieux qui avaient fait la joie
de son enfance lui étaient devenus insupportables. Ils présentaient
le conquérant tel qu'il était, c'est-à-dire avec ses brusqueries et ses
manières rudes; elle le voyait si différemment! Hors quelques
phrases sublimes qu'elle se faisait répéter tous les jours, le reste ne
lui semblait pas digne de son idéal; c'était un homme de l'Iliade
qu'elle rêvait, c'était bien mieux, c'était un héros chrétien. Tout ce
qu'elle savait de religion s'était mêlé à cette étrange monomanie. Il
n'y avait dans son âme qu'un autel; elle y plaçait ensemble le Créateur et Napoléon. Elle aimait Dieu parce qu'il avait fait son empereur, parce qu'il le protégeait; elle le remerciait des faveurs dont il
comblait son idole, comme elle l'eût prié s'il l'avait abandonné au
malheur. Que de fois, assise au bord de la Vienne, elle s'oublia des
heures entières dans ses rêveries insensées. Elle se transportait au
milieu de cette cour brillante; elle contemplait avec orgueil cet
homme que tous les autres adoraient, cet homme qui faisait des rois
et qui brisait des sceptres; elle baissait son front devant lui, éblouie
par tant de grandeur. Puis elle jetait un œil de pitié sur la femme
qui partageait son trône; cette femme elle était impératrice, elle
était femme de l'empereur, sa femme, en ce monde; son âme, si
loin de l'âme de Napoléon, pensait-elle, l'abandonnerait dans l'autre
vie, et c'était là que son rôle à elle, Léonie, devait commencer. Dieu
l'avait créée pour être sa fiancée au ciel; il l'avait mise ici-bas pour
qu'elle le protégeât de ses prières; mais elle le devancerait aux pieds
de l'Éternel, elle irait préparer sa place au-dessus de toutes; déployant ses ailes d'ange, elle planerait sur lui à son heure dernière

et l'emporterait en triomphe quand il se réveillerait dans l'immensité! Aussi comme elle soignait sa beauté frêle et délicate, comme elle se conservait elle-même au céleste époux que lui promettait son imagination! elle lui écrivait, elle lui parlait sans cesse; elle ne s'inquiétait point de son absence, elle savait qu'elle ne le verrait pas sur la terre. Aucun danger ne l'alarmait pour lui, c'était l'envoyé du Seigneur, le Seigneur le gardait, et d'ailleurs elle vivait encore, elle, il vivait donc aussi!

Toutes les fois que son père parlait de lui, c'était avec un sourire imperceptible qu'elle écoutait ses éloges vulgaires. Jamais elle ne prononçait devant personne le nom de Napoléon, elle le gardait dans son âme comme dans un sanctuaire; ce n'était que la nuit, en présence des étoiles et dans l'immensité de l'espace, qu'elle l'envoyait vers le ciel. Elle écoutait longtemps comme si un ange devait le répéter après elle. Elle l'entendait dans les mille bruits du soir, elle le voyait dans la majesté de la nature; il lui semblait si grand, ce nom, que la grande voix de la création était seule digne de le redire après elle.

Pendant la guerre de Russie, sa santé déclina visiblement; sa confiance dans l'étoile de la France suivait cette progression. Elle ne s'étonna d'aucun désastre; elle crut à tous les malheurs : ceux de 1814 la frappèrent cruellement. L'idée qu'il n'était plus dans la patrie, l'idée de ses souffrances lui inspirèrent une pitié dont elle devint honteuse, elle qui s'était faite ange, elle qui ne voulait pas descendre jusqu'aux misérables choses de la terre. Léonie ne se remit point en 1815; un pressentiment lui disait que ce retour était une infortune de plus, et quand son père s'écriait :

— L'empereur va les battre tous!

Elle secouait tristement la tête en se cachant pour pleurer. Après les cent jours, elle apprit la captivité de Sainte-Hélène, et c'est là que se développa toute la puissance de ses affections. Elle s'embarqua en imagination avec son fiancé; elle s'établit auprès de lui; elle oublia complétement le pays qu'elle habitait, les gens qui l'entouraient, elle devint folle enfin! d'une folie si douce et si mélancolique que personne ne songea à s'en garantir. Elle demeura libre. Elle ne dit plus une parole à son père, à Heslin; seule avec un chien qu'elle avait nommé Marengo, elle partait de la maison et descendait à la rivière; pour elle, cette rivière si jolie, si mignonne, devenait le vaste Océan; notre ciel gris et nébuleux devenait le ciel des tropiques; nos orages mesquins grondaient à ses oreilles comme les tonnerres de la zone torride. Elle se croyait dans *la vallée des Saules;* armée d'une bêche, elle creusait ce qu'elle appelait le jardin de l'empereur; puis, s'arrêtant de temps à autre, elle essuyait la sueur de son front, en jetant un regard d'ineffable bonheur vers une image qu'elle seule dessinait dans le vide. Et puis c'étaient des chansons sur des airs inconnus, dans un langage presque incompréhensible, de longues causeries, dont elle attendait la réponse, et auxquelles elle répondait. On l'apercevait gravissant dans les bois, le bras ployé, comme si elle servait d'appui à quelqu'un. D'autres fois elle marchait seule, se retournant sans cesse et encourageant de la voix son compagnon invisible.

L'instinct du chien qui la suivait partout, était une chose admirable. Il ne la quittait pas du regard, il courait devant elle comme pour éclairer la route. Quand venait la nuit, si elle ne songeait point à rentrer, Marengo hurlait jusqu'à ce qu'on l'eût entendu et qu'on fût venu chercher sa maîtresse. Il dormait au pied de son lit, la veillant dans son sommeil pénible, comme dans ses courses aventureuses.

Souvent son vieux père se mettait à sa suite sans être aperçu.

Vieilli de dix ans par le malheur, il écoutait les paroles qui sortaient de la bouche de son enfant.

— Oh! oui, disait-elle, je savais bien, quand j'ai été vous voir aux Tuileries, que cette orgueilleuse Allemande, assise auprès de vous, n'était que l'épouse de l'empire français; aussi je n'en avais pas peur, moi, qui suis la fiancée de votre âme, et qui devais vous retrouver. Pourquoi regrettez-vous la couronne? N'êtes-vous pas mieux ici? Voyez comme ces étoiles brillent, il n'y en a pas comme cela à Paris. D'ailleurs, que voulez-vous? je vous aime tant! j'ai en moi seule le dévouement de toute votre garde, de toute votre armée, de toute la France.

Elle se taisait ensuite pendant quelques minutes.

— Vous êtes reconnaissant; et de quoi? n'est-ce pas ma destinée? ne suis-je pas créée pour vous? ma vie n'est-elle pas attachée à la vôtre? Tenez, voilà de belles fleurs, ornez-en le portrait de votre fils. Non! vous voulez que ce soit moi. Oh! mon Dieu! vous m'avez blessée.

Et l'infortunée couvrait de pleurs ses mains, qu'elle venait d'ensanglanter en cueillant des ronces.

Le soir, dès qu'elle était assise à la place où elle se mettait, toujours la même, elle attendait qu'on lût les journaux. Elle restait immobile jusqu'à ce que le nom de Sainte-Hélène ou de Napoléon, frappât son oreille; alors elle prêtait son attention. Quand c'était fini, elle se levait lentement, regagnait sa chambre en disant :

— Je lui raconterai demain ce qu'ils ont imprimé.

On avait essayé de la priver de nouvelles. Ce furent les seuls moments où sa folie devint dangereuse. Il fallut lui rendre sa lecture quotidienne, ainsi elle restait parfaitement tranquille. Le malheureux Marcel s'approchait d'elle tous les jours avant qu'elle fut levée.

Il l'appelait des noms les plus tendres, il la couvrait de caresses et de larmes. Elle ne le repoussait pas, elle ne le voyait point, elle ne le sentait point. Sa seule pensée était qu'elle devait s'habiller pour aller rejoindre Napoléon dans *la vallée des Saules*. Il est facile de croire que sa santé devenait de plus en plus mauvaise. Elle mangeait à peine, elle ne dormait pour ainsi dire pas, et son sommeil était si fébrile, si agité, qu'il ne lui procurait aucun repos.

Au 1er janvier 1821, elle descendit, malgré le froid, sur la rive de la Vienne. Elle y ramassa un grand nombre de pierres, et en forma un cercle dans le lieu qu'elle affectionnait le plus. Marengo se coucha au milieu en la regardant tristement.

— Tu y viendras aussi, lui dit-elle, mais ce n'est pas pour toi, ce marbre, c'est pour lui, c'est pour moi, c'est la prison de nos corps. Nos âmes vont bientôt s'envoler dans le ciel, où nous devons être unis. Oui, ce tombeau, c'est mon présent de noces. Il fait si beau, le temps est si pur ! Comme je respire doucement !........

Cette misère, cette folie, me font une grande pitié, ma chère enfant..... Cet homme avait une bien étrange influence !

Elle resta sans connaissance sur la glace, la neige qui tombait à gros flocons, couvrit bientôt ses vêtements et son visage, elle ne revint point à elle.

Quel douloureux spectacle que celui d'une noble créature privée de sa raison, déchue du rang où Dieu l'a placée, et placée au-dessous même de l'instinct des animaux ! On cherche en vain sur ce front quelques éclairs d'intelligence, ces yeux sont morts, cette bouche n'a pas de sourire. Où va l'âme alors ? que devient-elle ? reste-t-elle ensevelie dans cette matière inerte qu'elle essaie en vain de percer, ou bien, abandonne-t-elle cette argile insensible qui ne peut rien sans elle. Oh ! moi, je crois que les âmes qui émigrent ainsi sont celles qui se sentent trop à l'étroit dans leur enveloppe; je crois qu'elles remontent vers leur patrie, qu'elles frappent incessamment à la porte de cette sublime région, que nous désirons tous atteindre, et que là un ange les repousse en leur criant : Pas encore! souffre! souffre! et tu reviendras!

Marengo, après avoir tenté de réveiller Léonie, poussa des hurlements de détresse. On accourut. On la transporta dans son lit, d'où elle ne devait plus sortir. Le 5 de mai, elle était si abattue, qu'on n'attendait que son dernier moment. Vers dix heures du matin, elle essaya de se lever, la faiblesse l'en empêcha.

— Pourtant, disait-elle, il faut m'en aller, voici l'heure.

Le chien s'approcha d'elle, elle lui toucha la tête.

— Oh! c'est toi, Marengo; va donc, va donc, tu sais bien, là bas, où tu t'es couché un jour, va, ou tu arriveras trop tard.

Elle parla ensuite tout bas et fort longtemps; on ne distinguait que le nom de Napoléon dans ces discours sans suite. Ce fut le dernier qu'elle prononça, et, sans agonie, sans douleur, elle s'éteignit doucement : elle avait tant souffert pendant sa carrière de vingt-trois ans!

Deux mois après, on apprit que Bonaparte était mort à Saint-Hélène, le 5 mai, à 6 heures du soir!

Les deux vieux soldats plantèrent une croix sur le tombeau où reposait enfin la pauvre Léonie. Puis, se sentant mourir dans cette solitude, ils demandèrent et obtinrent une place aux Invalides, où ils retrouvèrent encore des compagnons de gloire.

Voilà pourquoi l'herbe couvre le sentier désert, pourquoi la mousse verdit les murs, pourquoi nul ne répond à votre voix, si vous parcourez les cours inhabitées du château de Morand, pourquoi surtout vous êtes triste et vous vous éloignez en murmurant une prière.

J'ai voulu vous raconter cette histoire, mes chères enfants, afin de vous signaler le danger d'une éducation vicieuse; et pour que, réfléchissant aux dangers d'un enthousiasme irréfléchi, vous remerciez Dieu de vous en avoir préservées, et après lui vos bons parents : car, ainsi que vous l'avez vu, ce fut là ce qui causa la perte de la pauvre Léonie.

GEORGES MINSKY.

A Mademoiselle

MARIE DUMAS.

Vous rappelez-vous un vieux général que vous voyiez souvent chez moi dans votre enfance, ma chère petite ? Vous ne l'avez sans doute pas oublié, car ses grandes moustaches vous faisaient peur, et cependant vous aimiez à lui entendre raconter ses longues histoires. En voici une qui vous plaisait plus que les autres. J'espère que vous aurez conservé le même goût et que vous vous amuserez encore de cette lecture, maintenant que vous êtes une grande personne. Vous y verrez combien les superstitions sont folles et combien un mot raisonnable détruit les chimères en apparence les plus solides. Souvenez-vous-en dans le courant de votre vie, vous aurez plus d'une fois l'occasion de reconnaître cette vérité.

GEORGES MINSKY.

ETTE année-là, 1811, nous étions en garnison dans l'île de Walcheren; quand je dis en garnison, je devrais dire en exil. La bonne réputation, bien méritée, de notre régiment, nous avait fait chasser de toutes les villes où on nous avait envoyés, et l'empereur ne trouva rien de mieux que de nous enfermer dans ces îles malsaines, formées par l'embouchure de l'Escaut et celle de la Meuse. Nous y perdions la moitié de nos soldats; ce fut une manière de nous décimer comme une autre. On ne nous menait jamais tous à l'armée, et lorsqu'on nous y conduisait, ce n'était qu'en enfants perdus. Ainsi, nous avions en Calabre quatre ou cinq bataillons; ils y sont restés tant que durèrent les guerres, et même après, se disputant avec les brigands, à qui dépouillerait le mieux les voyageurs. On voit que je me trouvais là en jolie société; mais mon nom m'avait facilité dans ce corps un avancement que je n'aurais pas obtenu dans un autre, et puis, mon oncle prétendait que, de toute éternité, les O'Milan avaient servi dans la légion étrangère, et que moi, seul représentant de cette famille, il ne serait pas séant de me voir ailleurs. Il y avait parmi nous d'excellents et très-braves officiers; c'étaient seulement les soldats, recrutés dans tous les pays de l'Europe, pris parmi les plus mauvais sujets de leur pays, qui nous valaient cette belle haine des populations et cette exécrable renommée. Nous n'étions pas toujours en sûreté au milieu de ces hordes de déserteurs; aussi avions-nous le droit de nous faire justice nous-mêmes, sans aucune autre autorité militaire. Autrement, nous n'eussions pas pu contenir les mutins, et nous fussions probablement devenus les victimes de leur insubordination.

J'ai été témoin de plusieurs révoltes, entre autres d'une dont les circonstances étranges se sont gravées dans ma mémoire en traits ineffaçables. Il me serait impossible de l'oublier, et j'y jouai malheureusement un tel rôle, que j'en conserverais un remords si on pouvait se repentir d'avoir fait son devoir.

J'étais adjudant-major, et j'avais pour me servir un soldat nommé Georges Minsky. On le citait comme le plus bel homme du régiment, et j'ai rarement vu un visage plus régulier et une plus noble tournure. Quoique déserteur, il n'était point mauvais sujet; d'un caractère fort doux, il m'intéressait surtout par l'affection sincère qu'avait pour lui une charmante jeune fille de l'île, qu'il aimait lui-même de tout son cœur. La mère de Wilhelmine, avait elle-même encouragé l'affection naissante de *ses* deux enfants, c'était ainsi qu'elle les appelait; mais une mauvaise fièvre enleva en quelques jours la pauvre femme, qui mourut en les bénissant tous deux.

Après sa mort, le père de Wilhelmine, qui avait d'autres projets, refusa d'unir la destinée de sa fille à celle du pauvre Georges.

Ce père, savant jusqu'à la moelle des os, se mettait en furie toutes les fois qu'on le traitait de magister. Il aspirait au titre de professeur, aussi bien que les maîtres de l'Académie de Leyde. Il nous amusait beaucoup ; nous causions avec lui, et, malgré son pédantisme, il y avait toujours quelque chose à gagner à sa conversation. Il s'appelait M. Stross, *le professeur Stross,* membre de je ne sais combien de sociétés savantes. Quant à Wilhelmine, véritable rose hollandaise, fraîche, blanche, jolie comme un ange, elle recevait les hommages de tous et n'aimait que Georges, lequel aurait donné sa vie pour conserver cette tendresse. Les pauvres enfants me faisaient pitié ; ils y allaient de si bonne foi, il y avait tant d'innocence dans leurs relations, qu'il devenait impossible de ne pas désirer l'accomplissement de leurs vœux.

Ces candides amours duraient depuis longtemps déjà, lorsqu'un matin, Georges entra dans ma chambre d'un air soucieux, et loin de chanter, ainsi qu'il en avait l'habitude en faisant son service, il sifflait entre ses dents comme un homme contrarié au dernier point.

« Eh bien ! Georges, lui dis-je, qu'avez-vous aujourd'hui ? Vous voilà transformé en serpent ; vous me rompez la tête. Est-ce qu'il vous est arrivé quelque malheur ?

— Pardon, mon capitaine, mais je ne sais trop ce que je fais. J'ai bien du chagrin, allez !

— Eh quoi donc ? Êtes-vous puni ? Votre fiancée vous a-t-elle fait quelque chagrin ?

— Oh ! mon capitaine ! interrompit-il d'un ton de reproche, Wilhelmine !...

— Vous avez raison, elle en est incapable. Enfin, qu'y a-t-il de nouveau ?

— Il y a, mon capitaine, que Wilhelmine va passer un mois chez sa tante à Beveland, et que je ne la verrai pas.

— C'est une contrariété, en effet, mais ce n'est point une douleur ; un mois d'absence est si tôt passé !

— Ce n'est point une douleur qu'un mois d'absence ! O mon capitaine ! vous n'avez donc jamais aimé une femme qui vous aimait aussi ? Sans cela, vous sauriez qu'un mois d'absence est une douleur, car un jour d'absence est un chagrin. »

Je ne répondis rien, frappé que j'étais de cette observation. Le cœur de ce jeune soldat avait un esprit et une délicatesse inconcevables ; il me faisait sans cesse des réponses de ce genre, qui m'attendrissaient jusqu'aux larmes. Il existait dans cet homme je ne sais quelle séduction à laquelle je n'ai vu personne se soustraire.

« Alors, mon cher Minsky, vous demanderez des permissions, et vous irez la voir.

— On ne m'en donnera pas, mon capitaine. Vous savez bien que le colonel a mis à l'ordre que le premier soldat qui coucherait hors de l'île serait regardé comme déserteur, et il y a trop loin d'ici à Beveland pour revenir le même jour. Il me faudra rester, et je ne verrai plus Wilhelmine. »

En me parlant ainsi, des larmes roulaient dans ses yeux; cela me toucha.

« Je solliciterai pour vous un congé, ne vous affligez pas. Le prince d'Isembourg me refuse peu de chose ; je lui rendrai compte de votre conduite, et, ne fût-ce que pour encourager les bons sujets, il vous laissera partir. »

Georges secoua la tête, continua son sifflement en brossant mon habit d'uniforme, et de ce moment devint de plus en plus triste. Il faisait exactement son service, quelque dur qu'il fût, ne se plaignait jamais et était toujours prêt à tout. Ses camarades l'adoraient; plus ils étaient pervertis, plus ils montraient une sorte de culte pour cet homme dont les habitudes différaient essentiellement des leurs.

L'amour avait fait ce miracle, car le passé de Georges Minsky n'était point à l'abri de reproche. Hongrois de naissance, il fut, comme ses compatriotes, grenadier au service de l'Autriche. Je ne sais quelle faute le fit punir sévèrement, selon la discipline rigoureuse de l'empire ; il déserta et vint au régiment où on se hâta de l'enrôler : nous ne trouvions pas souvent de pareils soldats. Depuis qu'il connaissait Wilhelmine, ce qu'il y avait de répréhensible dans sa manière d'être disparut ; il passait ses heures de liberté à travailler pour être savant, disait-il, et plaire à M. Stross. Nous remarquions les progrès vraiment singuliers qu'il faisait, surtout dans les études sérieuses. Ainsi que tous les Hongrois, il parlait une sorte de latin assez pur, quoique sans principes ; il apprit le grec, le français, les mathématiques, enfin ce qu'un homme apprend d'ordinaire dans sa première éducation. Il faisait des vers médiocres, mais pleins de sentiment et de tendresse ; ses camarades se les arrachaient et les chantaient sur tous les tons, avec leurs voix de corps de garde : cela formait un étrange contraste. Ces paroles douces, plaintives, criées à tue-tête dans la caserne, par de véritables *chenapans* (je ne connais pas un mot plus honnête pour désigner ces messieurs), présentaient une harmonie sauvage qui faisait mal à entendre.

Je disais donc que Georges, triste et morne depuis le départ de Wilhelmine, n'avait plus fait de vers, me parlait à peine, et fuyait tout le monde. Un dimanche après la parade, j'étais de semaine, il s'approcha de moi, et me pria assez brusquement de le suivre à l'écart. J'ouvrais la bouche pour le refuser ; mais sa physionomie me sembla si agitée que machinalement je fis quelques pas vers l'endroit qu'il me désignait.

« Mon capitaine, voici une lettre de Wilhelmine ; voulez-vous la lire ? Il n'y a que vous, au moins, à qui je la montre. Depuis deux jours je lutte, mais comment faire ? Elle m'attend, et vous seul pouvez m'obtenir la permission d'aller à Beveland. »

Je pris la lettre ; voici ce qu'elle contenait :

« Georges, j'ai besoin de vous voir; à tout prix, partez sur-le-
« champ ; si vous saviez quel danger nous menace, vous n'hésiteriez
« pas à tout braver. Mon père est ici ; arrivé d'hier au soir, il repart
« demain pour Amsterdam. Il me reste quinze jours pour exécuter
« un projet hasardeux, mais c'est assez, Dieu et mon amour me
« donneront de la force. Voici le moment de vous montrer com-
« bien vous m'êtes cher, et je ne reculerai pas devant cette épreuve.
« Adieu, Georges ; il faut que je vous voie, il y va de mon bonheur,
« et de notre avenir. »

« Eh bien ! Minsky, vous désirez que je parle au colonel, n'est-il pas vrai ?

— Oui, mon capitaine, et dès ce soir, si vous le voulez bien, car vous voyez que Wilhelmine m'attend ; mais le prince ne consentira pas. »

Je fis de vains efforts pour le calmer, il ne croyait point aux espérances que je lui donnais : malheureusement il devina juste. Malgré tout ce que je pus dire, malgré mes prières, le colonel me refusa. Plusieurs soldats, auxquels on avait ainsi permis de s'absenter, outrepassèrent le temps, ou ne revinrent point ; il nous fallait maintenir la discipline la plus stricte, je le savais mieux que personne, et je savais aussi qu'une grâce accordée à un militaire ne devait pas être refusée à un autre. Dans notre état, il n'y a point d'exception quand on veut être juste. Toutes ces raisons me forcèrent à me rendre à l'avis du prince ; j'en avais le cœur tout serré, et lorsque, le lendemain, je vis entrer Georges dans ma chambre, je n'osai pas lui dire un mot. A mon silence il devina la vérité.

« J'en étais sûr, mon capitaine. Allons ! ajouta-t-il en poussant un gros soupir, je vais écrire à Wilhelmine qu'elle emploie son autre moyen. »

Je n'espérais pas qu'il prît la chose avec autant de sang-froid, et je lui en adressai mes félicitations.

« Du moment qu'il y a un autre moyen, mon capitaine, je la verrai tout de même ! »

Je compris à cette assurance qu'il savait quelque chose de nouveau depuis la veille ; je l'interrogeai ; il prétendit que je me trompais, mais il me prévint que le lendemain il demanderait la permission de l'exercice du soir.

« Pour celle-là, mon cher ami, vous l'obtiendrez facilement ; je puis vous dire avec certitude que je m'en charge.

— Merci, mon capitaine. Il faut que j'aille un peu me promener aux environs de la ville ; j'ai promis à Wilhelmine des fleurs pour son herbier. »

Toujours Wilhelmine ! C'est bien là l'affection vraie : un seul objet, une seule pensée ; joies et douleurs, tout se rapporte à elle. La vie est peuplée par les souvenirs, par les craintes ; hélas ! il vient un moment où, de ces agitations, il n'en reste plus d'autre que le regret.

Le lendemain, Georges se revêtit de son plus bel uniforme ; il était brossé, parfumé comme pour un jour de grande parade. Il se hâta de faire son service et me quitta si vite que j'eus à peine le temps de m'en apercevoir. Je ne songeai plus à lui de la journée. Il me prenait de temps en temps des accès de mélancolie dans cette île sauvage, si loin de mon pays, de mes amis, de ma mère, de ce bon ange qui m'aimait si tendrement. Lorsque je me laissais gagner par ces tristesses, je n'étais plus bon à rien ; je passais indifférent au milieu de l'existence, et ce mercredi-là je me sentais sous le poids d'un découragement plus profond encore que de coutume. Je me rendis à l'appel du soir sans savoir presque ce que je faisais ; je reçus machinalement le billet d'appel des mains de l'adjudant, et j'écoutai à peine ses observations jusqu'à ce que le nom de Georges frappât mon oreille.

« Mon capitaine, je vous dis que Georges Minsky manque ; faut-il le porter déserteur ?

— Non, je lui ai donné la permission moi-même.

— La permission de l'exercice, mais non celle de l'appel. Le colonel a défendu d'en accorder aucune.

— Attendez, il reviendra sans doute tout à l'heure ; il est à la campagne, il se sera attardé. On le mettra à la salle de police ; je parlerai au colonel.

— Mais, mon capitaine, il est sorti de l'île.

— Malheureux ! que dites-vous là ? Il est sorti de l'île ! c'est impossible !

— Le sergent Müller l'a vu monter dans un canot, et quand il aura voulu rentrer le soir, les chaloupes de garde ne l'auront pas laissé passer.

Cette nouvelle me frappa comme un coup de foudre ; tout cela était possible. La tranquillité de Georges en apprenant que sa permission était refusée, s'expliquait facilement alors. Il avait pris la résolution de s'en passer, de tout risquer pour voir Wilhelmine ; le malheureux avait fait taire son devoir pour ne penser qu'à celle qu'il aimait. J'allai de suite chez le colonel, je lui racontai mes craintes, et je ne pus m'empêcher de m'exprimer avec un peu d'amertume sur la rigueur qui avait amené de pareils résultats.

« Vous avez d'autant plus raison de vous plaindre, mon cher O'Milan, que, s'il ne revient pas aujourd'hui, et qu'il se présente demain matin, votre protégé sera fusillé sur-le-champ.

— Fusillé ! mon colonel, c'est impossible ! Le plus beau soldat, le meilleur sujet du régiment, lui qui n'a jamais été puni ! C'est une première faute, et vraiment il mérite de l'indulgence.

— J'en suis désolé, capitaine, désolé pour vous, mais cela sera ainsi. Depuis quelque temps, nos drôles ont l'air de se moquer de moi ; ils désertent, ils font tous les commerces possibles avec les contrebandiers ; il faut un exemple, un exemple frappant, sans quoi nous ne serions plus les maîtres chez nous, et ils viendraient nous arracher nos épaulettes. Tâchez de savoir où est votre Hongrois, faites-le prévenir qu'il ne reparaisse point : je veux bien fermer les yeux là-dessus, mais je vous donne ma parole d'honneur que, si je le rattrappe, rien ne le sauvera. Songez donc qu'ils sont deux mille et quelques contre soixante, et que, lorsqu'on n'a pas la force, il faut avoir la terreur. »

Certes, je ne demandais pas mieux que de trouver Georges, mais où ? Je parcourus la ville, j'allai chez moi, je retournai à la caserne, je visitai tous les postes ; je frappai à la maison de M. Stross, où personne ne me répondit ; les volets en étaient hermétiquement fermés. Il me sembla pourtant voir briller une lumière entre les fentes. Je frappai plus fort, j'appelai, et nul ne vint à ma voix. La nuit se passa ainsi en recherches infructueuses. J'entendais chaque demi-heure ces infernales chaloupes qui se hêlaient, et cela me donnait une impatience extrême en me forçant à comprendre que le temps s'écoulait. Au petit jour je me rendis au port ; la lumière du phare éclairait encore la plage, on distinguait les factionnaires sur les remparts, mais pas une barque ne se montrait. Il ne me restait qu'un espoir, c'est que Georges ne reparut plus. Il ne pouvait ignorer à quoi il s'était exposé par son absence, et il me semblait impossible qu'il vînt de bonne volonté apporter sa poitrine aux balles. Je retournai chez moi un peu plus tranquille, et je me jetai sur mon lit pour prendre un peu de repos ; je me sentais excédé. Vers dix heures, l'adjudant entra dans ma chambre, l'air consterné, et me réveilla en sursaut.

« Mon capitaine, le grenadier Minsky est de retour ; on l'a mis au cachot, et le lieutenant de garde m'envoie vous prévenir, afin que vous puissiez faire votre rapport au colonel. »

Je crus que je dormais encore, je le fis répéter trois fois ; je n'avais plus une goutte de sang dans les veines. Je m'habillai à la hâte, et je courus chez le prince d'Isembourg, le suppliant presque à genoux de faire grâce, le menaçant d'une révolte s'il sévissait ; enfin, je ne savais ce que je disais, et il fallait toute l'indulgence de mon chef, pour me passer les paroles inconvenantes qui m'échappaient.

« Faites assembler le conseil de guerre, me répondit le colonel ; vous pouvez défendre l'accusé si vous le jugez à propos ; je ne demande pas mieux que de le trouver innocent, et, s'il n'est pas sorti de l'île, je vous promets de ne le traiter que comme ayant simplement découché de la caserne. Allons, remettez-vous ; songez qu'il ne faut point prendre ainsi au grave les affaires des autres ; il ne resterait plus assez de pitié pour les siennes. »

J'exécutai, puisque j'y étais contraint, les ordres qui venaient de m'être donnés, et, en ma qualité de défenseur, je me fis ouvrir le cachot de Georges. Je le trouvai endormi sur la paille. Aucun désordre ne régnait dans son costume ; si ses cheveux avaient été peignés plus soigneusement, il eût pu se présenter à la parade. Je me faisais conscience de l'éveiller. Soit qu'il m'eût entendu, soit que son sommeil fût léger, il ouvrit bientôt les yeux.

« Oh ! c'est vous, mon capitaine, dit-il avec un sourire ; je vous remercie bien de votre visite.

— Malheureux ! qu'avez-vous fait ? Pourquoi êtes-vous revenu ?

— Parce que c'est assez d'avoir déserté une fois en ma vie, et que je n'avais pas du tout l'intention de recommencer.

— Vous avez donc oublié ce qui vous attend ici? vous ne savez donc plus les ordres sévères qui vous ont tant frappé, ou, si vous les savez, comment y avez-vous désobéi?

— Mais, mon capitaine, je n'ai point désobéi aux nouveaux ordres; j'ai découché, c'est vrai; je mérite une punition pour cela, je la subirai, et tout sera dit.

— Vous êtes fou, Georges! Vous ne vous souvenez plus que vous êtes sorti de l'île, et que vous êtes considéré comme déserteur?

— Je n'ai point couché hors de l'île, j'y suis rentré avant la retraite; on ne peut pas me traiter en déserteur. Oh bien, oui! je ne l'aurais pas fait, rien qu'à cause de vous, mon capitaine.

— Pouvez-vous prouver que vous avez passé la nuit dans l'île? »

Il baissa la tête et reprit d'une voix sourde :

« Je le puis, mais je ne le veux pas.

— Voyons, Georges, pas d'enfantillage; pensez qu'il y va de votre vie. Répondez-moi avec franchise : Qu'avez-vous fait depuis hier?

— Mon capitaine, j'ai été me promener hors la ville, je suis monté en bateau, j'ai passé une heure sur la mer. A cinq heures du soir je suis rentré dans une maison ici, à Flessingue, d'où je ne suis sorti que ce matin. Ne m'en demandez pas davantage parce que je n'en dirai pas plus. Je vous donne ma parole d'honneur que je n'ai pas été cette nuit ailleurs qu'à Walcheren. Vous me connaissez assez pour savoir que je ne mens pas : voilà tout. Faites après ce qu'il vous plaira.

— Je vous crois, répliquai-je en lui serrant la main; mais le conseil, le conseil qui va s'assembler; il voudra des preuves. Georges, au nom de Wilhelmine, parlez-moi! Songez qu'il y va de votre vie. »

Au nom de Wilhelmine il pâlit; toutefois il ne faiblit point, et me répondit seulement :

« Vous ne connaissez ni moi, ni Wilhelmine. »

Je vis dans cette obstination un mystère de cœur, héroïque sans doute, mais d'autant plus difficile à vaincre qu'il était plus généreux. Je le questionnai deux heures de suite, j'employai tout ce que je possédais d'éloquence pour le séduire ; il demeura inébranlable, me répétant toujours :

« Je vous donne ma parole d'honneur, que je n'ai pas manqué au règlement. Vous savez que je suis bon soldat, que je ne trompe pas, mon capitaine, c'est tout ce que je veux, tout ce que je dois faire. Les juges le savent bien aussi, ils ne me condamneront point.

Trois heures sonnèrent, je tressaillis ; c'était le moment fixé pour le conseil de guerre. J'entendais dans la caserne le bruit des tambours pour rassembler le régiment ; je sentais qu'on allait venir chercher le prisonnier ; je le suppliai encore de me croire, de sauver sa vie pour Wilhelmine, pour sa mère, pour moi qui ne me consolerais pas de le voir mourir innocent. Il essuya une larme, me serra fortement le bras, et, se levant, il me demanda, pour couper court à toutes sollicitations, si je voulais bien faire venir le perruquier de sa compagnie afin qu'il lui remît un œil de poudre, lui refît ses tresses et lui donnât une apparence plus convenable pour paraître devant ses chefs. J'appelai ; le frater se présenta et se mit en devoir de commencer sa besogne. Georges riait, plaisantait ; de nous trois c'était le plus tranquille. Le perruquier l'assura au moins dix fois qu'il ne le laisserait pas condamner ainsi, et que, puisqu'il n'était pas coupable, il fallait qu'on lui rendît justice. J'écoutais ces propos sans les entendre, j'étais atterré ; j'éprouvais le désir le plus ardent de sauver cet homme malgré lui ; ma conscience me criait qu'il ne méritait pas la mort, et que je devais trouver un moyen de le dérober au sort qui l'attendait. Je n'en voyais aucun. Le temps se passait ; on vint nous prévenir. Georges se tourna de mon côté, me dit en souriant que je paraissais moins grave devant l'ennemi et qu'il y avait pourtant plus de sang à répandre. Sa résolution ne se démentait pas.

En arrivant au fort Napoléon, situé au centre de l'île, nous trouvâmes le régiment en carré. La tristesse régnait sur tous les visages; le colonel, impassible, causait avec un ecclésiastique dont la vue me glaça. Je savais quelle mission il était destiné à remplir. Aussitôt qu'on nous aperçut, le prince d'Isembourg fit assembler le conseil de guerre qu'il présidait lui-même ce jour-là par extraordinaire. On plaça Georges au centre et moi à côté de lui. Dans cette multitude, si turbulente d'ordinaire, on n'aurait pas entendu le moindre bruit, et quand le sous-officier chargé des fonctions de greffier commença la lecture de l'acte d'accusation, sa voix retentit solennelle, presque effrayante. Le président interrogea ensuite Minsky; il lui fit exactement les mêmes réponses qu'à moi. Il jura sur l'honneur, sur le drapeau, sur tout ce qu'il y a de plus sacré, qu'il n'avait point quitté l'île après la retraite; ce fut tout. Le capitaine rapporteur se leva alors. Je ne pouvais souffrir cet Italien; il m'avait toujours fait l'effet d'un ennemi personnel, quoique nous n'eussions jamais rien eu à démêler ensemble. Il présenta avec beaucoup d'adresse les différents faits, il prit une à une les réponses de l'accusé, et ma surprise fut à son comble lorsqu'il avoua qu'il admettait sa défense et acceptait sa déclaration de n'avoir point quitté l'île après la retraite. Je crus Georges sauvé, et je bénissais celui dont je m'étais méfié sans cause; il ajouta:

« En admettant la défense de Georges Minsky, il me reste une question à lui faire. Il est sorti de l'île à trois heures, il l'avoue, et le sergent Müller lui a parlé au bord de la mer. Il s'est promené en bateau, dit-il, jusqu'à cinq heures, mais depuis son embarquement on perd ses traces. S'il est resté à Walcheren, comment y est-il rentré?

Personne ne l'a aperçu, ni les factionnaires, ni les gardiens du phare, ni les marins des chaloupes; il faut cependant qu'il soit descendu quelque part; par conséquent, il a un moyen inconnu de s'introduire dans l'île. Vous savez, Messieurs, que nous sommes entourés d'espions des Anglais, que chaque jour, on en découvre de nouveaux; cet homme, d'après son aveu même, en est un des plus dangereux. S'il n'était pas coupable, pourquoi se tairait-il? pourquoi garderait-il un silence obstiné sur ce qui peut lui sauver la vie? »

Le discours se prolongea longtemps sur le même sujet; j'étais hors de moi. En s'entendant accuser d'espionnage, Georges se leva, s'élança en avant, je le retins ; je ne sais ce qu'il allait faire. Après une minute il se rassit, son front se déplissa, et il murmura tout bas:

« Cela vaut mieux ainsi. »

Ce fut mon tour de prendre la parole. Je ne m'étais jamais senti aussi ému; à peine si je pouvais m'exprimer. Ma défense se hérissait de difficultés ; je ne pouvais apporter qu'une conviction morale, aucunes preuves à l'appui, pas même les aveux de l'accusé, puisqu'ils le condamnaient tous. Je repoussai bien loin et avec mépris l'accusation d'espionnage. Le noble caractère du brave soldat lui servait de sauvegarde, et j'offris mon propre honneur comme caution.

« Messieurs, continuai-je, vous ne pouvez douter de son innocence sur ce point, je l'affirme et je l'atteste. Quant au reste des griefs imputés à mon client, que vous dirai-je? je crois à sa parole, j'y crois comme à celle du plus honorable d'entre nous. Il y a un secret intime dans cette obstination à se taire. Je connais la vie de Minsky, je sais qu'il porte dans le cœur une passion violente; la femme qui l'inspire en est digne sur tous les points ; il faut qu'elle se trouve compromise par une explication : cette raison seule peut lui fermer la bouche. » Je racontai alors (sans nommer ni désigner

Wilhelmine), ce qui s'était passé depuis l'arrivée de Georges au régiment, son amour, l'absence de la jeune fille, son désir d'aller la joindre, le refus du colonel; enfin, je vis avec bonheur les juges s'attendrir, leurs regards devenir plus doux. J'espérai, et le murmure approbateur qui accueillit ma péroraison, flatta moins mon amour-propre qu'il ne toucha mon cœur.

Georges demanda alors la permission de parler; je crus qu'il allait tout révéler.

« Mon colonel, dit-il d'un ton ferme, je veux d'abord remercier le capitaine O'Milan de ce qu'il a fait pour moi, ensuite je viens repousser le moyen dont il s'est servi pour me justifier. S'il est vrai que j'aime quelqu'un, ce dont je ne dois compte qu'à Dieu, la personne que j'aime n'est pour rien dans ma conduite d'hier. Je rougirais d'accepter ma grâce en laissant planer un soupçon sur une jeune fille pure; moi seul je suis coupable, s'il y a un coupable, moi seul je dois être puni. Ce n'est pas bien ce que vous avez fait là, mon capitaine, reprit-il en se tournant vers moi; pourtant, je vous le pardonne. »

Il se rassit. Le colonel ordonna au sous-officier commandant l'escorte de nous faire retirer, l'accusé, le capitaine rapporteur et moi. Le conseil se forma en cercle et se mit à délibérer. Aucun de nous trois ne parla pendant ce temps. Je cherchais à deviner sur les traits de mes camarades quel arrêt ils allaient prononcer; Georges baissait les yeux vers la terre, le rapporteur feuilletait des papiers. Les juges restèrent près de trois quarts d'heure en débats; les avis se partageaient. Je voyais le visage sévère du colonel s'attendrir par moment et reprendre ensuite son impassibilité; le major gesticulait beaucoup et paraissait faire une grande impression sur les autres; enfin, ils se rendirent tous à sa proposition. Le cercle s'ouvrit, on nous rappela; j'étais plus pâle que le prisonnier.

On fit battre aux champs, porter les armes à tout le régiment, comme c'est d'usage.

Le colonel tenait à la main une baguette blanche; le plus grand silence régnait dans les rangs ; tous les regards se fixaient sur lui. Il commença d'un accent légèrement ému, qui redoubla mes craintes, et, après avoir exposé les raisons qui forçaient les chefs à une sévérité cruelle peut-être, il se leva, rompit sa baguette, en jeta les morceaux loin de lui... prononça la sentence de mort pour être exécutée de suite, et le condamné mis en terre sur le lieu même. Il ordonna d'ouvrir un des côtés du carré, d'y faire marcher un peloton de la compagnie de Georges, et de l'y conduire pour que justice fût faite.

Tout ceci fut l'affaire d'un clin d'œil. On obéit sans murmurer, tant la fermeté du prince en imposait à ces gens de sac et de corde, qui l'instant d'avant avaient tous envie de nous assassiner.

« Mon pauvre Georges! m'écriai-je, vous ne voulez donc pas vous sauver? Un mot, un mot, de grâce! Ayez pitié de vous, ayez pitié de moi, ayez pitié d'elle!

— Je ne puis rien dire, mon capitaine, rien; calmez-vous, ce sera bientôt fini. Si vous la voyez, parlez-lui de moi. Vous n'avez pas besoin de lui répéter que je l'aime, elle le sait bien ; priez-la seulement de ne pas mourir; pourtant, demandez-lui de ne pas se consoler trop vite, de me garder un souvenir. Vous lui remettrez mes livres, n'est-ce pas? et mes herbiers ; c'est tout ce que je possède. Qu'elle soit mon héritière, qu'elle prie pour moi. »

L'ecclésiastique approcha, je me tins à l'écart. Minsky causa avec lui, reçut dévotement à genoux l'absolution, après avoir protesté de son innocence; il refusa de s'expliquer, même avec le prêtre, sous prétexte qu'il ne pouvait trahir le secret d'un autre, ayant juré sur l'Évangile de le garder. Le bon curé me dit tout bas :

« Oh ! monsieur, c'est une âme que vous envoyez en paradis. »

Mes fonctions se terminaient là ; néanmoins, je voulus accompagner Georges jusqu'à la place fatale... Il me repoussa doucement.

« Vous ne pourriez pas, dit-il, sans être trop ému. Adieu, mon capitaine ; accordez une dernière faveur au pauvre Georges... embrassez-moi ! »

Je me jetai dans ses bras en fondant en larmes ; lui ne pleurait point, il ne parla plus. En me quittant, il me fit seulement un dernier signe, et je me retirai derrière le bataillon, pouvant à peine me soutenir. J'entendis le fatal commandement, la décharge qui le suivit... Tout était consommé !...

Ainsi que cela est ordonné, le régiment défila devant le corps ; il me fallut passer auprès de celui que je regardais comme une sublime victime. Il n'était point défiguré du tout ; les balles avaient porté dans la poitrine. Son beau visage, penché sur l'épaule droite, conservait sa sérénité et sa douceur. On procéda à la cérémonie funèbre pendant que nous quittions le fort.

Le régiment rentra dans ses quartiers, moi, je me fis porter malade et je me réfugiai chez moi. Je n'avais jamais éprouvé rien de semblable. Je me répétais que je n'aurais pas dû laisser mourir le pauvre soldat, que sa mort était un crime dont je m'accusais d'être complice ; mille fantômes voltigeaient dans mon imagination, j'avais une sorte de vertige. La nuit approchait, et depuis un instant j'entendais dans la caserne une sorte de bourdonnement indistinct et inaccoutumé. Le bruit augmentait ; il devint enfin tellement violent que je ne pûs résister au désir d'en connaître la cause. Jamais je n'oublierai le spectacle qui s'offrit à moi.

Une jeune fille, les cheveux épars, les habits en désordre, les mains ensanglantées, parlait au milieu de deux mille soldats, semblable à une prophétesse ; sa voix, ses cris perçaient au travers de tous les murmures; elle paraissait vouloir les conduire dans un lieu qu'elle désignait du geste et les exciter à la vengeance. A mon aspect les rangs s'ouvrirent.

« C'est le capitaine O'Milan, le défenseur de Georges ; laissez-le venir, il la comprendra, lui. »

En approchant je reconnus Wilhelmine, non plus Wilhelmine douce, calme, souriante, mais Wilhelmine désespérée, furieuse. Elle me reconnut aussi.

« Oh! s'écria-t-elle, c'est vous! Dieu soit loué! Suivez-moi, emmenez-les ; il n'est pas mort, il se plaint, je l'ai entendu, il m'appelle; il n'est pas mort, vous dis-je. Vous voyez bien que j'ai brisé mes ongles, que j'ai déchiré mes mains en voulant le délivrer; mais venez, venez ôter cette terre, vous qui êtes des hommes. Je dirai où il a été la nuit, je le sais; on lui donnera sa grâce, on le sauvera, il en est temps encore. »

Je la regardais avec désolation, la croyant insensée et cherchant à l'entraîner vers sa demeure. Elle frappa du pied en se reculant :

« Vous êtes donc tous des lâches? Quoi! vous l'avez laissé assassiner, et maintenant que vous pouvez réparer ce crime, vous ne venez pas! Eh bien! j'irai seule; Dieu m'enverra de la force. Laissez-moi passer. »

Je l'arrêtai encore, j'appelai deux ou trois hommes un peu plus sûrs que les autres, et je leur ordonnai de la porter dans sa maison, où je la suivrais, lorsqu'une bande de soldats se précipitèrent dans la cour en criant que la jeune fille avait raison, que Georges n'était pas mort et qu'il fallait le déterrer. Ils juraient avoir entendu sa voix appelant au secours; leur pâleur, leur physionomie bouleversée me parurent si étranges que je consentis à marcher avec eux vers le fort Napoléon pour vérifier leur singulier récit; mais, avant de partir, je fis prévenir le colonel de ce qui se passait et le priai de m'envoyer des ordres. La tombe de Georges, nouvellement creusée sur les remparts, était à moitié découverte, et lorsque nous fûmes tout près, chacun faisant silence, nous entendîmes très-distinctement une voix plaintive sortir de dessous terre et prononcer à plusieurs reprises des paroles inintelligibles. Mon sang se glaça dans mes veines. Les soldats qui m'entouraient, et il y avait bien la moitié du régiment, s'écrièrent :

« Il n'est pas mort ! nous devons le sauver ! »

Ils se mirent à l'œuvre sans vouloir m'écouter. J'étais seul au milieu d'eux, je voyais mon autorité méconnue, et je commençais à me voir fort embarrassé, lorsque heureusement le colonel parut. Il entendit mon rapport et donna ordre de continuer l'exhumation. On arriva bientôt au cadavre, nous acquîmes la certitude qu'il ne restait pas une étincelle de vie.

La malheureuse Wilhelmine qui nous avait suivis tomba sans connaissance. Nous nous regardâmes tous.

« Remettez ce corps où vous l'avez pris, dit le prince, dont la tranquillité d'âme n'avait été troublée qu'un instant, et rentrez ensuite à la caserne. Capitaine O'Milan, surveillez ces hommes. Que ceux qui insisteront soient punis sévèrement ; vous m'en répondez sur votre responsabilité personnelle. »

Le colonel se retirait lorsque le même bruit qui nous avait déjà frappés recommença. Les restes de Georges venaient à peine d'être recouverts. Les plaintes continuèrent, déchirantes et souterraines, l'espace d'un demi-quart d'heure, et puis on n'entendit plus rien. Il y avait de quoi frapper des gens moins superstitieux que nos soldats ; moi-même je frissonnais sans pouvoir m'en empêcher.

« Cela est très-étrange, me dit à l'oreille le colonel ; ou je suis bien trompé ou nous aurons du bruit. Faites-les éloigner, placez un factionnaire près de la tombe; choisissez quelques hommes sûrs qui empêchent les autres d'approcher. Je vais, moi, réunir le corps d'officiers et prendre des mesures en cas de révolte. »

J'obéis, ou du moins je tâchai d'obéir. A l'aide de quelques sous-officiers, je vins à bout de faire rentrer la plus grande partie des mutins dans le devoir; il n'en resta que quelques-uns. Ceux-là, il me fut impossible de les arracher de là. Quant à la pauvre Wilhelmine, on l'avait transportée chez son père. Lorsque j'eus rétabli un peu d'ordre dans le régiment, je revins au fort et j'y trouvai de nouveau tout en combustion. Les gémissements ne cessaient point, c'est-à-dire ils se renouvelaient à des intervalles égaux, mais très-rapprochés. Je me convainquis moi-même qu'il n'y avait point d'exagération. Je ne sus comment expliquer ce phénomène, que ma raison refusait d'admettre, et que néanmoins je ne pouvais révoquer en doute.

Dès que le jour parut, le bruit cessa. J'avais eu bien de la peine pendant cette nuit à contenir les soldats; ce ne fut qu'en fermant les portes du fort et en ordonnant aux factionnaires de faire feu sur le premier qui chercherait à sortir que je vins à bout de les empêcher d'aller encore tout révolutionner à la caserne. Je redoutais horriblement la journée et la nuit suivantes; le colonel, auquel je communiquai mes craintes, les redoubla en m'apprenant que cette aventure extraordinaire se répandait dans la ville, que les habitants se portaient en masse au fort Napoléon, et qu'on accusait tout haut le conseil d'injustice.

« Si cela continue, ajouta-t-il, nous aurons une terrible nuit. Ne quittez pas le fort; votre qualité d'ami et de défenseur de la victime imposera plus que vos épaulettes. J'y resterai aussi, afin d'être à portée de tout voir et de tout ordonner. »

Pendant la journée le rempart fut assiégé de monde. On ne refusa pas de laisser entrer, d'autant mieux que rien ne troubla la tranquillité de l'île. On distinguait seulement sur les figures une expression de terreur vague; la foule demeurait silencieuse, et les observations ne se faisaient qu'à voix basse. Au coucher du soleil, les portes s'encombrèrent; chacun voulait être là pour la nuit. Nous ne pûmes parvenir à faire évacuer la place, qu'en menaçant d'appeler les marins des chaloupes et les soldats embarqués sur les vaisseaux de guerre. Notre inquiétude augmentait à chaque instant. Ainsi que je l'ai écrit en commençant cet épisode, nous étions entourés de deux à trois mille coquins, que nous maintenions tout au plus dans les temps ordinaires. Ici, la révolte devenait imminente et notre position de plus en plus critique. Dès que la nuit fut tombée, je me plaçai au bord de la fosse, résolu à n'en pas bouger que je ne connusse le secret de ce bruit mystérieux. Je pensais qu'un de nos vauriens se cachait dans les casemates, et je les avais moi-même toutes visitées et fermées à clef; d'ailleurs, ces plaintes n'auraient pas été aussi distinctes. Je me perdais en conjectures. Huit heures sonnèrent à l'horloge du fort, et sur-le-champ les cris souterrains y répondirent. Je collai mon oreille contre terre; c'était bien de là qu'ils partaient.

J'avais emmené l'ecclésiastique, confesseur de Georges; il se jeta à genoux. Sa présence, son action, retinrent un moment les factieux; mais lorsqu'à huit heures et demie ils distinguèrent les mêmes accents, ils s'élancèrent vers les portes en poussant des hurlements de rage, et demandèrent vengeance des juges iniques qui avaient condamné un innocent.

Ne pouvant les maintenir, je les suivis. Je n'ignorais pas que le colonel et la plupart des officiers supérieurs, étaient enfermés dans la forteresse, qu'ils y vendraient chèrement leur vie; pourtant, ils devaient céder au nombre, et le parti des révoltés grossissait à chaque instant. Je n'avais personnellement rien à craindre ; ils me regardaient comme un être privilégié, à cause de mon intérêt pour Georges. Arrivés devant les murailles, ils trouvèrent les canons chargés, prêts à faire feu, et le colonel leur déclara par une fenêtre que, s'ils ne se rendaient pas de suite à la caserne, il allait ordonner de tirer sur eux. Ils ne s'attendaient pas à cette résistance ; ils se consultèrent. Un des plus enragés proposa l'escalade, les autres parlèrent d'aller chercher leurs camarades restés à Flessingue. La confusion se mit dans leurs projets, sans diminuer leur fureur.

Sur un second avertissement du colonel, ils se retirèrent un peu. Tout à coup, le ciel qui ne voulait pas notre perte apparemment, inspira à un sous-officier une idée lumineuse ; il conseilla d'amener Wilhelmine, de la conduire sur le tombeau, ajoutant que, si Georges pouvait parler à quelqu'un, ce serait à elle, et qu'ils sauraient alors ce que sa pauvre âme demandait. Cette proposition obtint l'assentiment de tous ; on détacha quelques grenadiers, des meilleurs amis de Minsky, et on les envoya à Flessingue. Il s'écoula une heure avant qu'ils ne fussent de retour, et pendant ce temps, une espèce de suspension d'armes s'établit entre les deux partis. J'attendais avec impatience le résultat de cette démarche barbare. On m'avait assuré le matin que mademoiselle Stross était folle. Heureusement son père, revenu d'Amsterdam, la faisait soigner dans sa maison. J'espérais donc qu'on réussirait à les empêcher de traîner la nuit, hors de chez elle, cette jeune infortunée ; je comptais qu'ils auraient pitié de son triste état : je me trompais, ils la portèrent, et le professeur, qui les avait en vain suppliés de lui laisser son enfant, la suivait tout en pleurs. Ce triste cortège s'acheminait vers le rempart. Je marchais à côté du père ; Wilhelmine ne donnait aucun signe de connaissance. On la déposa sur la terre fraîchement remuée ; il y avait de quoi la tuer si elle n'eût pas déjà été frappée à mort. Dix heures sonnèrent, et l'écho inexplicable leur répondit avec plus de force encore.

« Voyez-vous! il parle plus haut depuis qu'elle est là, murmurèrent-ils entre eux.

— Qui est-ce qui parle? reprit le professeur sortant de sa rêverie.

— L'esprit de Georges, qui demande quelque chose. Voilà pourquoi nous avons amené ici cette jeune fille.

— L'esprit de Georges, cela! Vous êtes de grands ignorants. Comment! vous ne savez pas que ce sont les cris des chaloupes qui se hèlent pour s'assurer mutuellement de leur vigilance! »

Et, l'amour de la science l'emportant sur la douleur, il expliqua comment nous étions au point culminant de l'île, comment tous les bruits venaient y retentir, comment il avait mille fois fait lui-même cette expérience, quand il se trouvait quelque bâtiment de guerre dans les environs. A mesure qu'il parlait, un poids énorme s'ôtait de dessus ma poitrine; je souriais de ma crédulité, car je ne suis pas bien sûr de n'avoir pas compté sur un événement surnaturel. Les soldats refusaient de croire M. Stross.

« Il y a un moyen bien simple de s'en assurer, répliquai-je; laissez-moi demander au colonel l'autorisation d'envoyer quelques-uns d'entre vous à bord des chaloupes; de cette manière, vous serez sûrs qu'on ne vous trompe pas. Ils empêcheront les factionnaires de se héler ainsi de demi-heure en demi-heure, et si nous n'entendons plus rien, il est évident que M. Stross a raison. »

Ils acceptèrent, le colonel consentit; je les mis en route et je revins près du professeur, fort inquiet du résultat. Si l'expérience ne réussissait pas, il me paraissait démontré que rien ne les arrêterait plus. Mais, grâces à Dieu! elle réussit. Lorsqu'ils en furent certains, ils commencèrent à avoir peur et se regardèrent entre eux. J'obtins du prince une amnistie générale, et c'était bien ce qu'il y avait de mieux à faire ; ils se tinrent tranquilles jusqu'à la première occasion.

J'appris seul la cause du silence de Georges. La tante de Wilhelmine, vint tout en pleurs me conter que M. Stross, ayant ordonné à sa fille d'épouser un négociant d'Amsterdam, et cette dernière voulant tout faire pour éviter ce malheur, elle écrivit à Georges, pour qu'il vînt se consulter avec elle, sur les moyens de fléchir son père. La tante protégeait mon soldat, dont les bonnes qualités lui semblaient une garantie plus sûre que la fortune. Lorsqu'elles apprirent qu'il ne pouvait pas quitter l'île, la tante et la nièce lui proposèrent de se faire conduire à moitié chemin dans une barque du Nord-Beveland, et que là il viendrait les prendre dans une autre et les mènerait, à l'insu de tout le monde, à la maison du professeur, où il ne restait personne en son absence ; ils devaient ensuite concerter leurs projets, et repartir avec le même mystère. Pour entrer dans l'île sans être vus, Wilhelmine avait gagné un de ses cousins, gardien du phare, qui promettait de monter la barque de Georges, de les conduire tous au rivage, en les faisant cacher sous des toiles à voiles, et de se montrer seul aux chaloupes dont il était parfaitement connu ; il leur avait fait jurer sur l'Évangile de ne jamais le trahir, car il y allait de sa place, et peut-être de sa vie, s'il était découvert. Ils passèrent la nuit tous les trois à arranger leur doux avenir. Georges avait un parent en Hongrie, possédant quelque fortune, il fut décidé qu'on lui écrirait, et que s'il voulait s'engager par écrit à lui laisser son héritage, comme il l'avait souvent dit de vive voix, le mariage n'aurait plus d'obstacle ; d'ici là, on gagnerait du temps avant de répondre à Amsterdam. J'avais aperçu la lumière dans mes recherches, mais ils s'étaient bien gardés de me répondre ; Georges, tout entier à ses projets de bonheur, oublia l'heure ; l'appel une fois passé, il crut qu'on ne le punirait pas davantage pour rester jusqu'au lendemain. En se séparant de lui, les femmes tremblantes lui firent renouveler son serment; elles craignaient le professeur, elles craignaient les propos, et surtout elles redoutaient de voir échouer le mariage, si on avait quelques soupçons. Elles retournèrent au Nord-Beveland. Lorsque Georges fut arrêté, le gardien du phare leur en donna avis; Wilhelmine accourut, mais trop tard; on sait le reste.

La pauvre fille est enfermée à l'hôpital des fous de Flessingue; elle croit toujours entendre ces cris déchirants, et prie sans cesse pour l'âme de celui qu'elle a tant aimé.

Je n'oublierai jamais cette touchante aventure; bien des fois mes rêves me la représentèrent. J'ai beaucoup souffert, j'ai vu beaucoup souffrir dans ma longue carrière, et j'ai remarqué que les âmes les plus malheureuses sont celles qui font elles-mêmes leur malheur. Dieu est bon, il nous donne à tous la faculté de nous sauver; pourquoi donc nous perdre à plaisir? pourquoi surtout accuser le hasard de notre propre folie?

ANDRÉ.

A Mademoiselle

ANTOINETTE APRÊTRISE.

Voici, ma chère Antoinette, un souvenir de ma jeunesse, de ce beau pays d'Auvergne où je suis née, où j'ai laissé le château de mes pères. Lisez cette histoire comme je vous la donne, et songez que c'est un enseignement plus qu'un plaisir; il y a toujours un peu de notre faute dans notre malheur. Veillons sur nos actions, c'est veiller sur notre avenir, rappelez-vous cette vérité, mon enfant, je vous le dis avec tout l'intérêt de mon cœur.

ANDRÉ.

J'avais quitté Paris à la fin de 86 ; je m'étais réfugiée en Auvergne, au château de Mareuil, dans le cœur des montagnes, fort près du Mont-d'Or. Nous commencions à avoir peur, et avant de nous envoler tout à fait nous essayions nos ailes. Ce pays d'Auvergne ne ressemble à aucun autre que j'aie connu, ni en France, ni à l'émigration ; il est fort loin des descriptions romanesques qu'on en a faites. Cette Limagne tant chantée, tant rimée, n'est qu'une grande plaine bien plate, bien unie, qui ne diffère de la Beauce que parce qu'elle est entourée de montagnes et que les champs de blé y sont un peu diversifiés par quelques ruisseaux et quelques oasis de verdure. Les habitants appellent cette vallée *le Marais*. Il y a là-dessus mille traditions, mille rêveries d'antiquaires et de géologues qui font remonter au déluge l'affaissement de cette partie de la contrée. A les entendre, la Limagne était un lac immense, une sorte de mer, et pour preuve, ils montrent des ossements de poissons et des coquillages fossiles déterrés par je ne sais quel savant, dans je ne sais quel coin de leur Marais. Je dirai en passant que cette idée de lac antédiluvien se retrouve dans tous les pays montueux ; je l'ai entendu discuter très-sérieusement en Alsace, en Souabe, dans quelques parties de la Suisse, et j'ai revu les mêmes coquillages et les mêmes ossements éternellement apportés à l'appui de ces chimères.

Les montagnes qui entourent le Marais, du côté de la basse Auvergne, se distinguent sous le nom de chaîne *des Puys*. Je ne saurais mieux rendre l'image qu'elles présentent que par celle d'un jeu de quilles irrégulièrement placées. Toutes sont de forme conique, plus ou moins élevées ; elles ne se touchent pas, et leur pente est semée d'une herbe très-fine, de bruyères et de quelques buissons. Plusieurs d'entre elles, telles que le Puy-de-Pariou, renferment un volcan éteint, dont le cratère, garni de pierres carboniques, de laves séchées, se distingue parfaitement. Le Puy-de-Dôme, le roi et l'orgueil de la contrée, élève sa tête chauve au-dessus de tous les autres ; il présente les mêmes caractères, à cela près du volcan. Si le temps n'est pas parfaitement calme, sa cime s'entoure de nuées ; c'est de là que partent ces orages affreux qui dévastent souvent les campagnes environnantes. Pourtant, cette montagne est *adorée* par les Auvergnats ; ils ne souffrent point qu'on l'attaque ; ils la regardent avec amour et l'appellent familièrement, sans autre titre, *la Montagne*.

Les environs du Mont-d'Or, où est situé mon château de Mareuil, sont bien plus pittoresques et parlent davantage à l'imagination. Là les montagnes se lient les unes aux autres ; de beaux sapins les couvrent en partie ; des lacs, des cascades, des ruines se rencontrent fréquemment. Mareuil est un vieux manoir du temps de Louis IX ; il a conservé son extérieur gothique ; il n'y manque pas un créneau.

Ses murs, en pierres taillées à pointes de diamant, sont aussi solides que le premier jour ; le toit pointu qui le surmonte date évidemment du siècle de François Ier, comme l'indiquent les cheminées à écussons de briques qu'on a élevées au-dessus. La flatterie de mon aïeul pour le grand roi a amené à Mareuil Le Nôtre, avec ses allées droites et ses jets d'eau ; il a fait du parc un petit Versailles, tout en respectant néanmoins les beaux arbres qui entourent le château, et surtout un chêne qu'on prétend avoir quinze pieds de tour. Les appartements ont été entièrement remeublés au mariage de mon père, et ils sont aujourd'hui tels qu'ils étaient alors. Ainsi, vous verriez dans le salon un meuble de damas cramoisi à bois dorés, sculptés d'une admirable manière. Les pieds contournés des consoles portent des marbres chargés de chinoiseries, de porcelaines de Sèvres, de Saxe, de verreries de Bohême, de pendules à personnages. Les murs tapissés des Gobelins, les tableaux de Boucher, le portrait de ma mère en Diane chasseresse, avec un panier de trois aunes, un chignon poudré et un croissant de diamant au milieu ; le mien, peint par Greuze, qui est bien la plus ravissante chose que je connaisse ; je suis assise sur l'herbe à côté d'un gros chien dont les regards ne me quittent pas ; j'ai pour tout vêtement une chemise garnie de dentelles, fort tombante des épaules. Une de mes mules rouges a roulé loin de moi ; je suis fort occupée à remettre l'autre avec cette gravité d'enfant, bien plus gaie que leur gaieté même ; c'est une délicieuse composition. La chapelle est un vrai bijou ; on dirait le boudoir de madame de Pompadour, sans l'autel et le tabernacle. La statue de la Vierge ressemble exactement à une poupée de modes de 1756 ; les cassolettes, en bronze doré, sont soutenues par des amours ; les chaises ont pour dossier des branches d'acanthe ; le bénitier présente la forme d'une tulipe entourée de sa tige. Je n'ai jamais compris comment la Révolution avait respecté tout cela.

Ma mère fut mariée quatorze ans avant ma naissance, et, mon père se désespérant de ne point avoir d'héritier, elle fit un vœu qui ne pouvait être que celui d'une mère. Elle chargea le curé d'enregistrer sur les livres de la paroisse que, si Dieu lui accordait un fils, tous les ans, le jour de Noël, on amènerait à la messe de minuit les douze enfants les plus pauvres nés dans l'année, que là il leur serait donné à tous un trousseau et une somme d'argent suffisante pour leur former plus tard un établissement. La châtelaine de Mareuil devait être leur marraine et assister en personne à cette cérémonie, à moins d'impossibilité. Le ciel écouta ses prières et les exauça en partie; je vins au monde, mais, hélas! ma pauvre mère mourut deux ans après. Mon père, dans sa douleur, habilla de deuil les petits innocents, et depuis lors, on a conservé l'habitude de les vêtir ainsi.

Nous avions quitté Mareuil après notre malheur, je n'y étais jamais revenue; c'était donc pour la première fois que, le jour de Noël 86, je voyais l'accomplissement du vœu de ma mère. Cette solennité me laissa une tristesse mortelle dans le cœur; rien de plus touchant et de plus douloureux à la fois. En entrant dans l'église, je reçus tous les honneurs qu'on rendait alors à la *Dame du lieu;* le curé et les notables me conduisirent à mon banc seigneurial, précédée de deux suisses à ma livrée et d'un cortége de mes paysans. Après avoir prié du fond de mon âme pour mes parents, dont la tendresse avait fondé cette cérémonie, je jetai les yeux autour de moi.

L'église de Notre-Dame d'O..... est à une lieue et demie de Mareuil; les chemins qui y conduisent étaient si mauvais alors, qu'on ne pouvait y arriver qu'avec des bœufs. On attela donc quatre bœufs à mon lourd carrosse; des laquais montèrent derrière, une torche à la main; quelques gardes-chasse nous suivirent, armés de leur fusil, et nous nous mîmes en route, non sans quelque frayeur de la part des femmes qui m'accompagnaient.

Cette vieille église, la plus ancienne de toute l'Auvergne, remonte aux premiers chrétiens des Gaules ; elle est construite dans le style byzantin, et ses voûtes noircies ont vu bien des générations. La crypte, ou chapelle souterraine qui s'étend au-dessous, renferme les tombeaux de ma famille. Une image de la Vierge est le but de nombreux pèlerinages, et on lui attribue plusieurs miracles qui redoublent la foi dans son intercession.

La nuit de Noël, le temple brillait des feux de mille cierges ; des lustres de cristal, envoyés du château, reflétaient l'éclat des bougies. Près de l'autel, où le vieux curé allait chanter les hymnes de la Nativité, les douze jeunes femmes se tenaient à genoux, portant sur leurs bras leurs jeunes enfants vêtus de noir. Quelquefois, un vagissement se faisait entendre ; alors, on entendait aussi de ces douces paroles maternelles, qui apaisent nos premiers cris et essuient plus tard nos larmes de douleur ; ce contraste de la joie qui m'entourait, avec la couleur lugubre qui couvrait mes petits protégés, me représenta toute ma vie : une heureuse enfance, quelques jours de bonheur, et puis un deuil éternel, un isolement sans espoir.

Le moment arriva où je devais porter aux fonts baptismaux ces enfants pour qui j'allais répondre devant Dieu ; ils étaient ondoyés dès leur naissance. Un pauvre jeune homme, mort depuis d'une manière bien cruelle, Armand de Noillé, me servait de *compère* ; nous nommâmes nos douze *filleux*, d'un nom différent, précédé toujours de celui de Marie, porté par ma mère et par la mère de toutes les mères. Parmi ces petits garçons, il y en avait un dont la charmante figure m'intéressa vivement. La femme qui le portait n'était plus jeune, et lorsque je l'interrogeai elle me répondit en pleurant :

« Hélas ! madame la marquise, je suis son aïeule ; sa mère, ma pauvre fille, se meurt !

— Il sera donc orphelin comme moi! » pensai-je.

Et dès lors, j'adoptai dans mon cœur ce petit être que nous avions appelé Marie-Armand.

Il était fort tard quand je retournai au château; notre marche nocturne au milieu du silence de nos montagnes, le pas traînant des bœufs, la lumière presque funèbre des torches, tout cela me pénétra, ainsi que je l'ai dit, d'une tristesse invincible. Je ne dormis pas, et il me sembla voir ma mère entr'ouvrir mon rideau en me disant :

« Ma fille, orpheline, prends pitié de l'orphelin ! »

Le lendemain fut un jour d'hiver glacial et sombre; la neige tomba si forte que, voulant aller aux vêpres à O..., je fus obligée d'envoyer en avant des hommes de corvée, pour me tracer un chemin. Je n'aurais pas manqué l'office, car j'avais aussi le projet de revoir Marie-Armand, de me faire conduire près de sa mère, si elle existait encore, ou d'emporter mon filleul si elle avait déjà succombé.

Le curé se récria lorsque je lui demandai de m'accompagner dans cette visite; elle était devenue impossible, la neige tombée depuis le matin avait rendu impraticable le chemin qui conduisait à la chaumière de mes protégés, enfin il refusa de me laisser engager dans une entreprise aussi périlleuse. J'insistai, car je voulais fortement. Mon imagination, frappée des songes de la nuit, me représentait ces pauvres malheureux succombant au froid et à la faim. Je n'écoutai rien, j'appelai mes gens, je leur ordonnai de marcher avec moi, et je commençai à gravir la montagne, appuyée sur le bras d'Armand dont l'intarissable gaieté ne se démentit pas une minute.

« Mon Dieu! madame la marquise, disait le curé qui s'était enfin décidé à m'accompagner, vous allez voir une profonde misère, et une grande douleur.

— Quels sont ces malheureux, monsieur le curé? répliqua Armand; pourquoi sont-ils si à plaindre? Leur indigence est donc bien affreuse?

— Oui, monsieur, et d'autant plus qu'ils ont été accoutumés à l'aisance. La mère de Marie-Armand est la fille d'un riche fermier du Marais; si vous l'aviez vue il y a deux ans, rien n'était beau comme elle. Elle vint visiter sa tante au village d'O..., en même temps, le fils du bailli de la marquise était en vacances chez moi. Pauvre André! il était bien beau aussi, ajouta le vieillard en essuyant une larme, il était beau, il était savant. Son père voulait qu'il fût d'Église, et qu'un jour il devînt chapelain du château ou curé du village. Il avait étudié au séminaire de Clermont; mais quand il eut vu Madeleine, il ne songea plus qu'à elle. En vain le bailli et moi, nous fîmes tous nos efforts pour le ramener à sa première vocation; il nous repoussa; le bailli le menaça de le déshériter, de le maudire, il n'écouta rien. De son côté, Madeleine luttait contre sa famille qui lui destinait un riche parti. Les pauvres enfants! ils s'aimaient d'une manière si folle qu'ils s'enfuirent ensemble. Un prêtre d'une paroisse éloignée les maria, lorsqu'ils eurent fait les sommations de rigueur, et ils revinrent après s'établir, heureux et réunis, dans la chaumière où nous allons les retrouver si à plaindre. Moi, madame la marquise, le mal étant fait, je pardonnai; je suppliai le bailli de faire comme moi, tout fut inutile. J'allais exprès à Aigue-Perse, où demeurait le père de Madeleine; je ne réussis pas mieux. Sa mère me glissa, en pleurant, une vingtaine d'écus dans la main, et me suivit des yeux aussi longtemps qu'elle put me voir. Je revins ici découragé, au petit pas de mon cheval, la tête baissée, si bien que les enfants du village se disaient en me regardant venir :

« Monsieur le curé est aussi triste que si le feu avait pris à *la bonne Vierge.* »

« André m'écouta sans répondre ; il essuya les larmes de Madeleine, et me remercia de mes soins. Il se mit à travailler à la terre ; inhabile à ce métier, il ne gagna rien. Il se proposa alors comme adjoint au maître d'école ; celui-ci eut peur du bailli, il le refusa. Je lui donnai un misérable emploi de chantre, à lui, appelé à officier à ma place. Eh bien ! souvent, madame, j'entendais sa voix tremblante de larmes, quand il entonnait un hymne de réjouissance. Cela me fendait le cœur.

« Le bailli tomba malade ; je courus au chevet de son lit, et au nom du Dieu de paix, je lui prêchai le pardon.

« Curé, me répondit-il, je pardonne à mon fils ; je consens à le voir, mais il faut qu'il soit puni pour avoir désobéi à son père : c'est la loi de Dieu. J'ai donné sa part d'héritage à sa sœur ; il n'aura rien de moi, et cette disposition est inattaquable. Peut-être aurais-je dû la faire moins rigoureuse, maintenant il n'est plus temps ; c'est en mariant ma fille que j'ai disposé ainsi de ma fortune. Qu'il vienne pourtant, il apprendra de ma bouche que j'excuse sa faute, que je le bénis ; cela lui donnera du courage. C'est tout ce que je puis faire. »

« J'allai chercher André, il me suivit avec Madeleine ; tous les deux se mirent à genoux près du bailli.

« Mon père ! s'écria le malheureux jeune homme, ayez pitié de nous ! Nous n'avons plus de pain, et ma femme est grosse ! »

« Le bailli me fit signe de répondre. Qu'avais-je à dire ? Je cherchai à pallier la faute des enfants, à adoucir la colère du père, à leur faire entendre à tous que les malheurs passés trouveraient leur consolation dans l'avenir. Je voyais que le bailli se repentait de sa précipitation, et qu'une fausse honte l'empêchait seule de revenir. Il me comprit, il ouvrit ses bras, ses enfants s'y précipitèrent.

« Hélas ! dit-il, je vous bénis ! c'est tout ce que je puis pour vous. Il ne me reste rien ; j'ai tout donné à votre sœur. »

« André ne versa pas une larme; il me regarda d'un air qui me fit peur. J'emmenai Madeleine; lui, il veilla le bailli. Le lendemain, nous trouvâmes le père mort et le fils fou. Depuis, Madeleine est accouchée; sa mère est venue, malgré tout, la soigner; elle et le pauvre enfant, et l'infortuné pour qui la mort serait un bienfait, ils vivent tous là haut. Leur misère est déchirante. Oh! madame la marquise, pourquoi ne m'avoir point écouté? Vous ne supporterez pas ce que vous allez voir! »

Nous approchions du *Buron*; ainsi se nomment les chalets de ces montagnes; le curé entr'ouvrit la porte, et l'odeur qui s'exhala de cette espèce de tombeau faillit me suffoquer. Sur un lit de paille était étendue une jeune femme d'une admirable beauté; ses souffrances et l'approche de la mort ne l'avaient pas défigurée. A côté d'elle, son enfant dormait, enveloppé dans les langes que je lui avais donnés la veille. Près du foyer vide, l'aïeule attisait un reste de charbon. De l'autre côté de la chambre, un homme de vingt-quatre ans environ, aux cheveux noirs tombant sur les épaules, aux vêtements en lambeaux, regardait stupidement autour de lui; il grelottait, et ses lèvres bleues se serraient l'une contre l'autre; ses traits, d'une régularité parfaite, n'offraient plus aucune expression. Hélas! quel spectacle!

A mon aspect l'aïeule se leva; elle vint au-devant de moi, et, sans parler, elle me montra du geste les murailles à jour du buron et le feu qui s'éteignait malgré tous ses efforts. La jeune femme se plaignit, nous l'entourâmes. Nous nous étions munis de quelques cordiaux; mes gens jetèrent dans la cheminée des fagots qu'ils avaient montés; alors le fou se leva de sa place et vint auprès du feu. Il rejeta ses cheveux en arrière, sourit d'un sourire presque raisonnable et commença à voix basse une chanson. Jamais je n'ai rien entendu qui m'ait autant impressionnée.

« Écoutez, me dit le curé, les vers sont de lui. »

A mesure qu'il chantait il élevait la voix ; sa physionomie s'animait ; il simulait le geste de bercer un enfant et semblait le regarder avec une expression de bonheur qui déchirait l'âme.

« Voilà son unique occupation, nous dit le curé; l'idée de ne pouvoir nourrir son enfant lui a fait perdre la raison, et c'est à lui seul qu'il pense dans sa folie, si toutefois il pense ! »

La jeune femme allait de plus en plus mal; elle avait perdu connaissance. Je ne m'y trompai point, et je demandai au bon prêtre de l'assister de ses prières. Nous nous mîmes tous à genoux autour de ce lit de mort; le silence n'était interrompu que par la voix du curé qui récitait les Psaumes de la Pénitence, et puis cette chanson du fou qui continuait toujours! Mon âme était glacée.

M. de Noillé s'approcha de moi, me releva et me fit sortir de la cabane, sans que je susse presque ce que je faisais.

« Hâtons-nous, madame ; la nuit arrive à grands pas, nous nous perdrions dans ces montagnes toutes blanches.

Lui aussi était ému. Pauvre jeune homme! lui aussi il aimait une femme belle comme Madeleine! Hélas! ce fut elle qui le pleura; six mois après il fut tué en duel.

Ce spectacle m'avait causé une telle impression que je demeurai quelques jours fort souffrante. Le mois de janvier arriva, et avec lui un froid épouvantable. Madeleine était morte, sa mère prenait soin de Marie-Armand et d'André. Je conservais un vif désir de les revoir; un matin, par une belle gelée, j'emmenai mon valet de chambre avec moi, et je me dirigeai à pied par des sentiers vers O...

Ces montagnes, lorsqu'elles sont couvertes de neige, offrent au soleil un aspect magique; elles ressemblent à des miroirs; n'étant coupées par aucune aspérité, l'illusion est complète. Il est fort difficile de marcher dans ces chemins tracés à peine ; on m'avait donné la chaussure des montagnards, une sorte de patins en bois avec lesquels ils courent aussi adroitement que sur le gazon. Plus j'approchais d'O..., plus les difficultés augmentaient ; la vallée devenait profonde, les pentes escarpées. Déjà le buron m'apparaissait avec son toit plat et sa cheminée en entonnoir. Le silence le plus profond régnait à l'entour, lorsque la porte s'ouvrit ; le fou en sortit portant dans ses bras une petite caisse de bois blanc dont la destination n'était que trop facile à deviner ; il prenait toutes les précautions imaginables pour que le mouvement fût le plus doux possible ; il souriait et il chantait ! Derrière lui, la vieille femme tout en pleurs marchait la tête basse. En m'apercevant, elle vint à moi.

« Eh bien ! madame la marquise, mon cher petit, le voilà. Son père l'a tué !

— Son père l'a tué ! m'écriai-je ; je le prévoyais. Pourquoi ne pas l'avoir porté au château après la mort de sa mère ?

— Hélas ! madame, je n'ai pas pu ; André ne m'a point laissée sortir, il s'est aperçu qu'on avait enlevé Madeleine, et, depuis lors, il n'a pas voulu qu'on ouvrît la porte. Oh ! que j'ai souffert ! J'ai cru qu'il me tuerait. Cela m'était bien égal pour moi, mais mon pauvre Armand ! Hier son père me l'a ôté de force, il l'a caressé, il l'a endormi, il lui a donné le lait de la chèvre qui le nourrissait ; ensuite il l'a placé sur ses genoux en chantant sa chanson. Je tremblais ; pourtant il avait l'air bien heureux. Tout à coup il se leva, tourna très-vite autour de la chambre, et, élevant l'enfant au-dessus de sa tête, il le laissa retomber sur le pavé, où l'innocent se brisa sans jeter seulement un cri. André ramassa ses pauvres membres et continua à le bercer comme s'il eût été encore vivant. Ce matin, je l'ai mis dans cette boîte, et il l'emporte ; je voudrais pourtant le mener à l'église. Madame, si vous lui parliez ?... »

André s'était assis et faisait fondre sur le cercueil, une poignée de neige qu'il tenait entre ses doigts; je lui dis quelques mots, il ne m'écouta point; il chantait toujours. L'aïeule pleurait, et moi je frissonnais. Peu à peu la voix baissa, il s'endormit.

« Profitons de ce moment, dis-je à mon valet de chambre; prenez l'enfant et descendons-le à l'église.

Je marchai devant, la vieille femme resta près de son gendre. Beauvielle me suivit. Je me rappelais que moi aussi j'avais été mère, et que je n'avais jamais embrassé mon enfant. Mes larmes coulaient par flots, quand je remis au curé mon dépôt funèbre, quand j'assistai seule aux prières récitées dans cette chapelle souterraine où dormaient ma mère et tous les miens. Seule aussi, je suivis le corps au cimetière, et lorsqu'on l'eut descendu dans sa dernière demeure, je tombai sur la neige; je pleurais mon fils, je pleurais mon mari, je pleurais tout ce que j'avais aimé. Il fallut presque m'arracher de là; le bon curé me recueillit au presbytère. Un attrait invincible m'attachait à la famille de mon protégé; je fis venir André au château, sa belle-mère ne voulut point le quitter; tous deux y sont restés jusqu'à leur mort, et bien des fois, pendant la Révolution, André effraya les plus hardis en se montrant la nuit sur les tours, ses cheveux au vent, et chantant cette chanson si touchante autrefois, si terrible alors. Qui sait si ce ne fut pas sa présence qui garantit Mareuil de tous les dangers? Je l'ai toujours pensé ainsi. Il ne recouvra jamais sa raison, mais il n'était point dangereux; sa folie ne changea pas d'objet. Pauvre père ! il berça son enfant bien des années après que cet enfant eut disparu de ce monde. Ne sommes-nous pas tous ainsi? n'avons-nous pas tous une chimère bercée et caressée avec délices? Hélas ! combien peu d'entre nous la voient se réaliser, et combien aussi la pleurent après qu'elle a disparu sans retour !

LE SINGE D'ADRIEN.

A la Princesse

MARIE MISTCHERSKY.

J'ai voulu vous dédier cette nouvelle, à vous, chère petite Marie, qui ne la lirez pas cependant avant quelques années, parce qu'elle fut écrite sous l'inspiration de votre famille, parce que votre aïeule, cette femme si noble, dont l'âme est belle autant que l'esprit est grand, m'a honorée d'une larme; parce que votre père, le poëte du cœur, enlevé trop tôt à la gloire et à ceux qui l'aimaient, s'est attendri sur mon pauvre singe et sur son jeune maître. Je suis bien éloignée de vous; mais je veux que vous appreniez à me connaître, je veux que vous sachiez combien tout ce qui vous appartient m'est cher. Vous n'aurez pas de meilleure amie que la vieille comtesse, dont l'affection date de votre berceau. Donnez-moi donc un souvenir, ce sera la dernière fleur de ma vie.

LE SINGE D'ADRIEN.

C'était dans les premiers jours du mois de juin, lorsque les fleurs couvrent les buissons, lorsque le soleil est si beau, lorsque l'air est si suave, si doux à respirer; il faisait très-chaud. Dans un délicieux bocage, près d'un ruisseau bordé de violettes et de primevères, à l'ombre de quelques grands arbres, deux jeunes filles folâtraient sur une escarpolette.

L'une d'elles était assise dans le fauteuil; sa robe blanche, nouée autour de ses petits pieds avec un foulard bleu, son écharpe d'une gaze légère tournée trois fois à son cou et dont les bouts voltigeaient autour de sa tête, mêlés avec ses cheveux blonds, lui donnaient l'air d'une sylphide jouant dans son royaume aérien.

L'autre, plus grande, presque brune, d'une physionomie animée, repoussait d'une main sa compagne lorsqu'elle revenait à elle, et de l'autre lui jetait une pluie de roses dont elle avait bien de la peine à se garantir, et c'était une gaieté, des rires si vrais, qu'ils auraient fait l'envie d'un roi.

Au milieu de ces éclats de joie on distinguait de temps en temps quelques paroles :

« O Marie ! tu m'as fait mal ; arrache au moins les épines. »

Et par-dessus tout, comme une espèce de refrain :

« Mon Dieu ! petit Adrien, que ton singe est laid ! »

C'est qu'elles n'étaient pas seules, les folles enfants ; de l'autre côté du ruisseau, un jeune garçon mangeait tranquillement des cerises presque vertes, tandis qu'un singe de moyenne taille en ramassait les noyaux et les jetait dans l'eau les uns après les autres. Cet animal avait l'air de comprendre ce qui se disait autour de lui ; chaque fois qu'il était question de sa laideur, il accélérait le mouvement de son *exécution nautique.*

« C'est qu'il t'entend, Blanche, disait la brune Marie ; il t'en veut, il lapide ton image avec sa formidable artillerie. Pauvre bête ! il prend l'ombre pour le corps. »

Et les rires redoublaient ; le petit garçon s'y joignait, et le singe criait ; il n'y avait plus moyen de s'entendre, lorsqu'une femme parut à quelque distance ; les jeunes filles se précipitèrent vers elle, la couvrirent de leurs caresses, parlant toutes les deux à la fois, lui faisant des questions sur sa santé, sur son voyage, jointes au bonheur de la revoir, au récit de leurs plaisirs passés, enfin toute cette joie d'enfant que l'on regrette toujours et que l'on ne retrouve jamais.

La mère les regardait avec amour, les écoutait, leur souriait, les embrassait encore et semblait renaître à leur aspect ; elle aperçut Adrien, et demanda comment il se trouvait là.

« Oh ! chère maman ! c'est une touchante histoire, s'écria Blanche ; imaginez-vous que ce pauvre petit est venu à pied de la Savoie. Hier, nous étions à vous attendre près de la grille du parc ; vous n'êtes pas arrivée, c'est bien mal, allez, lorsque ce singe accourut pour implorer notre charité ; mademoiselle Roger lui donna quelque chose, et son maître nous remercia ; nous l'interrogeâmes, il nous répondit en pleurant ; il avait faim, et vite nous lui avons offert des fruits, des gâteaux ; tout en mangeant, il nous remerciait toujours et partageait avec Jacques. Son père est mort, le père d'Adrien, maman ; sa mère est vieille et ils n'avaient plus rien, quand une personne compatissante leur acheta ce singe. Ils partirent pour Paris et gagnèrent leur vie en le montrant ; mais l'été il n'y a pas grand monde ; on conseilla à Adrien de parcourir les châteaux ; il laissa sa mère aux soins d'une amie, avec qui elle travaille, et se mit à voyager ; c'est ainsi qu'il est venu ici mourant de fatigue et de besoin. Comme c'est aujourd'hui congé, on nous a permis de le garder toute la journée pour le faire reposer et jouir de l'aimable gentillesse de Jacques ; voyez, chère maman, comme il est joli ; le voilà qui vous salue. »

Pendant que Blanche parlait, Marie faisait signe à Adrien d'envoyer son fidèle compagnon de leur côté ; à un geste de son maître, le singe sauta sur les grosses pierres qui formaient un pont rustique, et de là, se mit à contrefaire la jeune fille, au grand amusement de tous. Madame de Terney sourit, jeta une pièce de monnaie à Jacques, et dès qu'elle eut repris le chemin de la maison les jeux recommencèrent.

II

Il y avait une grande foule sur le boulevard du Temple ; les Parisiens, ces badauds infatigables, s'étaient réunis en groupe autour d'un Savoyard et de son singe. Il est vrai que cet animal surpassait tous ceux que l'on avait vus depuis longtemps; il dansait le menuet, faisait l'exercice, trottait à l'anglaise sur un gros caniche noir, enfin, son éducation était parfaite. De mémoire d'homme on ne rencontra un général Jacquot aussi fashionable; une veste écarlate brodée sur toutes les coutures, rembourrée comme l'uniforme d'un élégant officier; un chapeau à la Bonaparte, orné de galons d'or et du plus magnifique panache, formaient son accoutrement. Il agitait sa coiffure avec tant de grâce, il faisait des révérences si distinguées, que son maître recueillit une ample moisson de gros sous, qu'il cacha dans sa poche après la représentation, en prenant le chemin de la rue de la Mortellerie, où il monta gaiement les six étages d'une misérable maison.

« Réjouissez-vous, mère! cria-t-il en entrant dans la mansarde, réjouissez-vous, voici de quoi vous avoir du tabac et du bouillon; Jacques a gagné sa journée.

— Dieu te bénisse, Adrien! répondit la vieille femme; j'avais grand besoin de toi! car je suis bien souffrante. »

L'enfant posa Jacques par terre, courut vers sa mère et l'embrassa une larme dans les yeux.

« Donne-moi Jacques, mon enfant; c'est notre soutien, c'est presque notre ami. »

Le singe sauta de lui-même sur les genoux de la malade, et aussitôt, la mère et le fils se mirent à le caresser. Il y avait entre ces trois êtres une singulière union, ils formaient un monde à eux seuls, et certainement, le bouleversement d'un empire n'eût pas autant touché les Savoyards que la perte de Jacques. Adrien raconta toutes ses prouesses en lui ôtant son habit et son chapeau, qu'il essuya proprement et serra sur une planche, le seul meuble de ce galetas; ensuite, il s'occupa de sa mère. Son trésor fut bien vite dépensé; il veilla toute la nuit, assis sur un tas de paille, entre le singe qui dormait, et la vieille femme qu'une fièvre violente agitait de convulsions. Et comme il pleurait, le malheureux enfant de dix ans! Il pleura tant que le sommeil vint à son secours; sa tête retomba près de celle de Jacques. Bientôt, on n'entendit que les plaintes de la mère, qui ne les contenait pas depuis que son fils ne pouvait plus l'écouter. Heureux âge où les larmes amènent le repos, où la joie succède si promptement à la douleur; nous ne sommes pas encore accoutumés à la terre, nos âmes conservent quelque chose des anges qu'elles viennent de quitter; il y a un reflet du ciel dans les yeux d'un enfant, et dans son sourire, un reste de la béatitude qu'il a perdue!

Le matin, Madeleine se trouva si mal que son fils ne voulut point la quitter. Comment faire? il n'y avait pas d'argent, et Jacques seul pouvait en gagner. Adrien avait un associé à qui appartenait le caniche noir; il se résolut à lui confier Jacques et à s'en rapporter à lui pour le partage des bénéfices; ce fut une cruelle séparation. Jacques suivit l'ami de son maître, bien malgré lui, et Adrien resta triste jusqu'au soir. A l'heure accoutumée, le singe ne revint pas; grande alarme dans le ménage. L'enfant descendit vingt fois au-devant de lui, il alla à la demeure de Pierre ; il n'était pas rentré, l'infâme voleur ; trois jours entiers se passèrent sans nouvelles; heureusement, la vieille se portait mieux, et des voisins charitables étaient venus à leur secours. Dès qu'elle put se passer de lui, Adrien courut inutilement tout Paris pour retrouver son Jacques : enfin, après deux longues semaines, il regagnait un soir son logis, malheureux et découragé, lorsqu'il vit un cercle nombreux et entendit des éclats de rire.

« Oh ! c'est Jacques, dit-il, c'est Jacques qu'on admire. »

Il se mêla aux curieux ; à force de pousser, il arriva au premier rang. Bientôt, il découvrit son singe chéri qui, lui-même, le reconnut et courut à sa rencontre. Les spectateurs, pris pour juges du différend entre les deux artistes n'hésitèrent pas, nouveaux Salomons, à rendre la pauvre bête à celui qu'elle aimait tant. Il y eut grande recette ; mais qu'est-ce que cela auprès du bonheur de se retrouver ? Jacques, ramené en triomphe par une douzaine de gamins, reprit possession de son lit de paille, des caresses de ses amis et de son sommeil paisible dans les bras d'Adrien.

« Hélas ! disait celui-ci à Madeleine, voyez, ma mère, ils ne lui ont pas seulement nettoyé son habit ! »

Au commencement de l'hiver cruel de 1830, une voiture élégante traversait la rue de la Paix, les glaces fermées garantissaient du froid, et les femmes qui s'y trouvaient, entourées de fourrures, n'en redoutaient pas les atteintes. L'une d'elles, c'était une jeune fille de treize ans environ, paraissait bien plus empressée de regarder dans la rue, que de s'envelopper dans son manteau; elle essuyait les vapeurs sur le cristal, et examinait attentivement les boutiques toutes brillantes des étalages du jour de l'an.

« Maman, Marie, voilà Adrien et Jacques. Oh! je les reconnais; chère maman, faites arrêter, je vous en conjure. »

Madame de Terney tira le cordon, on ouvrit la portière, et le domestique reçut l'ordre d'appeler le petit Savoyard; il approcha. Hélas! les vêtements du pauvre petit étaient couverts de pièces de différentes couleurs; ses lèvres, engourdies par le froid, violettes et gonflées, son visage maigre et hâve, n'offraient plus qu'une pâleur bleue, affreuse enseigne de la misère; le singe était plus méconnaissable encore. Le bel habit rouge ne tenait plus que par des reprises; le chapeau, veuf de son plumet et de ses galons, avait perdu toute sa *majesté*. Quant à Jacques lui-même, il était visible que la rigueur de la saison le tuait; à peine avait-il la force de se tenir sur ses jambes, et la querelle des *associés* du cavalier l'avait rendu piéton.

« Bon Dieu! dit Marie, que tu es changé, Adrien, et Jacques aussi! Que vous est-il donc arrivé?

— Oh! mamz'elle, répondit-il en grelottant, et d'une voix entrecoupée de sanglots, ma mère est bien malade; mon singe se meurt de froid; nous ne gagnons plus rien.

— Pauvre petit! tiens..... tiens.....

Et les deux jeunes filles vidèrent leur bourse dans sa main.

« Où demeures-tu? Nous enverrons un médecin à ta mère. Toi, tu viendras à l'hôtel nous donner de ses nouvelles, et te chauffer avec Jacques. »

Il laissa son adresse; madame de Terney le congédia, et la voiture repartit au grand trot des chevaux.

Huit jours se passèrent, Adrien ne parut pas. Mesdemoiselles de Terney y pensèrent souvent; le docteur avait peu d'espérance pour sa mère.

« Il est bien malheureux, ce pauvre enfant, disaient-elles, puisqu'il nous oublie; si nous allions nous-mêmes savoir ce qu'il fait. »

Ce projet, communiqué à leur gouvernante, reçut son approbation; il fut convenu que l'on porterait des vêtements et de l'argent à Madeleine, et, le jour choisi, on se mit en route, les jeunes filles impatientes d'arriver, et surprises néanmoins de la pauvreté des quartiers où on les conduisait.

Elles sont rue de la Mortellerie; on leur indique la demeure des Savoyards. Précédées d'un domestique et suivies de leur institutrice, elles montent l'escalier noir et tortueux qui les conduit au dernier étage de la maison.

Mademoiselle Roger entre avant elles dans le grenier des pauvres gens. Quel spectacle s'offrit à sa vue! la vieille femme mourante sur une paillasse, et à côté de son grabat, son fils se roulant par terre, en tenant dans ses bras le petit cadavre du pauvre Jacques, mort de froid pendant la nuit précédente. On parla à Adrien, il ne répondit point; ce ne fut que lorsque le domestique le toucha qu'il se releva et aperçut Blanche et Marie, immobiles à la porte, et qui n'osaient approcher.

« Oh! mesdemoiselles, dit-il en courant vers elles, il est mort, mon cher Jacques, il est mort; je l'ai couvert de mes habits, de tout ce que j'avais, il tremblait, il tremblait! et puis il a crié, et puis il n'a plus remué du tout; il est resté roide, comme le voilà. Pauvre Jacques! qui gagnera la vie de ma mère? Oh! rendez-moi Jacques, vous qui êtes riches, rendez-le-moi, cela ne vous coûtera rien! Et ma mère, quand elle s'éveillera, que lui répondrai-je? Elle l'aimait tant ! »

Adrien faisait pitié; il joignait ses petites mains, il pleurait à fendre le cœur, il répétait sans cesse :

« Rendez-le-moi ! »

Les jeunes filles pleuraient aussi, à l'aspect de cette douleur vraie; d'ailleurs, il y avait tant de misère autour d'elles !

« Et ta mère, dit Marie, comment va-t-elle?

— Oh! ma mère, elle dort! Elle ne mourra pas, elle! ma mère ne peut mourir, c'est ma mère! C'est elle qui a soin de moi. »

Mademoiselle Roger revint auprès d'eux.

« Rentrons à l'hôtel, mesdemoiselles; il faut parler à madame la comtesse, lui demander ses ordres; il fait trop froid ici pour vous. Adrien, tu auras bientôt de nos nouvelles. »

Elle se hâta d'emmener ses élèves, car le sort de l'enfant abandonné la touchait vivement, et Madeleine n'avait plus que peu de minutes à vivre. Madame de Terney envoya promptement chercher Adrien; on le trouva endormi sur la paille. Sa mère n'existait plus, il ne s'en doutait pas. Par une idée d'enfant, il avait habillé le corps de Jacques de ses haillons rouges, et l'avait posé au pied du lit.

On plaça l'enfant dans une école, on l'entoura de mille soins; mais il n'oublia jamais qu'il était orphelin. Ses yeux se mouillaient de pleurs au souvenir de sa mère, et souvent, lorsqu'il était seul et que le passé revenait à sa mémoire, il se disait tout bas :

« Pauvre Jacques! qui m'aimera comme toi ! »

LE GRAND POMPÉE.

A Mademoiselle

CLÉMENCE CISTERNES DE VEILLES.

Ne vous effrayez pas, ma chère Clémence, en voyant ce titre classique de l'histoire que je vous ai promise; ne croyez pas qu'il soit ici question de l'émule de César, ou que j'aie la moindre envie de vous rappeler ces fameux Romains, dont vous apprenez chaque jour les victoires et les désastres. Tranquillisez-vous; il ne s'agit que d'un chien, d'un pauvre vieux chien caniche très-laid, très-crotté, très-ignoré jusqu'ici, et dont je me fais le Plutarque avec tout autant d'orgueil que si j'embouchais la trompette de la Renommée. Les hauts faits du cœur ont tout autant de mérite à mes yeux que ceux de la gloire. Il est aussi beau de se sacrifier pour ceux qu'on aime que de gagner des couronnes. Rappelez-vous, ma chère nièce, que la plus précieuse des qualités d'une femme, c'est la bonté. Elle fait excuser bien des fautes, elle force à oublier bien des erreurs. Il vaut mieux être bonne que d'être belle, et tout l'esprit possible ne remplace pas un noble dévouement.

Vous ne connaissez pas la Flandre, et je ne vous plains pas beaucoup d'ignorer ce pays de charbon de terre et de bière, où le plus beau paysage se compose d'un champ de colza, d'un cordon de coquelicots et d'une plantation de lin, avec la perspective de cinq ou six moulins à vent tous semblables de forme et d'apparence. Au milieu de cette plaine admirablement cultivée se trouve la ville de Cambrai, place très-célèbre dans les fastes de Louis XIV et même dans ceux des règnes précédents. Cette ville est assez mal bâtie et ne renferme rien qui vaille la peine d'être cité, excepté les grisailles de la cathédrale cependant, et le souvenir de Fénélon, encore tout vivant dans le diocèse qu'il combla de ses bienfaits. A l'une des extrémités de la ville, au-dessus de l'esplanade, se trouve la citadelle, sorte de donjon enfermé dans des murs particuliers et tout à fait distinct des autres fortifications. Une partie de la garnison y habite; c'est ordinairement un régiment d'infanterie.

LE GRAND POMPÉE.

I

Par une belle journée du mois de juin, deux personnes étaient assises sur le rempart et causaient doucement. C'était d'abord un vieillard de plus de soixante-dix ans, vêtu des restes, très-délabrés mais très-propres, d'un uniforme de sapeur. Sa haute taille, à peine courbée par l'âge, ses mouvements brusques, mais précis, révélaient un ancien militaire, plus encore peut-être que les trois chevrons qu'il portait à son bras gauche; sa figure, rouge et avinée, annonçait un bon vivant; quelques cheveux rares flottaient sur son front nu et luisant comme de l'ivoire, et la barbe grise qu'il portait dans toute sa longueur, en mémoire, disait-il, de sa splendeur passée, lui donnait un air singulier, que sa conversation ne démentait pas.

A côté de lui, une jeune fille, jolie et timide, les yeux baissés vers la terre, offrait un contraste étrange. Rien de plus délicat, de plus svelte, de plus distingué, n'a jamais frappé vos regards. Sa toilette, simple et propre, se composait d'une robe de toile fond noir à raies bleues, et d'un tablier de taffetas puce. Ses longs cheveux, partagés sur son front, descendaient en boucles autour de son visage. Elle était charmante ainsi, et son père la contemplait, un sourire de bonheur et d'orgueil sur les lèvres.

« Tu dis donc, Claire, que Pompée a volé le dîner du tambour, et que le capitaine du génie se plaint de ce qu'il fait des trous au pied des arbres.

— Oui, mon père, nous aurons bien de la peine à lui sauver la punition qu'il mérite. Aussi c'est votre faute, vous le gâtez d'une manière si extravagante, qu'après avoir mangé le dîner du tambour il mangera encore le vôtre.

— J'en conviens, c'est mon faible; j'aime cette pauvre bête. Lorsque tu l'as amené, il y a deux ans, de Touraine, de mon cher pays, de la part de ta tante et de ton cousin, qui vous ont élevés Pompée et toi, il avait plus de docilité, c'est vrai; mais savait-il faire l'exercice, sauter pour le gouvernement, pour l'armée, pour toi, pour moi, pour tout le monde, jusqu'au fifre des grenadiers? savait-il danser la Monaco et présenter les armes aux officiers supérieurs? Non certainement; et, malgré ses espiègleries, je suis fier de mon élève, je lui pardonne tout; il nous aime tant! »

En ce moment, un vieillard, qui marchait péniblement appuyé sur une canne, passa près du vétéran; celui-ci interrompit l'éloge de Pompée, se leva, fit le salut militaire, et suivit longtemps des yeux le malheureux estropié.

« La belle jambe de bois qu'a ce colonel Dinau, ma fille! elle donnerait envie de recevoir une balle dans le mollet, rien que pour s'en faire faire une semblable. Cela doit coûter très-cher; c'est dommage; les invalides n'ont plus droit à un *postiche* de ce genre. Mais il est tard, je crois; rentre dans ta chambre. Voici l'heure où les sous-officiers viennent boire la goutte avec le père Ancelin, et il faut bien que je gagne le logement qu'on m'accorde dans la citadelle, en leur servant de cantinière. Quant à toi, ce n'est pas convenable; va à ton ouvrage, raccommode le linge de ton fiancé et de ton père; c'est ton devoir, mon enfant; chacun le sien. A propos, tu as des nouvelles de ce cher Robert, de ton cousin et futur; ne m'as-tu pas dit que son régiment viendrait ici à l'automne?

— Oui, mon père.

— Alors, nous ferons la noce, s'il est sergent-major, au moins! sans cela nous attendrons. Il a bien assez de soutenir sa mère, sans se charger encore de toi. Allons, va-t'en, et emmène Pompée. On veut toujours le faire travailler, et moi, je ne puis supporter de voir ainsi ses talents prodigués à la cantine; il mérite mieux que cela. »

Claire obéit et appela Pompée. Un petit chien caniche arriva aussitôt à elle, le museau tout noir de terre, et haletant de fatigue.

« Voyez, mon père, il a continué sa chasse, et il va se faire battre de nouveau; vilain Pompée, va! »

Tous les deux rentrèrent par une porte basse et disparurent.

Quelques jours après, Ancelin, Claire et Pompée se trouvaient réunis et déjeunaient dans la chambre de la jeune fille. Ancelin était plus recherché dans son costume qu'à l'ordinaire; il avait un certain air de conquête et de réjouissance, bien d'accord avec le magnifique soleil qui brillait à travers les rideaux. Pompée, savonné à neuf, avait son beau collier de cuivre, portant pour inscription :

J'appartiens au sieur Ancelin, ancien sapeur de la dix-huitième demi-brigade.

On voyait qu'il se préparait une fête dans ce petit ménage, et que chacun se sentait heureux. Après avoir mangé, le vieux soldat prit son chapeau, qu'il brossa, chercha dans un tiroir un uniforme rouge et un bonnet à poil de très-petite dimension, puis un fusil, un sabre et une hache de six pouces de long, enveloppa le tout dans une grande feuille de papier, et embrassa sa fille sur le front, avant d'ouvrir la porte.

« Soyez bien sage, mon père ; ne faites pas de sottises. Prenez garde au vin du colonel Dinau ; il est traître et vous a déjà joué plus d'un mauvais tour. Ne perdez pas les habits de Pompée ; n'oubliez pas surtout que les portes se ferment à neuf heures, et ne vous laissez point attarder.

— Non, non, sois tranquille, je reviendrai à temps. Une heure seulement après dîner pour montrer mon élève et prendre le café, voilà tout. Je suis sûr que le colonel en sera enchanté et *son épouse* aussi. Adieu, adieu ; ne t'ennuie pas trop. »

Lorsque le père Ancelin fut sorti, sa fille s'approcha de la fenêtre et le regarda tant qu'elle put l'apercevoir ; alors, elle approcha de sa table à ouvrage, prit une plume et écrivit :

« Ma chère tante, j'ai reçu votre lettre et je vous remercie de songer à moi ; mais je ne puis accepter l'offre que vous me faites de demeurer avec vous. Quelque amitié que j'aie pour Robert, et vous savez qu'il m'est aussi cher que s'il était mon frère, je ne l'épouserai jamais s'il faut quitter mon père pour le suivre. Mon père n'a que moi au monde ; il est vieux, il chérit cette citadelle parce que ma pauvre mère y a vécu avec lui, et je ne lui proposerai même pas d'habiter ailleurs. Dites à mon cousin que telle est ma dernière résolution ; pourtant, si, comme je l'espère, il obtient le grade auquel il aspire, je ne m'opposerai point à la volonté de nos familles. Il comprendra que ma place est ici, que je ne puis abandonner mon père, et que je n'en serai pas plus mauvaise femme pour cela. Ne m'attendez donc pas. Le mariage se fera à Cambrai, s'il a lieu, et rien ne me forcera à changer cette décision. Pardonnez-moi, ma chère tante, et aimez-moi toujours. »

Cette lettre faite, Claire la relut, la cacheta, et se mit à travailler auprès de sa croisée, en chantant, en riant avec elle-même. Douce et charmante gaieté de votre âge, ma chère Clémence, gaieté qui n'a pas encore été flétrie par le malheur ; on la regrette toute sa vie ; quand on ne l'a plus, rien ne la remplace et rien ne la fait oublier.

La journée se passa ainsi. Quand vint le soir, Claire prépara le souper, se faisant d'avance une fête de revoir les absents, puis elle decendit vers l'esplanade et s'assit sur un banc, afin de les apercevoir plus promptement. Déjà les soldats rentraient à la citadelle ; la retraite sonna, l'appel bientôt après ; la jeune fille commençait à s'impatienter. Les promeneurs devenaient plus rares, la nuit tombait tout à fait ; l'inquiétude la prit.

« Mon Dieu ! pensa-t-elle, les portes vont se fermer ; comment fera-t-il pour rentrer ? »

Et elle se dirigea vers le chemin d'Escau-d'œuvres, où était la maison de campagne du colonel Dinau. Elle arrive tout essoufflée à la porte de la ville... On venait d'emporter les clefs chez le commandant de place. Alors, son chagrin ne connut plus de bornes; elle supplia le *portier-consigne* de la laisser sortir, d'ouvrir au moins à son père quand il se présenterait ; car il devait se présenter, elle en était sûre ; un simple retard le retenait dehors ; il était impossible qu'il lui fût arrivé quelque accident. C'est ainsi qu'on voile ses craintes avec des espérances; mais on a beau faire, les craintes se montrent toujours. Un factionnaire, placé près de la porte, écoutait la conversation de Claire ; il l'assura que son père était rentré depuis plus d'une demi-heure avec Pompée, et jura qu'il les avait vus tous les deux prendre les remparts pour retourner à la citadelle. La pauvre enfant s'accrocha à ce dernier espoir et courut à leur modeste asile ; il était vide, et personne ne put lui donner de nouvelles des absents.

Rien n'est plus affreux que l'incertitude. Je crois que je préfère un triste événement connu à une joie attendue et incertaine. Ce poids qui pèse sur la poitrine et qui l'écrase, cette attention qu'on prête au moindre bruit, à la moindre parole, ce tressaillement dont on ne peut se défendre, ces frissons qui glacent le cœur et le sang, tous ces mouvements enfin dont on n'est pas maître et qui tuent ; oh ! c'est horrible d'attendre ; c'est une torture digne de l'enfer. Si Dieu en a retiré l'espérance, il y laissera l'attente ; car l'attente, c'est le bourreau de l'espérance.

Claire attendit donc encore une demi-heure ; puis elle se leva de nouveau, le désespoir s'empara d'elle ; elle sortit de la citadelle et se mit à faire le tour des glacis. Il était onze heures du soir. A cette heure, dans une ville de province, en été surtout, tout est calme ; une voix qui se fait entendre dans ce silence universel retentit comme un cri de guerre, et Claire n'entendit pas même une voix. De temps en temps seulement, les sentinelles se jetaient leur avertissement ordinaire : *Sentinelles, prenez garde à vous !* Cette phrase se répétait deux ou trois fois d'un ton lugubre, et tout se taisait de nouveau.

L'enfant marchait toujours ; éperdue, désolée, elle appelait son père, elle appelait Pompée. Au moment où elle revenait à la porte de Valenciennes, un hurlement prolongé et sinistre lui répondit. Elle s'arrêta sur-le-champ et répéta le nom de Pompée ; le même hurlement, plus douloureux encore, frappa son oreille.

« Oh ! mon Dieu ! s'écria-t-elle, c'est là dans le fossé ! Pompée ! Pompée ! mon père ! Pompée, où est ton maître ? que faites-vous là ?

Mon père est-il mort? Au nom du ciel, mon père, un mot! un mot qui me prouve que vous vivez! »

Elle écouta; Pompée seul renouvela sa plainte.

Son père était là, au-dessous d'elle, à plus de trente pieds, et elle n'avait aucun moyen de descendre jusqu'à lui. Se frappant le front, se tordant les bras, elle courait comme une insensée vers le rempart. Sentant enfin la nécessité de prendre un parti, elle jeta un regard sur la ville et aperçut dans une rue voisine la lueur d'une forge de maréchal, elle se dirigea de ce côté. A sa prière, les ouvriers la suivirent; elle les conduisit aux remparts; ils distinguèrent, ainsi qu'elle, les aboiements de Pompée. Guidée par cette voix fidèle, ils descendirent dans le fossé. Claire marchait ou plutôt volait devant eux. Le chien vint à elle, la flaira en agitant sa queue et se remit à courir dans la même direction. Il s'arrêta enfin devant une espèce de paquet blanc et noir, en poussant de petits gémissements; c'était le malheureux Ancelin.

Claire se précipita sur lui, l'appela des noms les plus tendres, le couvrit de caresses et de larmes; il ne donnait aucun signe de vie. Un des ouvriers dit tout bas : « Il est mort!

— Oh! non, répondit-elle, son cœur bat encore! »

On le releva; il reprit alors connaissance, regarda autour de lui, baissa les yeux sur ses membres fracassés, et reconnaissant sa fille, il lui dit :

« Ma pauvre Claire, je pourrai à présent avoir une belle jambe comme le colonel Dinau. »

II

Un mois après cette aventure, Claire, Ancelin et Pompée étaient réunis dans leur petite chambre à la citadelle. Ancelin avait subi une cruelle amputation; couché sur son lit de douleurs, il jurait de temps en temps à faire crouler les murailles; Claire pleurait; Pompée les regardait alternativement tous les deux, les interrogeant du regard.

« Ne vous agitez pas ainsi, mon père, le docteur recommande le plus grand repos, et vous allez augmenter votre mal. Vous savez bien que si vous enflammez vos plaies par cette chaleur, on vous menace de la gangrène; et que voulez-vous que je devienne, moi, si un pareil malheur arrivait?

— Tu as bien raison, mon enfant, de me parler de toi pour me faire tenir tranquille; car si je ne t'étais pas aussi nécessaire, je me moquerais de la mort; je ne mourrai pas du moins sans leur avoir dit leur fait.

— De la patience, cher père, vous verrez qu'ils se raviseront et que Robert obtiendra la permission de venir nous voir. Il serait bien temps, mon Dieu!

— C'est là ce dont j'enrage; je vois la misère arriver à grands pas. Nous n'avons plus d'argent, je ne vends rien; tu ne peux pas travailler, pauvre enfant, toi qui passes tes jours et tes nuits au chevet de mon lit. Si ton fiancé n'arrive pas à notre secours, il ne nous reste plus qu'à mendier. Mendier ! un vieux soldat ! Avouer ma détresse ; demander l'aumône... Jamais ! jamais ! »

La triste Claire pleurait en entendant Ancelin parler ainsi. C'étaient à chaque instant de semblables scènes, et malheureusement, elle n'en comprenait que trop la vérité. Ce jour-là elle essaya de distraire un instant son père de ses chagrins en portant son attention ailleurs.

« Voyez donc Pompée, mon père ; ne dirait-on pas qu'il nous comprend ? Comme il a l'air malheureux ! comme il nous regarde d'un air de compassion !

— Je le crois bien, le bon animal qu'il est ; il ne trouve plus à manger ici que du pain sec, ce qui le force à voler non-seulement le dîner du tambour, mais encore celui du caporal, et ce qui l'oblige par conséquent à être battu régulièrement chaque matin. Ce qu'il y a de plus affligeant, c'est qu'il perdra sa science ; on ne lui fait plus répéter ses leçons ; il va tout oublier, l'ingrat, moi qui ai eu tant de peine à l'instruire !

— Eh bien ! mon père, voulez-vous que je lui donne sa leçon en votre présence et d'après vos ordres ? Cela nous fera passer un moment et vous vous distrairez en le voyant exécuter vos commandements ; je suis sûre qu'il s'en souvient parfaitement.

— Essayons, ma fille, je le veux bien. »

Claire chercha dans son tiroir les habits de Pompée, comme le jour, de douloureuse mémoire, où commencèrent tous leurs malheurs ; elle les regarda en soupirant, pensant, peut-être, que le chien était la première cause de l'accident arrivé à son père ; car, si le colonel Dinau n'eût pas désiré voir danser Pompée, Ancelin ne serait point allé dîner chez lui ; il n'aurait pas bu de ce misérable vin de Pouilly qui lui fit prendre, en rentrant le soir, le fossé pour le rempart, et qui amena cette chute horrible où le vieux sapeur se cassa la jambe, bien heureux encore d'en être quitte à si bon marché.

Quand son élève eut revêtu le grand costume de grenadier qui le couvrait dans ses jours de gloire, Ancelin le regarda d'un œil attendri, et, tout glorieux de le voir ainsi paré, il indiqua à Claire la manière de se faire obéir, et lui révéla le secret des talents inouïs que chacun avait admirés sans les comprendre. Il lui apprit comment cet animal étonnant jouait aux dominos, comment il reconnaissait le plus beau ou le plus laid *de la société,* la plus jeune ou la plus vieille, surtout comment il contre-faisait l'adjudant-major ou le capitaine de ronde. La jeune fille écoutait en silence et devint tout à fait préoccupée, au point de ne plus entendre ce que lui disait son père. Elle l'interrompit :

« Ne croyez-vous pas, mon père, que Pompée gagnerait sa vie à ce métier-là?

— S'il la gagnerait! Il y a bien des gens et bien des bêtes qu'on paie très-cher et qui n'en savent pas si long. Il pourrait donner des représentations à vingt sous par place. »

La petite tête de Claire se mit à travailler là-dessus. Le malade s'endormit; pendant son sommeil, elle chercha une calèche noire, usée, qui avait appartenu à sa mère, et la posa sur sa tête en regardant au miroir si elle lui cachait le visage. Satisfaite de son examen, elle replia la calèche et se mit à prier Dieu. Il y avait une grande ferveur dans cette prière innocente; elle monta comme un pur encens devant celui qui peut tout, et il lui envoya de la force pour supporter ses épreuves, de l'espoir pour les adoucir.

La nuit venue, la jeune fille demanda à son père s'il n'avait besoin de rien et si elle pouvait sortir une heure avec Pompée pour aller voir la fête (on était au 15 août, époque de la *Kermesse* à Cambrai).

« Certainement, répondit-il ; amuse-toi un instant, ma fille ; tu dois avoir tant besoin de prendre l'air ! Toujours enfermée ici avec un vieillard infirme et morose, ce n'est pas de ton âge, mais le ciel te bénira. »

Claire sortit et emporta la calèche de taffetas noir dans sa poche ; elle y mit aussi les habits de Pompée.

Pauvre Claire ! qu'elle était changée ! Ce n'était plus cette jeune fille à la physionomie si calme et si sereine, ses longs cheveux tombant en boucles sur son cou à peine couvert d'un léger fichu de mousseline, rentrant avec Pompée dans la jolie chaumière de sa tante, au milieu du bois de la Touraine. Ce soir-là pourtant, après une longue absence, lorsqu'elle revint à la maison, elle semblait un peu plus gaie, et avant d'ouvrir la porte, elle flatta de la main, comme autrefois, son fidèle compagnon, en l'appelant mon ami !

Le lendemain, Ancelin trouva en s'éveillant des fleurs sur la cheminée, du tabac frais dans sa pipe, et une bouteille de vin de Bordeaux à côté de lui.

« N'en buvez pas trop, mon père ; c'est le présent d'un ami. Conservez-le le plus longtemps possible et ne me demandez pas qui vous l'a donné, parce que vous ne le saurez point. »

Les jours suivants, le bien-être du petit ménage augmenta ; il semblait qu'une main bienfaisante veillât sur cette famille. Ancelin était fort occupé de savoir d'où lui venaient ces soins, d'où venaient aussi la gaieté et le courage de Claire, qui se mettait à rire lorsqu'on lui parlait du bienfaiteur inconnu et embrassait le chien de toutes ses forces.

Un dimanche elle était assise près du lit de son père quand la cantinière, leur voisine, entra dans la chambre.

« Oh ! dites donc, père Ancelin, c'est bien dommage que vous ne puissiez pas vous lever; vous viendriez en bas défendre l'honneur de votre chien.

— Comment cela, s'il vous plaît? qu'est-ce qu'on peut dire de mon chien? a-t-il encore volé quelque chose? Il aurait tort; depuis quelque temps la cuisine est mieux garnie ici.

— Du tout, du tout; il est simplement attaqué dans ses talents. Tous les soldats disent qu'il ne sait rien du tout à côté du nouveau chien qui paraît tous les soirs sur la Place d'Armes et qui s'appelle *Monsieur*. Ils assurent qu'on n'a jamais vu une bête semblable.

— Un nouveau chien! un rival de Pompée! Et qui est-ce qui le montre?

— Une vieille femme, avec des lunettes et une cape noire. Il paraît qu'elle est horrible.

— Eh bien! moi, je parie que ce *Monsieur*, tout artiste qu'il est, n'est pas digne de délier les cordons des souliers de Pompée, qui n'est qu'un amateur. Car il faut bien distinguer, mère Jaquou; ce chien et cette vieille en font leur métier, puisqu'ils exercent en public et pour de l'argent; nous, c'est pour nous amuser seulement; ce n'est pas notre état, vous le savez bien. Qu'en penses-tu, Claire? »

Claire avait disparu aussitôt que la cantinière avait commencé l'histoire du chien savant, dont il était si fort question dans la ville et dans la garnison; elle ne revint que lorsque cette voisine fut partie. Son père ne pouvait digérer l'affront fait à son élève; il ne s'occupa plus d'autre chose et exigea de sa fille la promesse d'aller le soir même assister à une représentation de l'admirable quadrupède, de l'idole du jour, afin de savoir au juste ce qui en était, et s'il éclipsait réellement la gloire de Pompée. Claire y alla, et assura au retour que le célèbre *Monsieur* n'approchait pas de leur cher compagnon de cent lieues, qu'il manquait de grâce et de gentillesse, qu'enfin ce n'était qu'un vil roquet, sans queue et sans oreilles, très-loin de la pure race du caniche, à laquelle appartenait Pompée.

Le lendemain fut un grand jour de fête. La poste apporta une lettre de Robert, annonçant l'arrivé de son régiment à Cambrai. De cette manière, il se rapprochait de son oncle et de sa cousine, sans avoir besoin du congé qu'on lui avait si obstinément refusé. Au milieu de toute cette joie, il en arriva une autre ; ce n'était rien moins qu'une superbe jambe de bois, pareille à celle du colonel Dinau, et qu'Ancelin ne tarda pas une minute à se faire attacher, attribuant dans son cœur, cette galanterie au bon colonel, devant lequel il avait témoigné plusieurs fois son admiration pour ce *membre mécanique*, se cachant sous le pantalon, et par cela même bien moins gênant et moins désagréable pour le patient et pour les autres. En entendant ainsi attribuer au colonel cette action généreuse, Claire sourit encore et embrassa Pompée.

La semaine d'après, le régiment de Robert vint en garnison à Cambrai.

III

Par un jour de l'hiver suivant, deux hommes se promenaient au milieu de la neige sur les glacis. Tous les deux marchaient d'une manière gênée, et la roideur d'une de leurs jambes, laissait assez voir qu'ils étaient estropiés. C'était le colonel Dinau et Ancelin.

Leur visage triste annonçait une vive douleur; quelques larmes tombaient des yeux du vieux soldat, pendant qu'il parlait à son ancien chef.

« Voyez-vous, mon colonel, voilà ce qui s'est passé; quand je me suis cassé la jambe, en venant de votre diable de dîner, nous avons mangé en un mois toutes mes économies, et puis après, ma pauvre fille (chère enfant, je n'oublierai pas cela quand je vivrais cent ans), ma pauvre fille a fait travailler mon chien pour gagner de l'argent. Cet état leur a réussi à tous les deux, jusqu'à ce qu'un soir, la veille de l'arrivée de Robert, je suis allé me promener avec un ami. J'ai caché à ma Claire que je sortais, de peur de l'inquiéter : c'était la première fois. Je n'y tenais plus; je voulais voir ce rival de Pompée, qui avait le talent d'attirer la foule, comme un comédien de Paris. Quelle a été ma surprise en reconnaissant mon chien! j'en ai pleuré d'orgueil! Pompée ne pouvait être vaincu que par Pompée; mais j'ai éventé le mystère. Claire n'a plus osé montrer l'animal, une fois qu'elle a été connue. Heureusement mon neveu est arrivé. Tout cela a été à merveille pendant trois semaines, jusqu'à ce qu'on ait fait une promotion de sous-officiers. Robert espérait être sergent-major; je lui avais promis sa cousine lorsqu'il aurait sa nomination; il ne fut point porté sur la liste. Depuis ce moment, il devint rêveur et taciturne. A l'exercice, il y a un mois, pendant un repos, il entendit un officier parler en termes très-légers de ma fille, à cause de cette aventure de Pompée et de leurs sorties du soir. Sa colère, contenue si longtemps, éclata alors. Il injuria son chef, celui-ci lui répondit brusquement; il riposta, et bref, devant tout le régiment assemblé, Robert lui arracha ses épaulettes et les lui jeta au visage. Vous connaissez les lois militaires, mon colonel; le conseil de guerre s'est assemblé, l'insubordination a été prouvée, les témoins ne manquaient pas, et il a été condamné à mort. Aujourd'hui, dans une heure, on le fusille. J'ai tout fait pour obtenir sa grâce; les juges ont été inflexibles. Je n'ai su que leur répondre, car il est coupable. Que va devenir ma pauvre fille quand je n'y serai plus? Cette idée-là ne sort pas de ma tête. Je l'ai laissée en prières, et je lui ai promis que j'assisterais aux derniers moments de son fiancé. J'en dois compte à deux personnes, à elle et à ma malheureuse sœur, qui perd aussi son seul appui. Si vous aviez été ici, peut-être vous eussiez pu quelque chose, vous, mon colonel; vous eussiez demandé, au moins, j'en suis sûr, et qui sait? on ne vous aurait peut-être pas refusé; mais à présent il est trop tard, hélas! »

Le colonel essaya de donner quelques consolations au vieux soldat, ou du moins, de raffermir son courage par les phrases ordinaires en pareil cas.

« Je vous remercie, mon colonel, de votre bonne intention; mais il n'y a que le bon Dieu qui puisse quelque chose à cela. J'aperçois le régiment qui s'avance; le curé est auprès de mon infortuné neveu; je vais y aller aussi, on me l'a permis; on sait que je ne suis pas une poule mouillée. Adieu, mon colonel; si vous vouliez aller voir Claire, le ciel vous en récompenserait. »

Le régiment approchait en effet, le condamné au milieu. Derrière lui, Pompée, l'oreille basse, marchait tristement. De temps en temps il allait flairer les jambes de Robert, de celui qui avait élevé son enfance, et qu'il préférait même à Ancelin. Rien n'avait pu le séparer de lui depuis son arrivée; il l'avait suivi partout, en prison, au tribunal, et il l'accompagnait encore à la mort. Nous n'avons guère d'amis comme cela! En apercevant l'ancien sapeur, Robert lui tendit la main avec un faible sourire, Pompée remua légèrement la queue. Ancelin prit silencieusement place dans le cortége qui sortit de la ville et se rangea sur les glacis extérieurs. Là, Robert reçut la dernière bénédiction du respectable prêtre qui l'exhortait, demanda pardon à ses chefs et à ses camarades de la faute qu'il allait payer de sa vie, et se jetant dans les bras de son oncle, le chargea de ses derniers adieux pour sa mère et pour Claire. Tout le monde pleurait, le patient et ses innocents bourreaux. On sépara Robert du vieux soldat, et il marcha d'un pas ferme vers l'endroit où il devait recevoir la mort. Pompée le suivait toujours; nul ne pensait à lui, la pauvre bête, dans ce moment solennel! Le condamné refusa le bandeau, se mit à genoux, pria de nouveau, se releva ensuite, l'air assuré, la contenance ferme, présenta sa poitrine et dit :

« Je suis prêt. »

Trente balles partirent à la fois. Une d'elles frappa aux pieds de son maître, l'animal fidèle qui l'avait tant aimé, et, comme le répétait Ancelin plus tard, Pompée est mort de la mort des braves! Le vieillard eut un chagrin mortel de cette double perte; il languit encore une année et expira dans les bras de Claire. Celle-ci, se trouvant seule au monde, se tourna vers celui qui a pitié de toutes les misères et les accueille toutes. Elle se fit sœur de charité, pour que son existence fût encore utile à quelqu'un.

Voilà, ma chère Clémence, l'histoire du *grand Pompée;* vous la lirez, j'espère, avec intérêt. Puisse-t-elle vous rappeler une vieille amie, que vous trouverez toujours telle dans le présent et dans l'avenir! quand on a beaucoup vu et beaucoup souffert, on repose délicieusement sa vue sur une belle jeunesse comme la vôtre. Appréciez-la bien, conservez-la longtemps, et, sachez-le, les souvenirs les plus brillants ne valent pas un quart d'heure d'espérance.

LA CHAMBRE DU PROSCRIT.

A Mademoiselle * * *

Ce livre ne peut paraître sans que vous y ayez une place, ma chère petite, et bien que vous ne soyez pas nommée, vous n'ignorez pas que votre nom est dans mon souvenir, je vous aime et vous aimerai toujours comme autrefois. Je n'ai rien à vous enseigner, le malheur vous a instruite, cependant défiez-vous même de lui. Tout bon maître qu'il soit, il exagère quelquefois, et ses leçons se payent de notre vie. Vous si bonne et si pure, vous n'auriez pas dû souffrir. Dieu est juste et vous en dédommagera. Un pressentiment me dit que vous serez heureuse. J'en bénirai le ciel. Lisez cette histoire, mon enfant, ainsi que vous la lisiez quand j'étais près de vous. Conservez-vous ce que vous êtes, gardez votre cœur tel qu'il est, c'est un trésor que vous ne remplaceriez jamais.

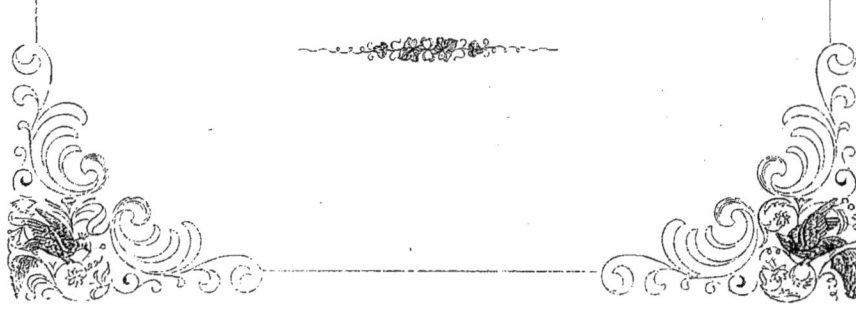

LA CHAMBRE DU PROSCRIT.

JE retrouvai l'autre jour dans mes papiers (car grâce à votre fantaisie de me faire conter, j'y cherche toujours), je retrouvai, dis-je, une lettre d'une charmante jeune fille, dont j'ai à vous parler aujourd'hui. Elle nous arriva à Sursée, un beau matin, avec un petit frère, toute seule et toute hardie, en vraie héroïne. Il ne lui restait pas un morceau de pain, elle demandait seulement de l'ouvrage. Des circonstances extraordinaires l'avaient retenue en France jusqu'au milieu de 93. Parvenue à s'échapper avec son grand-père, le seul parent qui lui restât, celui-ci tomba malade à la frontière et mourut après une courte maladie. Mademoiselle de *** (je ne vous la nommerai point par un motif que vous comprendrez sans peine, et parce qu'il existe encore beaucoup de gentilshommes du même nom), mademoiselle de *** se trouva seule, sans ressource, à vingt ans, belle comme le jour, et sans la moindre protection sur la terre.

Elle avait emporté une lettre de recommandation pour moi. Cette lettre venait de la marquise de Chasteigner, mon ancienne et bonne amie, laquelle avait été sacrifiée à la fureur révolutionnaire. A propos de la marquise de Chasteigner, si vous passez par le Poitou, dans vos courses de chaque année, faites-moi le plaisir d'aller, pour moi, dire un adieu au plus joli château que je connaisse, à Touffou. Vous me remercierez de vous y avoir envoyée. Prenez un bateau, faites-vous conduire au milieu de la Vienne, en face de ce manoir, au clair de la lune, si cela se peut, et vous avouerez avec moi, qu'après Chambord et Chenonceaux, on ne peut rien voir de plus remarquable.

Touffou a été bâti sous François Ier, sans aucun doute, ou au plus tard sous Henri II. Je vous parlais tout à l'heure de Chambord, rien ne ressemble plus à Chambord, réduit aux proportions d'un particulier. Mais ce que Chambord n'a pas, c'est ce pays charmant, c'est cette rivière qui baigne ses tours. La famille de Chasteigner, à qui appartenait cette terre, est une des meilleures races de cette province, où il y en a tant de bonnes. Je l'ai vu depuis, Touffou, habité par un pauvre jeune homme, mort bien jeune et oublié bien vite.

Je radote encore, ma chère enfant, je vais d'un temps à un autre, d'une orpheline à un orphelin, hélas! et au milieu de tout cela je ne raconte point mon histoire. Pardonnez-le-moi, j'ai peu d'ordre dans les idées, et je suis bien vieille! Pour en revenir à mademoiselle de ***, elle se présenta chez moi, en arrivant à Sursée, couverte d'habits rapiécés, quoique parfaitement propre, et menant par la main son petit frère, qui pleurait de fatigue.

— Madame, me dit-elle, je suis mademoiselle de ***, je n'ai pas un ami au monde, pas une seule ressource, pas un toit où reposer ma tête, voici une lettre de la marquise de Chasteigner, voulez-vous m'accorder secours et protection? ce pauvre enfant et moi, nous vous le demandons à genoux.

Je la relevai, comme vous le pensez bien, et je lui offris l'hospitalité de bien bon cœur, dans ma petite maison ; mais elle voulut absolument travailler pour ne m'être point à charge, et elle se mit à peindre des camées, ce qu'elle faisait avec une admirable perfection. Sa tristesse était invincible. Je ne parvenais pas à la faire sourire. Quand je l'interrogeais, elle me répondait en hésitant et rejetait sur sa position délaissée les larmes qu'elle ne pouvait cacher ; mais j'avais trop souffert moi-même pour ne pas apprécier les souffrances des autres ; je devinai un chagrin de cœur sous cette excuse, et je me mis à étudier ma jeune compagne, pour tâcher d'apporter remède à cette blessure : je ne pus rien découvrir.

Elle me quitta après deux ans de séjour près de moi. Une cousine de sa mère lui offrait une position avantageuse chez une princesse allemande. Malgré la solitude où ce départ allait me laisser, je ne pus m'empêcher de m'en réjouir.

Les événements se succédèrent et je n'entendis plus parler de mademoiselle de ***. A ma rentrée en France, en 1814, j'étais depuis deux-mois rétablie dans mon hôtel, lorsqu'on m'annonça la maréchale duchesse de ***. Cette visite me surprit étrangement, je ne connaissais personne de la cour de Bonaparte ; je vivais presque seule, et hors mes révérences au roi et aux princes, je ne sortais guère de chez moi. Je vis entrer une femme d'une quarantaine d'années, fort belle encore, et suivie d'une jeune fille qu'à sa ressemblance je jugeai être la sienne.

— Vous ne me reconnaissez pas, Madame ? me dit la duchesse.

— J'ai de bien mauvais yeux et de nombreux souvenirs, Madame, excusez-moi.

— Est-ce que ma fille ne vous rappelle rien ? Regardez-la et cherchez dans votre mémoire.

Une image presque effacée traversa mon imagination.

— Oh ! certainement ! m'écriai-je ; mademoiselle me rappelle une des personnes les plus intéressantes que j'aie connues, une amie dont l'âge, si différent du mien, ne me permet pas de douter qu'elle ne m'ait oubliée.

— Vous êtes une ingrate, ma chère marquise, la preuve, c'est que la voilà devant vous, et qu'elle est venue vous chercher dès qu'elle a su votre arrivée.

— Quoi ! vous seriez ?...

— Mademoiselle de*** toujours reconnaissante de ce que vous avez fait pour elle.

— Oh ! madame la duchesse !

Je ne sais pas au juste s'il n'y avait point un peu d'ironie dans ce mot-là ! Elle le crut du moins.

— Ne marchons pas sur ce terrain, interrompit-elle, parlons du passé. Vous vous êtes donné beaucoup de mal pour m'amener où j'en suis, n'allez pas vous étonner que j'y sois parvenue sans guide. Mes soupirs, mes larmes, c'était le père de cette enfant qui les causait. Je l'aimais alors comme je l'aime aujourd'hui, malheureusement il n'était encore ni duc, ni maréchal de France !

— Ma chère duchesse, répliquai-je, en reprenant ma manière habituelle, dites-moi cela bien vite, il y a vingt ans que j'ai envie de le savoir.

— Très-volontiers, d'autant plus que c'est tout un roman. Je suis sûre qu'après cela vous ne refuserez pas de venir dîner demain chez moi et que vous serez enchantée de connaître M. le maréchal, vous avez le cœur si généreux !

Elle me raconta ce que vous allez lire, sinon dans les mêmes termes, du moins avec les mêmes détails.

« On a effacé de la carte de France tous les noms de province, on a morcelé ce beau royaume en quatre-vingt-six départements dont les noms ne rappellent aucun souvenir. Je ne puis me faire encore à cette réorganisation, comme on dit; moi, j'appelle cela une démolition.

Depuis douze ou quatorze siècles la France avait son caractère historique, le nom de chaque province rappelait une époque, et puis cette organisation par provinces avait quelque chose de grandiose et d'inhérent à la vieille gloire de la nation gallo-française. Chaque province était par elle-même un souvenir vivant, un grand souvenir. On pouvait suivre le développement du premier royaume de la chrétienté par l'énumération de ses noms antiques. Aujourd'hui, demandez à un étranger de quelle signification est pour lui le département du Calvados, par exemple, ou celui du Gard, ou celui de la Vienne? L'étranger vous répondra qu'il ignore complétement l'histoire de ces différents départements qui, dans le fait, n'en ont pas.

Puisque nous avons nommé le département de la Vienne, revenons au Poitou, cette bonne et charmante province, d'une physionomie si originale, mais si française cependant.

Je ne puis jamais me rappeler ce pays-là sans un certain battement de cœur. Pour moi, il est peuplé de souvenirs d'enfance. Ceux-là ne vieillissent jamais, ils reviennent toute la vie avec leur parfum juvénile, leur couleur rose et blanche, leur douce et rieuse physionomie.

Le Poitou est traversé par la Vienne, jolie rivière, très-poissonneuse et bordée de vertes prairies. C'est un pays de pâturages et dont les collines sont encore couvertes de bois; il y a telle vallée fertile en grains et en fruits qui ne le cède pas en richesse aux belles vallées de la Touraine. Des ruines féodales, des donjons, de vieux châteaux à moitié couverts de lierre, de gothiques églises, se groupent çà et là dans le tableau général, et animent le paysage.

Le Poitou a de tout temps passé pour une province fidèle à ses rois; depuis la Ligue jusqu'à la révolution de 89, la noblesse poitevine resta attachée à la bonne cause. On retrouve dans ce pays pittoresque les anciennes idées et les anciens usages. Une partie de la ville de Poitiers est encore construite en bois, comme les maisons du temps de Charles VII ou de François Ier. En haut de la rue de la Chaîne, dans la petite rue de la Prévôté, on voit un vieux bâtiment à toit pointu et à tourelles. Les ornements des fenêtres et des cheminées datent évidemment de la renaissance; ce castel, occupé maintenant par les Frères des Écoles chrétiennes, appartenait autrefois à la famille de.... et se nommait l'hôtel de la Prévôté. Une tradition fort accréditée dit que de grands coupables avaient séjourné dans ces murs et qu'ils avaient été témoins plus d'une fois de la justice infligée par le prévôt d'Aquitaine qui y tenait son tribunal. Lors des désastres de la révolution, la noble famille de.... émigra tout entière (1) et laissa

---

(1) Une des plus grandes fautes qui furent faites, au commencement de notre révolution, est, sans contredit et selon nous, celle qui poussa la noblesse française à l'émigration, et par conséquent à l'abandon de son roi et de son pays. Cette manie commença par le départ des princes; les personnes dévouées à leur fortune, ne voulant pas se séparer d'eux, se flattaient d'acquérir plus intimement leur confiance, et de les mieux conseiller loin de la France, qu'au dedans; celles-là partirent donc les premières. Les événements qui surgirent bientôt après, ajoutèrent à l'épouvante de la noblesse; et les égoïstes, au lieu de se rapprocher du malheureux Louis XVI, sinon pour le défendre, du moins pour le faire respecter, prirent la fuite et ne songèrent qu'à eux.

Les femmes qui toujours poussent, parmi nous, à toutes les folies, se mirent en tête de contraindre à l'émigration la totalité des gentilshommes du royaume, et employèrent les ressources nombreuses que leur donnait leur influence pour les amener à cet acte qui devint bien plus coupable lorsque la personne du roi fut sérieusement menacée.

On aura peine à croire quel était le but principal de l'émigration quand on saura que la vanité seule des courtisans leur persuada que leur absence anéantirait la nation, et que les bourgeois et les gens du peuple se considéreraient comme perdus, dès que les grands seigneurs les abandonneraient. Un autre calcul moins innocent était de désorganiser l'armée en lui enlevant la plupart de ses officiers. Eh bien, il ne fut rien de tout cela : on laissa partir la noblesse; des héros remplacèrent des hommes très-ordinaires; et nul ne s'inquiéta de ceux qu'on ne voyait plus et dont la fuite ne fut fatale qu'à eux-mêmes.

Au demeurant, la noblesse était déjà anéantie en France, avant son émigration; elle avait montré trop de faiblesse, trop de prétentions, trop d'incapacité pour conserver quelque influence. Brave individuellement, elle était, en masse, sans énergie. Il n'était pas un de ses membres qui eût refusé un duel, quelque chanceux qu'il fût;

son château à la disposition de la commune, qui ne manqua pas de s'en emparer et de le vendre au premier acquéreur venu. L'hôtel de la Prévôté échut au citoyen Legras, un des membres les plus influents du tribunal révolutionnaire, qui s'y installa avec sa famille, c'est-à-dire avec la citoyenne Legras et Paul, leur fils unique.

La citoyenne Legras était une ancienne demoiselle de compagnie de la marquise de Chasteigner, dont la mort fit tant de bruit en 93. Elle avait puisé près de cette noble femme les principes de religion et de morale les plus purs. Le citoyen Legras, alors M. Legras, procureur de la marquise, devint amoureux de cette douce et charmante fille et la demanda en mariage, non sans espérer que madame de Chasteigner, qui aimait beaucoup sa protégée, lui donnerait une bonne dot, ce qu'elle ne manqua pas de faire. Cette union fut heureuse, grâce au caractère angélique de madame Legras qui passait ses jours et ses nuits à prier pour son mari, dont les idées voltairiennes et démagogiques l'effrayaient ; aussi fit-elle tout ce qui dépendit d'elle pour éloigner ces principes de l'éducation de son fils. Elle le couvrit de son aile maternelle, elle lui fit apprendre par cœur, dès son bas âge, l'histoire des rois de France et l'Évangile, pour faire germer dans cette jeune âme les leçons dont elle avait été bercée. Quand

---

et pourtant, on les vit tous reculer et fuir, comme frappés d'épouvante, chaque fois qu'il fallut affronter un danger moral. Plus tard, cette noblesse se montra la même, et partout elle céda sans combattre ; toutefois, il nous faut excepter celle de la Vendée, parce que là elle se trouva appuyée sur la bravoure des paysans.

Dumouriez raconte dans ses Mémoires, qu'un valet de chambre de Louis XVI, voyant entrer chez le roi, Roland, chaussé de souliers attachés avec des cordons au lieu de boucles, s'écria : « Tout est perdu ! » Dumouriez ajoute que « il rit beaucoup de cette exclamation ». Nous autres, nous ne pensons pas comme le transfuge général, et tout nous sembla perdu, nous l'avouons, lorsqu'un ministre du roi ne craignit pas de se montrer chez le monarque dans un négligé que le respect aurait dû lui interdire. Certainement, le sort de la monarchie ne dépendait pas alors d'un cordon ou d'une boucle de soulier, mais il fut décidé, dès qu'on put se permettre d'oublier, en présence du souverain, ce qu'on appelle *l'étiquette* dont le prestige seul est le garant de tous les trônes.   (*Note de l'Éditeur.*)

Paul eut atteint l'âge de douze ans, elle obtint de son mari qu'il serait confié à un de ses frères, professeur à Heidelberg, dont la haute science et la piété profonde étaient connues de toute l'Allemagne. Heureusement M. Legras s'occupait plus de ses clients et des affaires publiques que de l'éducation de son fils. Il accéda donc à tout ce que désira sa femme, autant pour lui être agréable que pour plaire à la marquise, sans le conseil de laquelle madame Legras n'entreprenait jamais rien de sérieux.

La révolution éclata. Le procureur devint membre du comité de salut public et un des plus furieux jacobins de la province. Madame Legras faillit en mourir de chagrin, surtout lorsqu'elle vit la tête de sa bienfaitrice tomber sur l'échafaud. Son mari aurait pu sauver madame de Chasteigner, d'autant plus facilement que sa condamnation faillit faire éclater une sédition dans la ville de Poitiers. Cette respectable dame était si aimée et si considérée de tous, qu'il y eut clameur, quand le tribunal révolutionnaire la mit en jugement. On l'accusait d'accaparement, elle qui distribuait aux pauvres tous ses revenus et les nourrissait à sa terre de Touffou. Le citoyen Legras et ses dignes collègues savaient bien à quoi s'en tenir sur ces prétendues accusations ; mais ils savaient aussi que la marquise était riche, influente, et pouvait servir la cause des Bourbons de son crédit et de sa bourse. Ils la sacrifièrent. Son humble amie ne s'en consola jamais. Une nouvelle douleur vint l'atteindre : il fallut suivre son mari à l'hôtel de la Prévôté, propriété nationale et par cela même volée aux yeux de madame Legras, et elle vit revenir son fils, que le citoyen Aristide voulut avoir près de lui, *pour l'aider*, disait-il, *dans sa besogne*. De ce moment, la pauvre mère ne trouva plus une minute de repos. Tout le fruit des peines et des privations qu'elle s'était imposées allait lui échapper. Elle avait consenti à se séparer de son enfant, pour qu'il n'eût pas devant les yeux les pernicieux exemples de son père, et qu'il se conservât pur et exempt de toute souillure ; et on cherchait à le lancer au milieu des abominations de *la terreur*, de cette époque de sang et de larmes, qu'il faudrait effacer de notre histoire. Madame Legras se fia en la Providence et au bon naturel de Paul, pour le sauver de ces écueils, et se promit bien de veiller sur lui avec plus de soin que jamais.

L'intérieur de l'hôtel de la Prévôté est tout aussi délabré que l'extérieur. De grandes pièces presque toutes voûtées, des murs d'une telle hauteur qu'ils empêchent le jour de pénétrer, rendent cette habitation aussi triste que peu commode. Le citoyen Legras y fit apporter son mobilier, s'y installa, et y était tout à fait établi à l'arrivée de son fils. La chambre qu'on destinait au jeune homme donnait sur la cour, c'était la plus claire et la plus gaie de la maison. Sa mère l'avait ornée avec une certaine coquetterie, étrangère à cette demeure silencieuse. De jolis rideaux blancs entouraient le lit et cachaient les fenêtres. Un papier à fleurs couvrait les murailles. Un tapis de la Savonnerie, enlevé à quelque château des environs, fut cloué sur le carreau; enfin, tout, dans cette petite pièce, présentait à l'œil un certain confortable inconnu à cette époque, excepté aux plus hautes classes de la société.

Dans un petit passage, conduisant de la cour au jardin, se trouve un immense puits ; il a plus de deux cents pieds de profondeur et il faut vingt minutes pour tirer un seau d'eau. C'est sur ce puits que les plus belles légendes avaient été faites. C'était là qu'habitaient les génies et les fées, hôtes de ces antiques lieux. Paul, dès son arrivée, se mit à parcourir les recoins les plus sombres, espérant y découvrir quelques vestiges des traditions dont on avait bercé son enfance... ce fut inutilement. Élevé en Allemagne, son imagination, déjà portée au merveilleux et à l'exaltation, avait reçu une impulsion plus passionnée encore. Il ne vivait que dans les nuages, avec les sylphes, les gnomes, les femmes dévouées et les hommes fidèles. Pauvre enfant ! il croyait à l'honneur, au désintéressement, à la constance, dans les temps de calamité où sa destinée l'avait fait naître ; c'était se préparer des déceptions continuelles et une vie bien étrangement malheureuse. Son père et sa mère comprirent vite ces funestes dispositions : l'un s'en plaignait amèrement, l'autre s'en félicita.

— C'est un imbécile, disait le citoyen Legras, il ne fera jamais rien.

— C'est un ange, pensait tout bas l'excellente femme, ils ne pourront pas le corrompre. »

Une nuit, Paul ne dormant pas, la chaleur étant excessive, il se leva, ouvrit doucement sa fenêtre, pour ne pas éveiller ses parents, et se mit à respirer l'air derrière ses persiennes. Un jasmin montait le long du mur et portait jusqu'à lui ses suaves parfums, la lune brillait au ciel, aucun bruit ne troublait le silence, il rêvait délicieusement. Tout à coup il aperçoit une ombre blanche qui sortait du puits, et qui, après un moment d'hésitation, fit quelques pas dans l'allée. C'était une femme, et ce n'était point sa mère ! Il ne pouvait en croire ses yeux, et cependant il ne se trompait pas ; il l'avait vue montrer peu à peu sa tête, ses bras, sa longue robe, regarder timidement autour d'elle et s'avancer ensuite vers la maison. Son cœur battait à briser sa poitrine ; était-ce une apparition ? était-ce un être vivant qu'il avait devant les yeux ? Il ne pouvait s'en rendre compte. Quelle qu'elle fût, cette personne fit plusieurs fois le tour du jardin, s'arrêtant de temps en temps pour regarder les étoiles, respirant avec bonheur, comme un oiseau échappé de sa cage. Il y eut un instant où, la lune donnant directement sur son visage, Paul vit que c'était une belle jeune fille, pâle, avec de longs cheveux noirs, sans poudre, et qui, mal attachés sur sa tête, retombaient en boucles sur ses épaules. Elle était vêtue de ce qu'on appelait alors un déshabillé en mousseline claire, et tenait à la main une belle branche de lis.

Elle resta ainsi jusqu'au jour : Paul ne pouvait se lasser de la regarder. Il n'osait faire un mouvement, dans la crainte de faire disparaître cette vision enchanteresse. Dès que l'aurore commença à poindre, elle se retira à pas lents jusqu'à l'entrée du puits et s'évanouit avec la même rapidité que si elle s'y fût précipitée.

Paul se croyait le jouet d'un songe. En effet, comment supposer qu'une femme se fût introduite la nuit dans la maison, pour se promener dans le jardin? Comment croire surtout que cette femme pût sortir de ce puits, dont nul n'avait jamais connu la profondeur? Aussitôt que le jour fut tout à fait venu, il descendit, regarda le puits, ses environs, les seaux encore attachés aux colonnes de fer, et il acquit la certitude qu'aucun être vivant ne pouvait descendre dans ce gouffre sans y trouver la mort. Alors il lui fallut croire à une apparition surnaturelle. Son imagination, exaltée par ses études, par l'époque d'émotions à laquelle il vivait, bâtit tout un roman sur ce qu'il avait vu. C'était quelque victime de la révolution qui revenait errer autour de cette demeure; peut-être était-ce aussi une malheureuse jeune fille sacrifiée à ces tortures dont on accusait le prévôt d'Aquitaine. Quelle qu'elle fût, elle lui avait paru une céleste beauté. Il ne pensa pas à autre chose et attendit la nuit avec impatience, pour voir si la même circonstance se renouvellerait.

A minuit, il était déjà depuis longtemps à son poste, lorsqu'il aperçut au-dessus de la margelle la tête brune de la jeune fille, qui s'élevait avec précaution; bientôt ses épaules et sa robe blanche se montrèrent également: ce n'était point une erreur, elle sortait du puits. Elle se promena comme la veille, avec un lis à la main. Elle en respirait le parfum, elle en contemplait les fleurs, et semblait pour ainsi dire l'entourer d'hommages. Paul se pencha en avant pour la mieux voir; il fit un léger mouvement qu'elle entendit sans doute; car effrayée, elle regarda autour d'elle, prit la fuite et disparut... dans le puits. Le jeune homme passa toute la journée du lendemain à chercher les moyens de se cacher près de ce puits mystérieux. Il découvrit une espèce de niche pratiquée dans le mur, qui servait au jardinier à serrer ses outils. De là, il dominait la cour et le passage ; il fut donc bien sûr que rien ne pourrait lui échapper. A la même heure que les deux jours précédents, et de la même manière, à trois pas de lui, il vit la même chose ; la margelle s'entr'ouvrit, l'ombre blanche se montra, et la pierre se referma aussitôt qu'elle eut touché la terre.

Il y avait de quoi devenir fou ; il ne pouvait révoquer le témoignage de ses yeux. Craignant de perdre le bonheur dont il jouissait à contempler ce beau fantôme, Paul ne fit pas un mouvement ; il resta de la sorte plus d'une heure, bien résolu à lui adresser la parole, à savoir enfin qui il était et ce qu'il désirait de lui. Car il se crut appelé à quelque grande destinée, et ne douta pas que ce ne fût par une permission toute particulière du ciel, qu'il se trouvait ainsi initié aux secrets de l'autre vie. Mais quand il vit approcher le spectre, toute sa résolution s'évanouit ; il y avait tant de douleur et de mélancolie sur ce visage de femme, qu'il ne put compter sur son salut. C'était une âme en peine, une coupable sans doute, mais une coupable si belle ! Elle échappa à ses regards à la même place et de la même façon ; seulement la branche de lis qu'elle tenait à la main tomba sans qu'elle s'en aperçût : Paul allongea le bras et la saisit.

Le matin de ce jour, sa mère entra dans sa chambre et lui demanda de ses nouvelles d'un air inquiet. Paul rougit malgré lui. Il pensa qu'elle avait deviné sa préoccupation et qu'elle se raillerait de lui si elle en connaissait le motif.

— Tu dors bien peu, mon enfant, lui dit-elle ; je t'entends sortir de ta chambre la nuit ; aussi tu es pâle et changé. Qu'as-tu ?

— Rien, ma mère, je vous assure.

— Pourquoi me le cacher : tu souffres ?

— Pas plus que de coutume, en vérité. Il fait si chaud ! j'ai seulement mal à la tête.

— Oh ! mon Dieu ! je le crois bien ; ces lis...

— Laissez, laissez, ma mère, ne touchez pas à cela.

— Et d'où te viennent, mon fils, cette vivacité et ce subit amour pour une fleur proscrite?

— C'est vrai, j'aime les lis pour tout ce qu'ils me rappellent; et vous-même, ma mère, ne les aimez-vous pas aussi?

— Que Dieu nous les rende, mon fils! qu'il mette un terme aux calamités qui nous désolent! Cependant l'odeur de cette fleur est trop forte pour cette petite chambre. Il faut ôter ce vase.

— Ma mère, n'existe-t-il pas des légendes singulières sur le puits de cette maison?

— Paul, tu m'en as déjà parlé vingt fois.

— Oui, mais vous les connaissez mieux que moi encore. Quelles apparitions se présentent le plus souvent, au dire de vos historiens?

— Une jeune fille vêtue de blanc, prétend-on. C'était la fille de je ne sais quel prévôt; son père fit mourir son amant autant par vengeance que par justice. Désespérée, elle se précipita dans le puits. On assure que toutes les nuits elle erre dans le jardin. Je suis venue ici souvent avec madame la marquise, du temps de la famille de***; voilà trois ans que j'y habite, et je n'ai jamais vu de fantôme.

Le jeune homme regarda sa mère, réfléchit un instant, et dit:

— Eh bien, ma mère, si vous voulez me promettre le secret, si vous voulez surtout me promettre de ne pas vous railler de moi, je vous dirai quelque chose à cet égard.

— Tu sais bien, mon enfant, que tu peux tout me confier.

— J'ai vu cette jeune fille, moi!

— Oh! mon Dieu!

— Je l'ai vue, et deux nuits de suite. Croyant que je me trompais, je me suis caché dans le passage, et je l'ai vue sortir de la margelle et y rentrer.

— Mon enfant, c'est impossible!

— C'est possible, car cela est; je ne suis ni superstitieux ni fou, et je l'ai vue, vous dis-je, ma mère; vue comme je vous vois.

Madame Legras devint pâle. Elle prit la main de son fils, la serra fortement, et lui dit avec une solennité inaccoutumée :

— Tu m'aimes bien, mon Paul, n'est-il pas vrai, et tu ne voudrais pas affliger ta mère? Il faut donc que tu me promettes une chose, et que tu me la promettes sur-le-champ. Tu ne quitteras plus ta chambre la nuit. Pardonne à mon inquiétude. Ou tu es le jouet d'une imagination en délire, et tu dois te hâter de mettre un terme à ces dangereux rêves; ou ce que tu as vu est véritable. Dans ce cas, mon ami, ce sont des mystères au-dessus de notre faible intelligence. Ne tentons pas Dieu et ne cherchons pas à le pénétrer. D'ailleurs, la présence de cet être malheureux ne peut apporter que de mauvais présages. Je suis mortellement effrayée de tout ceci, et le temps où nous vivons justifie mes craintes. Mon ami, n'est-ce pas, tu ne sortiras plus ainsi pour t'exposer à ces terribles apparitions? je frémis rien que d'y penser.

Paul sourit imperceptiblement.

— Pourtant, ma mère, ce revenant ne m'a point fait de mal.

— Non, mais je suis sûre qu'il n'annonce rien de bon.

— Vous le voulez, ma mère?... je ne sortirai plus.

— Merci, cher enfant; tu ne sais pas quel bien tu me fais; je vais prier pour toi, hélas! c'est tout ce que je puis!

Paul descendit au jardin et se mit à parcourir les allées avec un empressement qui tenait de l'agitation; il cherchait sur le sable l'empreinte des pas légers d'une femme; malgré son extrême attention il lui fut impossible d'en découvrir la moindre trace; seulement, en examinant les touffes de lis, il reconnut parfaitement la branche qu'il avait ramassée la nuit; on voyait qu'elle venait d'être fraîchement cassée. Cet indice fit battre son cœur, en lui prouvant qu'il n'était pas le jouet d'un songe, et il attendit le soir avec impatience, bien résolu à percer ce mystère, en dépit des inquiétudes de sa mère et des promesses qu'il lui avait faites.

Il ferma la porte de sa chambre, ouvrit sa fenêtre et s'établit de nouveau en observation derrière les persiennes. A minuit, comme les jours précédents, la blanche figure se montra d'une façon tout aussi inexplicable. Elle regarda autour d'elle d'un air plus inquiet que de coutume et s'avança plus timidement. Rassurée sans doute par le silence profond qui régnait dans le jardin, elle commença à se promener et cueillit un bouquet à la même place que la veille. La lune l'éclairait tout entière; Paul la voyait à merveille, et ne pouvait se lasser de contempler ce beau et triste visage. Elle s'arrêta longtemps sous sa fenêtre, les yeux fixés vers le ciel, semblant y chercher une espérance ou un souvenir; ses belles mains tenant la branche de lis : on eût dit une vierge avant la maternité divine.

Le jeune homme se sentait tellement fasciné par cette étrange apparition, qu'il ne pouvait faire un mouvement. Tout à coup une idée, insensée peut-être, le frappa : il prit un crayon, traça sur un morceau de papier quelques mots à peine lisibles, et, les jetant à travers la persienne, il les laissa tomber aux pieds de la jeune fille. Celle-ci tressaillit, s'enfuit et disparut comme une ombre.

Paul s'était retiré vivement en arrière, aussitôt qu'il avait lancé le papier; ce mouvement involontaire, causé sans doute par la crainte d'effrayer l'inconnue, l'empêcha de voir sa terreur; et, lorsqu'il se remit à la fenêtre, il ne l'aperçut plus, sa lettre était restée à la même place. Dès ce moment il ne douta plus qu'il ne fût en proie au délire de son imagination frappée.

Je ne crois pas qu'il y ait rien au monde de plus triste que la crainte de devenir fou. On comprend alors toute l'étendue de ce malheur; on le pèse, on le voit venir, on le sent pour ainsi dire; on se cramponne à ses idées, on les retient d'autant plus qu'elles s'échappent, et l'on finit par se persuader que la raison s'est déjà enfuie.

Ce fut là ce qui arriva à Paul, du moment où il redouta la folie au point d'en perdre le repos, la folie s'empara de lui. Il se renferma dans sa chambre, refusa d'en sortir, surtout la nuit, ferma hermétiquement sa fenêtre et se condamna à la solitude la plus absolue. Depuis minuit jusqu'à une heure du matin, à l'heure où l'apparition s'était montrée, il se cachait la tête dans ses mains pour ne pas la voir, et souvent encore il s'imaginait qu'elle restait debout près de lui, et qu'il la devinait à travers ses paupières. Sa mère, au désespoir, essaya tous les moyens pour calmer cette exaltation : tous furent inutiles, son état empirait de jour en jour.

Une nuit qu'il souffrait davantage, la chaleur étant excessive, il s'obstinait à tenir les fenêtres fermées : madame Legras, dont les regards ne le quittaient pas, s'apercevant qu'il manquait d'air et que ses joues pâlissaient, le conjura vainement de lui laisser ouvrir les croisées.

— Non ! répondit-il, non ! cela ne me fera point de bien, c'est au cœur que je souffre. Tenez, ma mère, je ne puis vous cacher davantage la cause de mes maux, peut-être cela me soulagera-t-il de vous la confier. Je suis fou. Oui, répond-il en s'apercevant qu'elle ne le croyait pas ! je suis fou. Vous savez, cette jeune fille dont vous m'avez parlé, eh bien ! je la vois sans cesse, je la vois partout ; si je refuse de laisser ouvrir ma fenêtre, c'est que je la verrais dans le jardin ; pourtant elle n'existe pas, c'est un fantôme, et je l'aime, de toute mon âme. Je sens ma raison qui s'échappe, j'essaye en vain de la retenir, il m'en reste juste assez pour m'apercevoir que je la perds ; c'est affreux, ma mère. Hélas ! où m'ont conduit des rêveries insensées ! Le Ciel n'aura-t-il pas pitié de moi !

La pauvre mère se mit à pleurer ; puis elle essaya de combattre les chimères que se créait son fils. Elle lui répéta que la maladie seule causait ses visions ; puis elle convint pourtant que la branche de lis était une preuve ; enfin elle assura que la jeune fille était vivante, puisque cela seul pouvait calmer l'imagination de Paul : c'est ainsi que sont les mères !

— Si elle est vivante, ma mère, qui est-elle ? que je la connaisse, que je la voie, qu'elle me parle, mon Dieu ! qu'elle me dise un mot ;

demandez-lui, vous, ma mère, pour sauver ma raison, elle ne vous refusera pas.

Madame Legras recommença à pleurer, apparemment sa puissance ne pouvait aller jusqu'aux gens de l'autre monde. Enfin le jeune homme, épuisé de fatigue, s'endormit, elle ne le quitta qu'après s'être assurée de son tranquille repos, et jusqu'à son réveil, aucun bruit ne troubla la solitude de sa chambre. Quand il ouvrit les yeux, la première chose qui frappa ses regards, ce fut une lettre posée sur son chevet; l'écriture lui en était inconnue; il l'ouvrit machinalement; elle ne contenait que ces mots :

« Calmez-vous, je suis bien près de votre demeure, écrivez-moi, « si vous voulez, je vous répondrai; tous les soirs à minuit, je pa- « raîtrai au jardin, mettez-vous à votre fenêtre, ne me parlez jamais, « ne cherchez pas à percer ce mystère qui m'environne, ou je ne re- « viendrais plus; déposez vos lettres auprès du puits, les miennes « vous parviendront sans que vous ayez besoin de vous en in- « quiéter. »

Paul relut trois fois ce billet, il ne fixait point son irrésolution, mais enfin, il était entendu d'elle, il pourrait lui écrire, il commença sur-le-champ. Sa lettre renfermait toutes les extravagances de la passion, tout le délire d'un amour pur et exalté. Le soir, selon sa promesse, le fantôme arriva, se plaça devant sa fenêtre, fit un signe de la main et disparut. La réponse qu'il reçut le lendemain contenait les conseils les plus sages, les protestations les plus sincères de dévouement, de reconnaissance, pas un mot d'amour! rien qui pût le guider dans ce dédale de conjectures, rien qui pût lui dire si l'objet de son culte était une femme, ou une ondine, ou une pauvre âme en peine. Il en fut ainsi tout le temps que dura cette correspondance; madame Legras, à laquelle il avait tout raconté, et qui jouit d'abord du mieux sensible arrivé dans l'âme de son fils, s'aperçut bientôt que ce remède, d'abord si efficace, était devenu un poison ; elle recommença ses veilles, ses prières, ses larmes coulèrent de nouveau, et son cher enfant dépérissait de plus en plus.

Cependant, les horreurs de la terreur continuaient. Il n'existait plus de sûreté pour les honnêtes gens en France. Ceux qui n'émigraient pas, se rendaient aux armées. M. Legras, inquiet lui-même des suites de la révolution, voulut y envoyer son fils, mais celui-ci refusait de quitter Poitiers; malgré les supplications de sa mère qui préférait pour lui la vie des camps, toute dangereuse qu'elle fût, à la perspective de l'échafaud, ou à la douleur de lui voir perdre la raison. Un matin qu'il s'éveillait plus tard que de coutume, il trouva une de ses lettres bien-aimées déposée auprès de lui aussi mystérieusement que d'habitude. Il l'ouvrit en tremblant :

« Partez, lui disait-on, allez aux frontières. C'est la dernière fois
« que je vous écris si vous restez ici. Obéissez-moi, et nous nous re-
« verrons. »

De tout temps, les amoureux ont été obéissants quand on leur promet de les récompenser. Aussi, Paul se trouva-t-il disposé à partir plus tôt même que sa mère ne l'aurait voulu, car au moment de s'en séparer elle sentait tout ce que cette absence avait de pénible. Cependant elle s'y décida, et Paul se mit en route pour l'armée du Rhin avec le projet de devenir un héros. On allait vite dans ce temps-là en conquêtes et en avancement. Le citoyen Legras gagna ses épaulettes et trois grades successifs à la pointe de son épée. Il parcourut toute l'Allemagne avec son régiment. L'empire le trouva colonel.

Un jour, il arriva en cantonnement dans un village de la Basse-Souabe et reçut l'ordre de s'y établir en attendant de nouveaux renforts. Son billet de logement le plaça dans le château du lieu, abandonné par les propriétaires et habité seulement, lui dit-on, par une émigrée française, en qualité de concierge. Depuis son départ de Poitiers, Paul avait assisté à tant d'événements qu'il s'était nécessairement distrait de son amour fantastique. Cependant, dès qu'il se retrouvait seul, ses idées se reportaient sur cette chimère nourrie avec tant de charmes, et comme le temps s'écoulait sans que les promesses de l'inconnue fussent accomplies, il ne comptait plus sur elle.

En arrivant au château, il s'enferma dans sa chambre, ainsi qu'il en avait l'habitude, afin de rêver à ses souvenirs et d'y chercher des espérances. Il fut surpris de trouver sur sa table des livres et des gazettes françaises; le domestique qui le servait lui parlait cette langue; il lui demanda l'explication de cette bonne fortune, celui-ci répondit que la concierge du château, mademoiselle de L.... l'avait fait venir exprès.

— Mademoiselle de L......! s'écria le colonel, est-elle de Poitiers?

— Oui, monsieur.

— Sollicitez de ma part la permission de lui présenter mes hommages, le colonel Legras, fils de madame Legras qu'elle connaît bien.

Le domestique revint et dit que Mademoiselle attendait le colonel au salon. Il s'y rendit avec empressement, et le premier regard qu'il jeta sur elle fit battre son cœur, il reconnut le fantôme de l'hôtel de la Prévôté. Mademoiselle de L.... sourit en rougissant et se troubla quand il lui fallut avouer son identité. Paul ne pouvait s'expliquer le merveilleux de cette affaire, il doutait du témoignage de ses sens et n'osait pas croire à la réalité de son bonheur.

— Je vais bien vite vous mettre au fait, Monsieur, afin d'apporter un terme à votre indécision. Ma famille possédait depuis des siècles la maison qu'habite aujourd'hui la vôtre. Lors de la révolution, elle fut vendue, comme vous le savez, et mon grand-père, mon petit frère et moi, seuls restes de notre antique race, nous nous trouvâmes exposés aux persécutions des terroristes. Votre excellente mère nous offrit de nous cacher. Il y a dans le puits de notre hôtel une chambre secrète, construite à l'époque des guerres de religion. On y descend par un escalier pratiqué dans la margelle. Une pierre tournante en ouvre l'entrée sur la cour. Une fenêtre cachée sous la saillie de la margelle lui communique un peu de jour et d'air. Cette pièce très-habitable et très-soigneusement tapissée de bois de chêne, n'était connue que de nous. Mon grand-père en révéla l'existence à madame Legras. Il était incapable de voyager dans ce moment-là, car il relevait à peine d'une grande maladie.

Nous nous enfermâmes dans ce triste asile. Notre ange protecteur fournissait à tous nos besoins. Je sortais chaque nuit pour respirer un air plus pur, ce fut alors que vous m'aperçûtes. Votre imagination fit de moi un spectre. Vous tombâtes malade... Madame votre mère, effrayée de votre égarement..... me supplia... de vous écrire... je le fis.... vous savez le reste. La santé de mon père se rétablit, nous émigrâmes, grâce à la protection de madame Legras; mon pauvre malade le devint de nouveau, je le perdis, hélas! il me fallut alors travailler pour vivre. On m'offrit une place auprès d'une princesse allemande, je l'acceptai, mais il me fut impossible de me soumettre à ses caprices. Désirant cependant m'être utile, elle m'envoya ici avec mon frère, en qualité de concierge. J'y suis seule presque toute l'année, j'y vis tranquille, sinon heureuse, attendant que la Providence me permette de rentrer dans ma patrie en y ramenant nos princes. Voilà, monsieur, l'explication que vous désirez, j'espère que maintenant, vous ne me regarderez plus comme un fantôme.

— Que vous dirai-je, mon cher enfant? vous comprenez que ces pauvres jeunes gens s'aimaient, que mille liens les rapprochaient l'un de l'autre, qu'il ne fallait à cet amour qu'un peu de liberté et qu'elle ne lui manqua pas. Certainement, sans la révolution, mademoiselle de L..... n'eût jamais jeté les yeux sur M. Paul Legras ; mais que pouvait-elle faire de mieux dans l'état d'abandon et de dénûment où elle se trouvait que d'épouser un jeune homme bien élevé et en passe de faire son chemin? Le citoyen Legras était mort heureusement! et sa veuve méritait tous les égards possibles. Mademoiselle de L..... donna donc son cœur et sa main au jeune colonel, lequel, en récompense, la rendit parfaitement heureuse et la fit, quelques années après, maréchale et duchesse de R.....

Lorsqu'elle m'eut raconté tout cela, je me gardai bien de la blâmer. Elle obtenait la récompense de sa piété filiale exemplaire et de toutes ses vertus. Je la vois souvent, elle a marié mademoiselle sa fille à un de mes cousins, nous n'avons tous qu'à nous en féliciter.

Le puits, dont je viens de vous parler, existe encore dans l'hôtel de la Prévôté, à Poitiers. La chambre secrète est telle qu'aux jours de la persécution. Seulement, l'escalier est détruit. Un vieux couvreur, nommé *La Montagne*, y descendit en 1816 à ma prière. Il retrouva la chambre lambrissée de chêne, ne prenant de jour que sous la margelle et dans un état parfait de conservation. Vous pourrez vous en assurer à votre premier voyage en Poitou. J'aurai l'occasion de vous reparler encore de ce pays et des souvenirs qu'il renferme. Il est peu de provinces où notre histoire ait laissé plus de traces. Malheureusement, peu de savants se sont occupés de les mettre en relief. Grâces à Dieu, je ne suis pas savante, mais *je me souviens,* et c'est rare par le temps qui court...

LE CHEVALIER DE MALTHE.

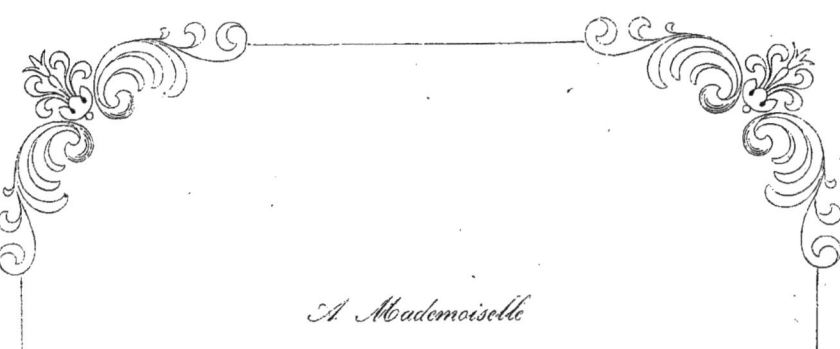

A Mademoiselle

MINA SHEPPARD.

Je sais que vous avez été parfaitement bien élevée, ma chère Mina, je sais que vous avez toute la raison dont votre âge est susceptible, mais lorsque vous n'aurez plus ce bel âge, vous comprendrez pourquoi je vous raconte cette histoire. Mon amitié pour vous me fait deviner les écueils qui se présentent dans cette voie, si difficile, où nous devons toutes marcher. Ils sont de bien des sortes, ils se cachent sous toutes les formes. Vous, que la nature a si complétement douée, vous devez être heureuse, sachez l'être, suivez les conseils qui vous ont guidée jusqu'ici, vous n'en trouverez ni de plus tendres, ni de meilleurs.

LE CHEVALIER DE MALTHE.

JOURNAL D'UNE JEUNE PERSONNE
ADRESSÉ A SA GOUVERNANTE.

Château de Rémigny, 3 mai 1824.

ous voilà loin, ma bonne amie; je suis seule dans ce grand château, seule avec mon père, toujours bien bon, bien tendre, mais à qui je ne saurais tout dire, et je vous disais tout à vous! J'ai beau faire, j'ai peur de lui. Quand il me demande avec son air si imposant : « Berthe, qu'avez-vous? » je réponds toujours : « Rien, mon père. » Comme si j'avais honte d'avouer que je regrette ma seconde mère, ma chère gouvernante, dont les conseils m'étaient si nécessaires, à mon âge, pauvre riche héritière que je suis! Je ne les oublierai pas ces conseils, je les suivrai de loin comme de près, et, pour que vous en soyez bien sûre, je vous écrirai chaque jour, je vous raconterai jusqu'aux plus secrètes pensées de mon cœur; vous m'encouragerez, vous m'aimerez, vous

me direz : Je suis contente, et cela me fera peut-être un peu oublier que vous n'êtes plus là.

Dans trois jours il viendra du monde ; il faudra faire la maîtresse de maison. Mon père ouvre sa porte à toute la province ; les prétendants et les prétendus vont pleuvoir à Rémigny ; il y en aura de toutes sortes. Cela m'amusera ; je n'en écouterai aucun jusqu'à ce que j'aie rencontré celui que *je dois* choisir. J'ai la certitude de ne point être contrariée là-dessus, et c'est beaucoup, n'est-ce pas ? Je ne serai point malheureuse comme vous ; je n'épouserai pas un mauvais sujet, qui me tourmenterait, me ruinerait, et pour couronner l'œuvre, me laisserait, à vingt-cinq ans, veuve avec trois enfants. Vous verrez, vous verrez comme je serai raisonnable. Adieu, ma bonne, ma chère madame Benoît ; à bientôt, à demain peut-être.

5 mai.

Dieu ! quelles journées, ma bonne ! je n'en puis plus ! Imaginez que j'ai quinze personnes ici depuis avant-hier ! Quinze personnes que j'ai logées, nourries et amusées tout aussi bien que si je n'avais eu que cela à faire. Mon père est enchanté, mes hôtes aussi, à ce qu'ils disent ; pourtant je ne suis qu'une *petite fille*, à ce que prétend la comtesse de Mantries, qui veut que son fils attrape ses vingt-trois ans pour me donner la permission de grandir ; elle y perdra son temps, soyez tranquille. Vingt-trois ans ! quelle folie ! Si vous voyiez les airs de ces bonnes gens autour de moi, c'est curieux ; tous ont un intérêt plus ou moins direct à me faire la cour : les jeunes gens pour eux-mêmes ; les vieux, les femmes pour leurs fils, leurs frères, leurs neveux. Je m'en divertis fort. Néanmoins, il y a des moments où toutes ces adorations me tourneraient la tête si je ne savais pas fort bien qu'elles s'adressent à ma fortune. C'est une belle chose que la fortune ! on peut faire des heureux en la partageant avec ceux qui en manquent ; cela vaut mieux que de faire *un heureux* en la lui donnant toute. Vrai, je crois que je ne me marierai pas ; je suis si tranquille, si contente ainsi ! Il ne me manque que vous !

Hier, mon père m'a prévenue que l'abbé de Galais lui recommandait un jeune homme qui est arrivé ce matin et qui a *l'audace* de prétendre à ma main. J'ai promis de le bien recevoir, c'est-à-dire d'être polie envers lui, comme envers les *quatorze chevaliers* qui sont déjà sur les rangs. L'abbé de Galais a beau dire, je ne veux pas plus de celui-là que du comte de Mantries ; il a vingt-cinq ans et les cheveux rouges !

Un autre a vingt-huit ans, avec des tons de fatuité insupportables !

Un troisième, vingt-sept ans, et les genoux en dedans !

Un quatrième, vingt-six ans, et des cravates lilas brodées de bleu !

Un cinquième, vingt-deux, et il parle quatre langues à la fois, ce qui fait qu'on n'entend jamais que le quart de ce qu'il dit.

Je n'en finirais pas si j'énumérais tous leurs défauts, avec leur extrait de naissance par-dessus le marché. Quel dommage que vous ne les connaissiez pas ! Je vous quitte ; on sonne le couvert, et je vais mettre une belle robe de mousseline, avec des nœuds roses, qui me vaudra bien des compliments. Plaignez-moi et consolez-moi ; je suis toute seule au milieu de ce monde.

27 mai.

Mon père est arrivé ce matin avec une litanie de noms. Ma chère amie, je ne lui ai pas laissé le temps de finir ; j'ai refusé par mesure générale ; le comte de Mantries, le protégé de l'abbé de Galais, tous ont eu le même sort; il n'y en a pas un au-dessus de trente ans. Mon père a été bien bon; il a ri de ce parti pris, en m'assurant de nouveau qu'il ne me tourmenterait pas et que je choisirais tout à mon aise. Je l'ai embrassé sur les deux joues, et il n'a plus été question de rien entre nous. Mais au déjeuner il fallait voir les figures; ceux qui avaient été repoussés en personne n'osaient lever les yeux de leur assiette, ils prenaient un petit air honteux qui les rendait parfaitement ridicules; les plénipotentiaires, au contraire, portaient la tête haute, avec une fierté sans pareille; ils m'accablaient d'épigrammes, de sarcasmes, et ne mangeaient que du bout des dents. C'était un spectacle curieux. En sortant de table, nous avons vu défiler dans la cour les *poulaillers* et les *carrioles* de ces malheureux; ils ont pris congé, sont montés dedans, et fouette, cocher! La calèche de la comtesse de Mantries, attelée de deux chevaux borgnes, a fermé la marche; elle m'a saluée aussi cérémonieusement que possible et m'a souhaité d'une façon héroïque une belle destinée, avec une physionomie qui disait clairement qu'elle souhaitait beaucoup de m'arracher les yeux. Après leur départ, je me suis sentie plus leste, plus dégagée; j'ai fait trois lieues au galop dans le parc, seule avec mon cousin Adolphe, qui me parle toute la journée de son amour pour madame de Lagny, la plus belle veuve du département. Il rit comme un fou de mes adorateurs et se réjouit de les voir chassés. Nous voilà en famille jusqu'à nouvel ordre; cela me laisse au moins le temps de respirer.

5 juin.

Ma chère, voici bien autre chose, et ceci devient sérieux. Ce soir, après dîner, mon père m'a pris le bras, au moment où je me disposais à sortir avec Adolphe; il m'a emmenée dans son cabinet, et, après m'avoir fait asseoir :

« Vous savez combien je vous aime, Berthe, m'a-t-il dit.

— Mon bon père, ai-je répondu en lui sautant au cou, vous me le prouvez à chaque instant.

— Eh bien ! vous ferez quelque chose pour moi.

— Tout ce que je pourrai, mon père.

— Écoutez-moi donc sérieusement. Vous êtes fort jolie, ma fille ; je ne crains pas de vous le répéter, parce que vous ne le savez pas trop ; vous avez de l'esprit, des talents, vous êtes fort riche, fille unique, et je vous adore. Ces conditions réunies mettront toute la France à vos pieds ; vous n'aurez qu'à choisir. Jusqu'ici, vous dites *non* à tout ce qu'on vous propose, sans examen, sans réflexion, uniquement parce que cela vous amuse, et que, vous trouvant heureuse avec moi, vous ne voyez pas au delà. Mais cela ne peut durer ainsi ; il faut vous marier. Je sais que mademoiselle de Rémigny ne peut pas épouser tout le monde ; je sais qu'à dix-sept ans, on n'est pas pressé de se donner des chaînes. Pourtant, est-ce bien là la vraie raison ? N'avez-vous pas bâti dans votre cœur ou dans votre tête un beau roman avec un héros à épaulettes ou quelque poète mourant d'amour ? Avouez-le-moi franchement ; nous aviserions au moyen de le réaliser. S'il n'est pas par trop stupide et s'il y a possibilité pour un père qui se respecte de vous contenter, soyez certaine que j'y ferai tout ce que je pourrai. Voyons, répondez-moi.

— Vraiment, mon père, vous me confusionnez. Je n'ai absolument rien à vous répondre, parce que je n'aime personne, que je ne veux aimer personne, et que, bien loin de bâtir un roman, je désire que mon existence et mes idées soient toujours dans la vie réelle.

— Cela est bien sûr ?

— Très-sûr, mon père ; je n'ai pas l'habitude de vous tromper, et bien moins encore dans des occasions graves comme celle-ci.

— Alors, si je vous propose un parti, rien ne vous empêchera de l'accepter, quand je vous aurai dit que je le désire?

— Cela dépend, mon bon père; il faut que je le désire aussi un peu, moi.

— Vous seriez bien difficile vraiment! Voulez-vous être duchesse, avec un mari de vingt-huit ans, beau, bon, spirituel, charmant, et très-riche, ce qui ne gâte rien?

— Non, mon père, répondis-je sans hésiter.

— Non! Eh mon Dieu! pourquoi? »

J'allais lui raconter votre histoire, lui déduire les raisons et les exemples qui m'avaient fait prendre la résolution de ne point épouser un jeune homme, quelque adorable qu'il fût; mais je le regardai. Sa physionomie exprimait une surprise si douloureuse, une colère si violente, que je ne voulus pas mêler votre nom à tout cela. Je crois que dans ce moment, il ne vous eût pas pardonné les principes que je dois à votre amitié éclairée. Je pris la faute à moi seule.

« Parce que, mon père, ce duc-là m'emmènerait à Paris, à la cour, et que je ne veux ni de Paris ni de la cour. Je ne quitterai pas mon père et Rémigny.

— Prenez garde, Berthe; ceci ressemble à un caprice et je ne vous en passerai jamais d'aussi étranges, malgré ma faiblesse pour vous.

— Ce n'est point un caprice, c'est une décision arrêtée.

— Je ne le comprends pas ainsi, mademoiselle, et puisque vous ne voulez pas entendre la raison, vous entendrez *mes ordres,* et vous y obéirez. Je vous ai laissée libre de refuser les gens que vous aviez vus parce qu'ils pouvaient ne pas vous plaire, mais encore faut-il les connaître pour savoir s'ils vous plaisent. Le duc de Senoncourt vous fait l'honneur de vous demander en mariage. Ainsi que je vous l'ai dit, il réunit tout ce qui peut assurer le bonheur d'une femme. Je lui ai permis de venir vous faire sa cour, je l'attends demain; il nous sera présenté par l'abbé de Galais. Vous aurez la bonté de le bien accueillir, et avant de le refuser, vous réfléchirez, s'il vous plaît, qu'un semblable parti ne se retrouve pas deux fois dans la vie. »

En disant cela, mon père se leva et sortit sans me regarder.

Que pensez-vous de cette conversation, et n'est-ce pas là une jolie manière de me faire aimer ce duc de Senoncourt? Il va venir demain; jugez quelle figure je lui ferai, et comme je serai embarrassée, maintenant que je sais pourquoi il vient! Que lui dirai-je? que répondre à un homme très-convaincu qu'il ne sera pas refusé, et peut-être croyant me faire beaucoup d'honneur? Un duc! cela s'imagine que nous rêvons la pairie et le tabouret! En vérité, je n'y ai jamais pensé, et je ne vois pas le beau plaisir qu'il y a à s'entendre appeler Madame la Duchesse. Ce qui m'afflige le plus, c'est que je n'ai pas le temps de vous consulter. Il vient demain! il faut me conduire par mes seules lumières. Je tâcherai de si bien faire que vous serez contente de moi. Je vous rendrai compte sur-le-champ de cette grande entrevue. Mon Dieu! que j'ai peur!

4 juin.

Avant de me coucher, ma bonne amie, je veux causer avec vous. Quelle journée! je ne l'oublierai de ma vie. Mon père ne m'a pas adressé la parole au déjeuner; lorsque je suis allée l'embrasser le matin, il a posé froidement ses lèvres sur mon front. Au moment où je remontais dans ma chambre, toute triste de cette indifférence, il me rappela.

« Avez-vous donné vos ordres au maître-d'hôtel? Vous savez que j'ai du monde à dîner?

— Oui, mon père.

— Vous serez habillée et descendue au salon à cinq heures ; vous aurez soin de faire une toilette convenable. Je vous en ai dit le motif. »

Adolphe me regarda alors avec une si drôle de figure, que, malgré ma tristesse, je fus prête à éclater de rire. Il ne comprenait pas cette sévérité inaccoutumée, et surtout la solennité de ces discours l'étonnait. Il me suivit et me demanda dans l'escalier, ce qu'il y avait de nouveau.

« Il y a de nouveau, mon cousin, qu'on veut me faire duchesse, et qu'à cause de cela, il faut que je me pare comme une châsse.

— Eh bien ! où est le mal ? parez-vous. Moi aussi, je m'occuperai de ma toilette ; madame de Lagny vient dîner.

— Oui, et vous avez bien envie d'en faire une vicomtesse de Rémigny. Je vous souhaite meilleure chance qu'au duc de Senoncourt. »

Nous nous séparâmes ; je rentrai chez moi et je me mis à pleurer : charmante préparation à se faire jolie ! Ma femme de chambre vint m'habiller. Faut-il tout vous dire ? Je choisis la robe qui me va le mieux. Malgré moi, je sentais que, sans vouloir accepter le duc, je n'étais pas fâchée qu'il me regrettât. Je venais d'attacher ma ceinture quand un courrier entra dans la cour et fut bientôt suivi d'une voiture attelée de quatre chevaux de poste qui brûlaient le pavé. Je me mis à la fenêtre derrière mon rideau, pour voir descendre les arrivants. Ma bonne, c'est que ce duc de Senoncourt est vraiment fort joli homme ; l'abbé de Galais le précédait. Pourquoi mon cœur battait-il à l'aspect de ce nouveau prétendant, lorsqu'il était resté si tranquille près des autres ? C'est que j'en avais une peur effroyable. Ne m'était-il pas ordonné de l'aimer ?

Mon père me fit prévenir ; il fallut descendre. J'aurais préféré marcher au supplice. Jugez donc : entrer dans ce grand salon toute seule, et m'y trouver en face de M. de Senoncourt, de mon père, de cet insupportable abbé, qui ne sera content que lorsqu'il m'aura mariée plutôt trois fois qu'une ! Je crus que j'allais me trouver mal ; je devais avoir l'air d'une pensionnaire de province.

« M. le duc de Senoncourt, Berthe, me dit en grande cérémonie le marquis de Rémigny, M. l'abbé de Galais veut bien nous faire l'honneur de nous le présenter. »

Je saluai très-bas sans savoir si j'aurais la force de me relever, une vraie révérence de l'ancien régime. Cela sentait la duchesse d'une lieue ; je le compris, et je devins dès lors plus bête que tout un carré de choux.

« Monsieur votre père a eu l'extrême amabilité de m'engager à visiter ce manoir historique, ainsi que j'en avais témoigné le désir à mon bon et ancien maître, M. l'abbé de Galais, et je m'estime trop heureux de cette permission pour ne pas en profiter bien vite. »

Ceci fut dit avec une grâce extrême, et je ne puis pas vous exprimer la reconnaissance que j'en ressentis. C'était me mettre à mon aise en éloignant toutes les idées de première entrevue, qui sont stupides et ridicules au dernier point. Je levai les yeux vers le duc pour l'en remercier, et je rencontrai un regard perçant, bon et spirituel à la fois. Je rougis et je me tus ; c'est tout ce que je sus faire. L'abbé s'approcha de moi d'un air triomphant, pendant que M. de Senoncourt et mon père examinaient mon grand portrait de Gérard.

— « J'espère, ma belle ennemie, que vous ne m'en voulez plus et que je répare dignement une faute passée.

— Taisez-vous, vous êtes un homme atroce. Vous ne pourriez donc pas me laisser tranquille au lieu de vous aviser de me donner un nouvel accès de fièvre matrimoniale ? Mon cher abbé, pour l'amour de Dieu, que ce soit le dernier. Je n'en veux plus, je suis lasse de faire la cruelle et de refuser toujours. Pour vous faire tenir tranquille, dites d'avance *non* à tous ceux qui auront seulement une idée de venir à Rémigny. Ou je ne me marierai pas, ou j'épouserai un homme que je choisirai toute seule, sans que personne s'en mêle.

— Vous ferez quelque sottise !

— Tant pis. Ça ne regarde que moi et mon mari.

— Vous épouserez quelque godelureau qui vous rendra malheureuse et vous ruinera.

— Non, monsieur; je hais autant les godelureaux que les conseils.

— Qu'avez-vous à reprocher à celui-ci? N'est-il pas jeune, n'est-il pas beau, n'est-il pas spirituel?

— Je ne le veux ni beau, ni jeune, ni spirituel.

— Mais alors que vous faut-il?

— Un bossu, si ce bossu me plaît et m'agrée. Qu'avez-vous à répondre?

— Rien, rien ; c'est sans doute une fantaisie d'héritière. »

Mon père et le duc revinrent de notre côté. Pendant qu'il marchait vers moi, je regardais *tout bas* mon prétendu. Ma chère madame Benoît, il réalise tout à fait l'image que je me suis créée de Malek-Adhel ; c'est le seul héros de roman que je connaisse, hors ceux de Walter Scott, et c'est celui qui m'a toujours le plus séduite. Je vis que mon père me suivait de l'œil, je pensai qu'il cherchait à deviner mes impressions; je devins impénétrable comme un diplomate.

La conversation s'engagea alors sur les arts, sur le monde, sur tous ces sujets éternels qu'on passe en revue de toute éternité, avec plus ou moins d'esprit, surtout lorsqu'on est embarrassé et qu'on aurait bien autre chose à dire. Le duc y montra une convenance parfaite, une profonde instruction, une finesse de reparties charmante; il vint un moment où j'oubliai notre position et où je le trouvai réellement aimable. L'abbé de Galais me la rappela bien vite par un sourire triomphant. Je repris tout de suite ma sottise et mon embarras. Maudit abbé !

Il vint des voisins ; ce fut bien pis ! madame de Lagny me répéta le soir que tout le monde s'attendait à signer incessamment mon contrat de mariage, et que quelques-unes de ces dames iraient le lendemain à Tours commander leurs robes pour ces noces de Gamache. Voyez-vous quel chemin font les calomnies ! Je répondis hardiment qu'on se trompait, qu'il n'en était pas question ; elle me rit au nez, en me félicitant de mon choix et en m'assurant que la comtesse de Mantries et son grand bénêt de fils en crèveraient de dépit.

« Mon Dieu ! m'écriai-je, ma chère madame, je ne puis pas épouser tout le département ! »

On me fit chanter : je détonnai tout le temps ; on dansa : le duc vint réclamer la contredanse de *rigueur*. Tous les autres semblèrent s'être donné le mot ; pas un ne m'engagea, ils reculaient devant lui. Je brouillai les figures. Enfin, jamais vous ne vîtes une créature plus gauche, plus niaise, plus incroyablement ridicule.

« Je vais me dépêcher de le refuser, pensai-je, afin qu'il ne me refuse pas le premier. » Et tout cela pour cet abbé !

En nous retirant, le duc me souhaita le bonsoir comme un homme charmé de retrouver la solitude. Mon père le conduisit à son appartement ; je m'enfermai dans le mien, dans la crainte que ce digne père ne vînt recommencer la scène d'hier. Mais comme ma résolution était plus que jamais arrêtée, j'écrivis ces mots en ordonnant à Augustine de les porter dès le jour chez le marquis.

« J'ai vu M. le duc de Senoncourt, mon bon père, et je le refuse.

« Votre soumise et affectionnée fille,

« Berthe de Rémigny. »

Voilà comment s'est terminée cette épreuve. Je suis fière de ce que j'ai fait, car la tentation était forte, et si je n'avais pas été défendue par votre souvenir, j'y aurais succombé peut-être. Bonsoir, mon amie, je me couche, j'ai besoin de repos. Écrivez-moi que vous êtes contente, que vous approuvez ma conduite, et je serai consolée des faibles efforts qu'elle m'a coûtés. Je pense que cela sera fini ainsi; dans tous les cas, je vous tiendrai au courant.

6 juin.

Je ne conçois rien à mon père, mon amie; il a une façon d'être si étrange, que je ne le reconnais plus. Si Augustine ne m'avait pas assuré qu'elle lui a remis ma lettre à lui-même, je croirais qu'il ne l'a pas reçue. Il ne m'en a pas dit un mot. M. de Senoncourt est encore ici et traité de la même manière. Le marquis lui prodigue toutes ses bonnes grâces, toutes ses amabilités; rien n'annonce qu'il ait renoncé à son projet favori. Cela m'inquiète, car je ne céderai certainement pas. L'abbé a aussi changé de système; il ne me parle ni de mariage ni de son élève. Celui-ci est toujours le même, et maintenant que je ne le regarde plus comme un mari, je commence à être à mon aise avec lui. C'est réellement un charmant jeune homme, et, s'il avait seulement dix ou douze ans de plus, je me déciderais en sa faveur; mais à vingt-huit ans, quelle folie! Le danger est encore plus certain à cause de sa qualité de grand seigneur. Cette classe de gens a mille écueils pour un à redouter; je suis sûre que sa femme passerait sa vie à être jalouse et trompée. Il mène un fort grand train, il a des goûts de dépense très-prononcés, moi aussi: nous nous ruinerions. Il ne m'aimerait pas six mois; toutes les femmes se jettent à sa tête, à ce que dit l'abbé. Il a un tact rare chez un homme de cet âge; il trouve moyen de m'ôter toute gêne vis-à-vis de lui; il ne fait pas plus la cour à moi qu'à madame de Lagny, qu'à la vieille comtesse de Jaucourt. Il est galant pour tout le monde, et, si mon père ne m'avait pas instruite de ses prétentions, je les ignorerais complétement. De temps en temps néanmoins, un petit mot à mon adresse, que je comprends seule, me laisse voir qu'il s'occupe de *notre* avenir. *Notre* avenir! Pauvre garçon! cet avenir-là en fera deux bien séparés, je lui en réponds. Une seule chose me pique; je suis sûre qu'il n'imagine pas que je puisse le refuser; quand ce ne serait que pour cela, je n'y manquerais pas. Adieu, mon amie, ma mère; il faut que je m'habille pour monter à cheval; nous allons tous à Noirmoutiers. Adolphe est jaloux du duc; il prétend qu'il regarde trop madame de Lagny, ce qui rend mon cher cousin maussade à faire peur. Je ne sais plus maintenant ce que je vais avoir à vous écrire. Ce roman se complique; j'ai fait ce que je devais en prévenant mon père; maintenant, je ne m'occupe plus du reste; il adviendra de tout ceci ce qui plaira à Dieu et à M. le marquis de Rémigny, mon très-honoré père. Ce qu'il y a d'*invariable,* c'est que je ne serai jamais duchesse de Senoncourt.

10 juin.

Rien de nouveau, ma chère, c'est-à-dire aucun événement grave, car, pour les petits incidents, notre existence en est pleine. Le duc me semble installé au château indéfiniment; il n'est nullement question de son départ; au contraire, monsieur son oncle, le chevalier de Saint-Géran, vieillard fort agréable à ce qu'on assure, vient d'acheter Marsay et compte s'y établir. J'ai appris ainsi ce que j'ignorais; la magnifique terre de Senoncourt, ce domaine presque royal, n'est qu'à une vingtaine de lieues d'ici; c'est un voisinage pour un homme comme celui-là, qui ne voyage jamais à moins de quatre lieues à l'heure. Mon père me répète cela dix fois par jour, et fait redire au duc, matin et soir, que, dans l'arrangement de sa vie future, il ne compte passer que quatre mois à Paris; il donnerait même à la rigueur sa démission de gentilhomme de la chambre, pour n'avoir pas de service à faire et être libre de voyager. Qu'est-ce que tout cela me fait? Hier, madame de Lagny demanda au duc à voir son mouchoir, au moment où il le remettait dans sa poche; il était marqué au coin d'un R et d'un S, surmontés de cette couronne ducale, objet de l'envie de tant de jeunes filles.

« Comment vous appelez-vous, monsieur le duc? dit mon père d'un air innocent.

—Raoul. C'est un nom héréditaire dans ma famille. »

Mon père me regarda en dessous; il sait que je préfère ce nom à tous les autres. Encore une fois, qu'est-ce que cela me fait?

Notre promenade de Noirmoutiers a été délicieuse; M. de Senoncourt a les plus beaux chevaux du monde et monte à merveille. Il nous raconta cent légendes sur ces ruines de Noirmoutiers, dont je ne me doutais seulement pas, moi qui en suis si voisine. Ce qui est bien plus étrange, c'est qu'il sait tout ce qui s'est passé à Rémigny; il connaît l'histoire de notre maison et du château mieux que mon père, si fier de l'illustration de nos ancêtres, et il en est de même de toutes les grandes familles du royaume; il raconte leurs généalogies, leurs hauts faits, il réciterait par cœur tous les mémoires, toutes les histoires possibles, depuis celle du peuple de Dieu jusqu'à celle de la république de Venise. Il n'ignore de rien; il a de plus une fort belle voix de basse et peint à merveille; n'est-il pas dommage qu'il soit si jeune? Mais parlons d'autre chose. Je vous remercie de votre lettre; vous approuvez ma conduite, tout en m'engageant à bien réfléchir encore sur cette position délicate. Vous ne prenez pas la responsabilité de mon refus; je la prends, moi! Pensez donc à vous ! M. Benoît ne réunissait-il pas autant d'avantages que M. de Senoncourt ? N'était-il pas amoureux fou de vous ? N'avait-il pas une belle fortune, tous vos goûts, mille talents, et vous en a-t-il moins trahie, abandonnée ? Vous l'aimiez, vous avez été plus malheureuse encore par cet amour ; plus il avait de charmes, plus vous l'avez regretté. Pauvre amie ! votre expérience ne sera pas perdue pour moi, je vous le jure ; elle m'aidera sinon à faire mon bonheur, du moins, à m'éviter bien des larmes.

16 juin.

Mon père ne me parle plus en particulier ; il m'évite, cela est clair. Je devine bien pourquoi ; quant à moi, je ne le cherche pas ; que lui dirais-je ? Le château se dépeuple ; madame de Lagny, Adolphe, la comtesse de Jaucourt, sont partis ce matin. Au moment de monter en voiture, la comtesse m'a emmenée dans un coin et m'a dit en m'embrassant :

« Je vous fais mon compliment, mon cœur ; il est adorable. Vous ne sauriez mieux faire.

— Mon Dieu ! madame, ai-je répondu en rougissant, je ne sais ce que vous voulez dire.

— Soyez discrète, mon enfant, c'est au mieux ; une fille bien élevée ne convient de ces choses-là que lorsqu'elles sont faites. Continuez ainsi, et votre avenir sera brillant, c'est moi qui vous le prédis. Permettez-moi de vous donner un conseil ; vous ferez bien de vous faire attacher à la maison de madame la duchesse d'Angoulême ou de madame la duchesse de Berry. A présent, les duchesses acceptent ces positions-là ; ça place à la cour ; on n'a pas l'air d'y aller simplement faire ses révérences et s'asseoir.

—Je vous remercie de ces conseils, madame, mais je n'en ai pas besoin ; je ne serai jamais duchesse.

—Réellement ! Alors, je ne conçois plus rien aux jeunes têtes. De mon temps, un semblable prétendu n'aurait pas eu le temps de demander. Vous feriez là une étrange sottise. »

Nous rejoignîmes madame de Lagny, qui à son tour me tira à part.

« Ma chère Berthe, dit-elle, j'emmène tout le monde. Je vois que nous vous gênons ; les amoureux ont besoin de solitude. »

Elle ne me laissa pas seulement le temps de lui répondre et partit en riant. Vous voyez que personne n'en doute. Comme c'est désagréable ! il y a de quoi alimenter la Touraine de *cancans* pour au moins six mois. Nous sommes donc ici seulement avec M. de Senoncourt et l'abbé de Galais ; ainsi que je vous l'ai déjà mandé, depuis l'apparition de ce nouvel astre, les planètes secondaires se sont retirées ; c'est le seul beau côté de l'affaire. On attend sous peu de jours le chevalier de Saint-Géran. Monsieur son neveu parle de lui avec le plus grand respect et l'attachement le plus véritable. C'est un homme d'infiniment d'esprit, d'une valeur renommée dans l'ordre de Malthe. Il fait faire d'immenses travaux à Marsay ; je ne comprends pas trop en quoi ils consistent, car c'est une habitation délicieuse. Nous verrons cela.

20 juin.

Je suis toute tremblante, ma bonne madame Benoît, mon père vient de me dire tout à l'heure, en montant me coucher, qu'il me priait d'être habillée de bonne heure, et de l'attendre dans ma chambre avant déjeuner. Que va-t-il me demander encore ? Je n'ai pas la force d'en écrire davantage ce soir ; je vous raconterai tout, soyez tranquille; ma seule consolation au milieu de ces ennuis est de ne vous rien cacher.

21 juin.

Plaignez-moi, ma bonne, ma chère amie. Je suis bien malheureuse; me voilà dans la triste nécessité ou de fâcher mon père, ou d'accepter un avenir tel que le vôtre. Ecoutez-moi et conseillez-moi. Je suis très-décidée sur ce que je dois faire, mais je ne sais comment m'y prendre. Ainsi qu'il me l'avait annoncé, M. de Rémigny est entré ce matin chez moi à dix heures; son air était grave, sa figure sérieuse. Il s'assit et me pria de renvoyer ma femme de chambre; j'étais si émue que je ne l'entendis pas; il lui donna lui-même l'ordre de sortir.

— Je viens savoir, Berthe, si vous avez réfléchi, et si vous êtes enfin devenue raisonnable.

— Je vous ai écrit, mon père, et ma lettre a dû vous instruire de mes résolutions.

— J'ai en effet reçu un chiffon de votre part; tout ce qui m'a frappé dans cette belle épître, c'est que vous signez *votre fille soumise et affectionnée,* en refusant de m'obéir. Je n'y ai point fait attention, pensant que vous aviez trop d'esprit pour ne pas comprendre que vous n'avez pas le sens commun.

— Je vous assure, mon père, que mes idées sont toujours les mêmes; j'estime, j'admire infiniment M. le duc de Senoncourt, mais il ne sera pas mon mari.

— Encore une fois, Berthe, je ne puis accepter ce refus; mon indulgence pour vous vous a laissée jusqu'ici la maîtresse de vos actions. Je ne veux pas plus vous contraindre aujourd'hui qu'autrefois, mais je ne puis pas, je ne dois pas souffrir que vous manquiez une occasion qui ne se représentera plus. Il est impossible que vous ayez de bonnes raisons à me donner de ce refus. M. de Senoncourt réunit tout ce qui plaît aux femmes, tout ce qui flatte leur amour-propre et même leur raison ; il a ce qu'il faut pour séduire les folles et les sages. Sa famille est alliée à la mienne ; depuis quarante ans que je connais ses parents, pas un nuage ne s'est élevé entre nous ; leur mort seule a pu rompre la liaison formée dans notre jeunesse. Votre pauvre mère désirait vivement cette union ; quand vous vîntes au monde, Raoul avait onze ans ; elle l'appelait son gendre. Ses terres et celles que je vous laisserai un jour se touchent. M. de Saint-Géran, dont il est l'héritier, y joindra Marsay ; tout le pays vous appartiendra. Avec un homme comme celui-là, c'est un rêve des Mille et une Nuits. »

Je baissai la tête sans répondre, je sentais que mon père avait raison. C'était un rêve en effet, un rêve enivrant peut-être ; de quel réveil inévitable il devait être suivi ! Mon père me prit la main et m'attira vers lui ; j'avais une grosse larme dans les yeux.

« Berthe, mon enfant, ayez donc confiance en moi. Croyez-vous que je veuille votre malheur ? Vous avez une petite tête un peu difficile à réduire ; votre amour-propre s'en mêle et vous empêche de revenir sur une décision si solennellement annoncée. Il y a moyen de tout arranger ; prenez encore huit jours de réflexion ; d'ici là, nous ne dirons rien au duc, qui, je vous l'avoue, est fort pressé et devient très-amoureux de vous. Au bout de ces huit jours vous accepterez, après vous être fait raisonnablement prier, ainsi que toute héritière jolie et spirituelle se le doit à elle-même. Si vous agissiez autrement, Berthe, songez-y, je vous assure que je ne vous le pardonnerais jamais. Embrassez-moi, venez déjeuner ; soyez gaie, aimable, gracieuse, et laissez-vous faire duchesse ; vous n'aurez pas à vous en repentir. »

Après ces mots, mon père m'a entraînée, en essuyant lui-même mes joues ruisselantes de larmes, et avant que j'aie eu le temps de me reconnaître, je me suis trouvée à table entre M. de Senoncourt et l'abbé. Vous comprenez que je n'avais guère envie de rire. Le duc s'en aperçut promptement et ne sembla pas s'en apercevoir ; mais il m'accabla de petits soins si tendres, si pleins de cœur et en même temps de convenance, que, loin d'en être égayée, ma douleur en devint plus forte ! Quel chagrin de repousser tout cela !

22 juin.

Vous ne me répondez pas, ma bonne, et pourtant je n'eus jamais plus besoin de vos consolations et de vos avis. Je ne sais ce que j'éprouve, mais certainement je suis bien malade ; je ne me reconnais plus ; c'est une tristesse, une langueur qui m'ôte tout mon courage. Je souffre et je me sens mourir sans pouvoir dire d'où vient mon mal, ni même quel est mon mal ; c'est un état indéfinissable. Je sens un attrait invincible m'entraîner vers M. de Senoncourt, et puis une voix cruelle me repousse en me criant que je cours à ma perte. Je ne résisterai certainement pas longtemps à cette épreuve. Il me tarde d'atteindre ce huitième jour ; je le refuserai, il partira ; mon père me maudira peut-être..... Mais cela finira bientôt.

24 juin.

Point de lettres encore ! Que faites-vous, ma seconde mère, quand votre pauvre enfant se meurt ? Vous m'abandonnez ! c'est vous pourtant qui m'avez amenée là ; car sans vos conseils, je n'aurais pas compris les dangers qui me menacent, je les aurais affrontés sans crainte, et maintenant, au lieu de me trouver si malheureuse, je serais occupée à essayer mon trousseau de noces. Ne prenez point ceci pour un reproche, je vous en conjure ; croyez au contraire que je sais le prix de tout ce que vous avez fait pour mon bien ; mais secourez-moi ! Le temps me pèse ; je donnerais tout au monde pour atteindre mercredi prochain. J'aurai fait mon devoir et je serai tranquille.

25 juin.

Enfin j'ai votre lettre ; mais quelle lettre ! Quelle funeste lumière apportez-vous à mon inexpérience ! J'aime M. de Senoncourt. Hélas ! je le sentais bien, mais je ne voulais pas le savoir. Je l'aime ! oui, je l'aime, comme vous aimiez votre mari, et c'est à présent que je dois être forte, car c'est à présent que mon sort serait nécessairement le vôtre. Si j'avais accepté Raoul comme un homme présenté par mon père, sans qu'il eût d'autres titres auprès de moi, peut-être malgré sa jeunesse, aurais-je pu être heureuse avec lui ; j'aurais facilement pris mon parti de son indifférence, et j'aurais conservé notre fortune malgré lui en conservant la liberté de mon cœur. Mais le moyen d'être forte contre un être qu'on chérit ! le moyen de ne pas faire comme vous, de ne pas acheter ce qu'il appelle son bonheur par tous les sacrifices ? C'est impossible. Mon père me regarde souvent avec colère ; le duc s'inquiète de mon changement ; personne ne comprend cette maladie subite, qui m'a pâlie en si peu de temps. Je la comprends moi, bien plus encore depuis votre lettre. L'épouser, mon Dieu ! non, jamais, l'aimer, oh ! toujours !

28 juin.

C'est demain ; c'est demain qu'il partira ; car il partira, j'en suis sûre ! Et ce qui me navre, c'est qu'il n'en a pas le moindre soupçon.

Mon père a eu tort de ne pas lui laisser pressentir un peu ma réponse. Il fait des projets, il parle d'avenir ; je viens de l'entendre tout à l'heure dire à son groom qu'il monterait demain sa belle *Marie Stuart*. Demain ! pauvre Raoul ! C'est qu'il m'aime bien, le savez-vous, ma bonne ? Il est si parfait, il a tant de charmes et de grâces dans l'esprit et dans le cœur ; il est impossible qu'une femme ne soit pas heureuse seulement de porter son nom, de lui appartenir. Certainement, il est une exception, en supposant qu'il soit vrai que tous les jeunes gens sont incapables de nous faire une douce vie, lui n'est pas comme les autres ; et ne puis-je pas aller pour lui au-devant de mon propre malheur ? Quelles folles idées ! Voyez où j'en suis venue ; j'ai pris la résolution de lui parler moi-même ; je veux que mon refus soit adouci par tout ce que mes regrets auront de plus tendre et de plus touchant. J'en ai déjà prévenu mon père ; demain, après le déjeuner, nous nous rendrons tous les trois dans mon petit salon, et là je parlerai. Mon père, en m'accordant ma demande, a cru que j'acceptais ; il ne lui vient pas dans la pensée que je veuille refuser en face un parti semblable. Mon pauvre père ! je vais l'affliger aussi. Ai-je raison ? Il y a des instants où ce doute me poursuit tellement, que je suis près de revenir sur ma décision. Mon Dieu ! soutenez mon courage.

29 juin.

Je me suis levée à six heures, sans avoir fermé l'œil, et j'ai passé deux heures à la chapelle ; j'ai prié Dieu, je lui ai adressé les vœux les plus fervents pour *lui*, pour mon père ; je lui ai demandé la force de briser ces deux cœurs pour qu'ils soient plus heureux ensuite. J'aurais voulu avoir la vocation du cloître ; c'est si beau de consacrer sa vie aux autels ! je me suis bien consultée, je ne l'ai pas, cette vocation. D'ailleurs, je me dois à mon père ; il n'a que moi, et si je le quittais, il en mourrait. Je suis plus calme ; je viens de m'habiller, je vais descendre. Hélas ! c'est la dernière fois qu'il s'assiéra près de moi à ce repas du matin, et il ne s'en doute pas ! On m'appelle. A ce soir, ma chère gouvernante ; priez pour moi !

Même jour, 11 heures du soir.

Tout est fini, ma bonne ; Dieu m'a aidée, et les choses se sont passées mieux que je n'aurais osé le croire ; je ne veux pas me coucher sans vous en rendre compte. Je vous ai quittée pour descendre au déjeuner, et j'y suis arrivée avec un visage si décomposé que l'abbé lui-même a interrompu la lecture de sa chère gazette pour me demander ce que j'avais. Raoul s'est élancé vers moi, m'a pris la main pour la première fois, en m'interrogeant avec toute la sollicitude de l'amour, sur la cause de ma souffrance ; j'ai répondu par un sourire pour ne pas pleurer.

« Merci, monsieur, merci ; ce n'est rien, un peu de migraine ; n'y songeons pas, cela se passera. »

J'ai embrassé mon père qui m'a glissé à l'oreille quelques encouragements et quelques mots d'affection. On a déjeuné en silence presque, l'abbé seul a dit quelques mots. Le duc n'a point mangé ; son œil inquiet ne me quittait pas et suivait tous mes mouvements. J'ai abrégé son supplice et le mien, et je me suis levée de table un quart d'heure plus tôt qu'à l'ordinaire. Mon père m'a offert son bras, en faisant signe à M. de Senoncourt de nous suivre, et nous sommes rentrés chez moi. Nous étions tous si interdits qu'il y eut comme un moment de recueillement avant qu'aucun de nous pût se décider à entamer la conversation ; enfin, M. de Rémigny se tournant vers moi, me dit :

« Eh bien ! Berthe, vous avez désiré parler vous-même à M. le duc ; nous voici disposés tous les deux à vous entendre.

— Et je vous remercie tous les deux de cette complaisance, répliquai-je avec un peu plus de hardiesse. J'ai en effet voulu m'expliquer devant vous, monsieur le duc, pour que mes paroles soient mieux comprises en vous parvenant sans intermédiaire ; écoutez-moi donc avec indulgence. Je sens comme je le dois tout l'honneur que vous m'avez fait en me choisissant pour votre femme ; cet honneur est si précieux pour moi qu'il m'a fallu les raisons les plus puissantes pour y renoncer. Mon père vous dira, monsieur, que jusqu'à présent j'ai refusé tous les mariages qui m'ont été proposés sans me donner seulement la peine de dire pourquoi ; aujourd'hui, je ne pouvais pas agir ainsi. J'ai voulu vous faire connaître mes raisons, j'ai voulu que vous fussiez bien sûr que ce refus ne comportait rien qui vous fût personnel, et je dois ajouter au contraire que, si quelqu'un changeait mon opinion, arrêtée après des réflexions sérieuses, ce serait certainement vous, monsieur le duc, et vous seul, qui auriez ce pouvoir. Il m'en a coûté un long et cruel combat pour continuer à marcher dans la voie que l'expérience des autres m'a tracée ; je ne crains pas de vous faire cet aveu, très-convaincue que vous n'en abuserez pas et que vous sentirez tout ce qu'il a d'honorable pour vous. J'ai été élevée par la femme la meilleure et la plus respectable, dont les malheurs furent la suite d'un mariage d'inclination. Elle m'a cité mille exemples arrivant à l'appui du sien, et m'a appris que, pour être heureuse, il fallait à une jeune personne un mentor, un guide dans la vie ; qu'il lui fallait un mari qu'elle pût respecter toujours, considérer comme un père en quittant la tutelle du sien. Ces sages conseils m'ont amenée à une résolution bien étrange à mon âge et dans ma position ; je suis irrévocablement résolue à n'épouser qu'un homme dont l'expérience aura mûri la raison, un homme que je ne pourrai aimer d'amour, afin de ne pas être trompée et malheureuse par l'amour. Voilà, monsieur le duc, pourquoi je refuse l'honneur que vous voulez bien m'offrir ; j'ai tort, cela se peut, mais ce tort seul amènerait des craintes et des froideurs entre nous, si je me laissais persuader par vous, par mon père, par moi... peut-être. Recevez donc mes excuses et mes regrets ; ne m'en veuillez pas, je vous en prie ; je suis convaincue que vous me pardonnerez, et qu'il viendra un jour où nous serons bons amis, je le souhaite de tout mon cœur. »

J'avais débité cette longue tirade comme un enfant qui répète sa leçon sans lever les yeux, sans y mettre d'accent presque, tant j'étais embarrassée et pressée de finir cette entrevue. Mon père et Raoul m'avaient écoutée avec une surprise qu'ils ne cherchaient pas à déguiser. Lorsque je me tus, ils gardèrent aussi le silence. Au bout d'un instant mon père reprit d'une voix tremblante de colère et d'émotion :

« C'est une décision arrêtée chez vous, ma fille ? Rien ne la fera changer ?

— Rien, mon père, vous devez le comprendre.

— Alors, apprenez que...

— Monsieur, interrompit le duc en se levant, je vous supplie de ne point tourmenter mademoiselle à cet égard ; toutes les opinions sont respectables lorsqu'elles sont inspirées par un bon motif, et qu'elles sont franchement exprimées. Je remercie mademoiselle de Rémigny d'avoir bien voulu me distinguer des autres, et m'instruire elle-même des motifs de son refus ; c'est une distinction dont je suis aussi fier que reconnaissant. Permettez-moi, mademoiselle, de vous faire mes adieux ; le désir que vous exprimiez tout à l'heure de voir une liaison d'amitié s'établir entre nous, à l'exemple de nos parents, se réalisera, je l'espère, mais il faut le temps ; aujourd'hui je n'en suis pas encore digne. Adieu, mademoiselle, et puissent vos théories de bonheur vous réussir mieux que les miennes ! »

Il sortit après m'avoir saluée ; mon père le suivit sans ajouter un mot. Restée seule, je fondis en larmes ; je mis le verrou à ma porte pour ne point être dérangée, et m'abandonnai à toute ma douleur. Elle était bien profonde ; je sentais plus encore qu'auparavant la perte que j'avais faite. Cette noble manière d'accueillir une démarche blessante non-seulement pour son cœur, mais pour son amour-propre, me montrait l'âme de Raoul dans toute sa beauté. J'eus un instant l'idée de le rappeler, de me rétracter sur-le-champ ; l'orgueil me retint. Je tremblais de voir revenir mon père ; je n'étais pas capable de supporter ses reproches dans ce moment ; je me sentais mourir. Après une demi-heure j'entendis aller et venir dans les corridors ; je compris qu'on chargeait la voiture de M. de Senoncourt. Des chevaux piaffaient devant le perron ; je m'approchai de la fenêtre pour l'apercevoir encore. La Marie-Stuart sellée l'attendait ; je le vis bientôt s'approcher d'elle, accompagné de l'abbé et de M. de Rémigny, avec lequel il causa un instant ; puis il s'élança sur sa jument et partit au galop. Je ne m'expliquai pas cette sortie ; je crus qu'il reviendrait, n'apercevant du reste aucun préparatif de départ. Mon père et l'abbé le suivirent longtemps des yeux ; puis, secouant la tête, ils rentrèrent au château. Je restai immobile à la même place plus de deux heures, ne pensant rien, ne sentant pour ainsi dire rien. On frappa à ma porte ; un frisson me saisit ; je crus que c'était mon père et j'hésitais à ouvrir ; c'était Augustine qui venait savoir si je n'avais pas besoin d'elle. Elle me força d'accepter un verre d'eau sucrée, tant elle me trouva défaite.

« M. de Senoncourt est parti ? dis-je en hésitant.

— Oui, mademoiselle.

— Et M. l'abbé ?

— Il s'en ira après dîner, avec la voiture et les gens de M. le duc. Il paraît que M. le duc est allé à Marsay, chez M. le chevalier de Saint-Géran, son oncle, arrivé depuis hier au soir.

— Je le savais ; M. de Senoncourt vient de me faire ses adieux. »

Il a pensé à tout, même à trouver un prétexte aux yeux des domestiques. Augustine me prévint qu'il était l'heure de m'habiller et que nous aurions probablement du monde ce soir. La comtesse de Mantries ayant annoncé son arrivée, j'avais bonne envie de ne pas descendre et de me faire excuser ; je pensai que ce serait un triomphe pour cette femme dont j'avais repoussé les prétentions, et qu'elle ne manquerait pas de trouver mille sots contes à faire là-dessus. Je me mis à ma toilette ; une voiture roula dans la cour.

« C'est la sienne ; me dis-je ! il ne reviendra plus ! Tout ce qui nous restait de lui est parti ! »

Je me trompais, ainsi que vous allez le voir.

La cloche du couvert sonna ; la femme de charge vint me prévenir qu'elle avait ordre de préparer une chambre pour un monsieur qui venait d'arriver, et me demanda laquelle je lui destinais.

Déjà ! pensai-je ; il a à peine quitté ces lieux que je vais être assiégée d'ennuyeuses propositions. « Donnez une chambre au second, ajoutai-je impatientée, celle qui est au-dessus de mon père.

— Mais, mademoiselle, ce monsieur est un vieillard.

— Un vieillard! c'est différent. Préparez l'appartement du rez-de-chaussée, à côté de la chapelle. »

La femme de charge sortit. Qui pouvait être ce vieillard, arrivé si inopinément dans un jour où j'étais si peu disposée à faire les honneurs de la maison de mon père ?

« Celui-là ne voudra pas épouser mademoiselle, au moins ! dit Augustine en souriant.

— Peut-être ! »

Ce mot, répondu avec distraction, fit éclater de rire ma femme de chambre, à qui son attachement et l'éducation que nous avons reçue ensemble donnent bien des droits.

« Mademoiselle n'épouserait pas ce vieux monsieur, j'espère ! »

Ces mots me donnèrent à penser. Il est donc ridicule de choisir un homme bien plus âgé que soi, puisque ce ridicule frappe tout le monde. Ma chère amie, aurions-nous tort et tout le monde aurait-il raison ?

Je descendis à six heures ; le salon était vide ; cela me donna un instant de répit qui me fit plaisir. Je ne savais comment aborder mon père, et je m'attendais à le trouver horriblement mécontent. Quelle fut ma surprise quand je le vis entrer d'un air assez gai, suivi d'un chevalier de Malthe qui me saisit par sa ressemblance avec Raoul. Je le reconnus tout de suite, c'était M. de Saint-Géran !

Mon père me le présenta. C'est un beau vieillard de soixante et quelques années, avec un noble visage, des cheveux blancs, une grande taille assez droite encore, l'air éminemment distingué, et la plus charmante main du monde ; sa démarche a quelque chose de gêné, à cause d'une blessure ; ses façons sont celles d'un homme de l'ancienne cour. Il professe une vieille galanterie qui ne ressemble en rien à l'élégance de nos jeunes gens à la mode, mais qui a son mérite et qui décèle le meilleur ton et le meilleur goût. Voilà l'effet qu'il m'a fait dans la soirée que je viens de passer avec lui ; il est possible que je me trompe, mais je ne le crois pas.

« Mademoiselle, me dit-il, je suis arrivé d'hier à Marsay, et la première pensée de mon réveil a été de venir présenter mes hommages à la belle châtelaine de Rémigny. Je me suis mis en route, comptant trouver mon neveu au château ; je l'ai rencontré à trois lieues d'ici, galopant à travers champs, et joutant contre des moulins, à la manière de Don Quichotte. Ne me souciant pas de crever mes chevaux, j'ai continué ma route. Monsieur votre père a reçu ma visite, m'a fait l'honneur de m'engager à dîner, et me voici, mademoiselle, enchanté de commencer une liaison de voisinage sous d'aussi heureux auspices. »

Quand le chevalier parla de Raoul, je rougis sans pouvoir m'en empêcher ; je suis sûre qu'il s'en est aperçu, et je suis sûre aussi qu'on lui aura tout raconté. Pendant que je causais avec l'abbé, lequel abbé me fait une moue atroce, j'ai entendu M. de Saint-Géran dire à mon père en me regardant :

« Non, non, c'est impossible ; ce serait trop dommage ! »

Il est très-clair qu'on lui a confié mon désir d'épouser un vieillard, il fut parfaitement aimable tout le temps du dîner, et parvint même à me faire sourire, malgré ma douleur. Ce soir, à huit heures, la comtesse de Mantries est arrivée avec monsieur son fils, plus bête encore que d'ordinaire. Elle s'est écriée tout à coup :

« Je croyais rencontrer chez vous M. le duc de Senoncourt, mademoiselle ?

— Il est parti ce matin pour quelques affaires, interrompit le chevalier, mais me voici, madame, moi qui suis son oncle, tout disposé à recevoir vos ordres, si vous en avez à lui donner. »

La méchante vieille femme parut déconcertée et n'ajouta rien. La soirée se passa ainsi en propos indifférents, dans lesquels M. de Saint-Géran montra l'esprit le plus *spirituel* que je sache ; monsieur son neveu lui ressemble vraiment beaucoup. On se retira de bonne heure ; mon père me suivit et entra avec moi dans ma chambre.

« Berthe, me dit-il, vous avez fait une grande folie, vous avez refusé votre bonheur. Enfin, mon enfant, puisque cela vous arrange, vous en êtes la maîtresse, cela vous regarde plus que personne. N'en parlons plus ; je vous pardonne, mais je crains bien qu'un jour nous ne nous repentions tous les deux. Madame Benoît, sans le vouloir, vous a fait beaucoup de mal. »

Cette clémence de mon père m'a touchée jusqu'au fond de l'âme ; je l'en ai remercié par mille caresses, et il vient de me quitter.

Voilà, ma chère amie, ce qui s'est passé. A présent je suis plus tranquille ; la présence de M. de Saint-Géran m'a fait du bien ; c'est encore quelque chose de *lui*. Mon père m'a dit qu'il resterait jusqu'à après-demain. L'abbé part demain ; il va à Senoncourt rejoindre son élève. Bonsoir.

30 juin.

J'ai dit adieu ce soir au chevalier, qui quittera le château à la pointe du jour ; j'en ai ressenti presque autant de chagrin que si je le connaissais depuis dix ans. Je ne m'explique pas ces affections subites et relatives ; il faut, je crois, une grande expérience de cœur pour les comprendre. Adolphe revient cette nuit ; sans lui, nous nous trouverions très-seuls ; il va passer une semaine avec nous, et puis son amour le rappellera. L'abbé est monté en voiture après déjeuner ; il m'a demandé si je n'avais rien à faire dire au duc.

« Dites-lui, répondit le chevalier en riant, que mademoiselle me regarde comme infiniment plus aimable et de meilleur air que lui. »

M. de Saint-Géran a culbuté Marsay du haut en bas ; il trouve cette terre trop anglaise ; il prétend que cette anglomanie nous a perdus, et qu'il ne peut rien voir qui lui rappelle ce maudit pays sans penser à la révolution de 89 et à l'occupation de Malthe ; de sorte qu'il s'est mis au milieu des ouvriers de toutes sortes. On lui place des rideaux de damas avec des pentes à toutes les fenêtres ; on suspend aux murailles des tableaux de famille ; on élève les cheminées ; on plante des quinconces, on dessine des parterres français dans les pièces de gazon ; enfin, tout cela va être tiré au cordeau et ressembler à un castel du temps de la régence. C'est un vrai meurtre ! ce parc était si joli, si élégant ! Nous aurons une pièce d'eau ronde avec un petit jet d'eau à la place de ce charmant ruisseau entouré d'arbres qui faisait de si ravissantes petites cascades et serpentait une douzaine de fois dans la prairie ; les rossignols en mourront de chagrin.

2 juillet.

Que le château me semble grand, et combien la vie que je mène est triste ! Mon père, pour me distraire, avait engagé madame de Lagny ; elle ne peut venir, elle a du monde chez elle : le duc de Senoncourt. Il prend bien vite son parti pour un homme si désespéré, et vous voyez comme j'ai été sage de ne pas croire à sa passion ; je suis sûre qu'il va faire la cour à la baronne. Au fait, il est peut-être bien pressé de se marier, et cette femme-là vaut autant qu'une autre ; elle est riche et jolie. Il est vrai qu'elle est presque aussi âgée que lui ; mais qu'est-ce que cela fait ? Il est vrai aussi qu'elle a aimé Adolphe ; cela ne signifie rien ; pour signer *duchesse de Senoncourt,* on peut bien oublier quelques petits serments. Adolphe, en apprenant cette nouvelle, a vite couru chez sa *belle,* de sorte que nous sommes seuls, mon père et moi. Madame de Mantries, ne trouvant pas d'aliment à sa méchanceté, est retournée à Tours. Je ne puis rien faire, je n'ai de goût à rien ; ma seule distraction est de monter à cheval. Je prends le piqueur de mon père, le vieux Versailles, et je fais trois ou quatre lieues dans le parc, au galop, sur ma pauvre Atalante, qui n'en peut mais. Je rentre fatiguée, je me jette dans mon fauteuil, et je reste là des heures entières sans parler et sans penser, si je peux. Voilà ce que ce beau M. le duc de Senoncourt a fait du château de Rémigny où l'on s'amusait tant, où il y avait tant de monde. Depuis que ces imbéciles se sont imaginé qu'il m'avait demandée en mariage, ils ne songent plus à venir nous voir ; j'espère que cette mystification finira, et que, lorsqu'il sera bien avéré que ce séduisant vainqueur, dont je n'ai pas voulu, s'occupe de madame de Lagny, ils reprendront leur train ordinaire.

10 juillet.

Je ne vous ai pas écrit depuis huit jours ; je ne sais que vous dire. Je renoncerai à ce journal ; il devient trop stupide. Rien de nouveau absolument, nous n'avons vu *personne*. M. de Saint-Géran n'a pas reparu, Adolphe est toujours chez madame de Lagny, M. de Senoncourt aussi ; la comtesse de Jaucourt, madame de Mantries y sont également. On nous a fait engager ; vous comprenez que j'ai refusé ; je ne veux pas me trouver en face de ces gens-là. Ils vont jouer la comédie, à ce qu'on assure ; grand bien leur fasse ! Je plains Adolphe d'avoir si mal placé son affection. En vérité, ma chère, plaignez-moi aussi ; je suis fort triste et fort seule. J'ai envie de prier mon père de me mener à Paris ; cela me distrairait. Nous verrons.

14 juillet.

M. de Saint-Géran est ici depuis avant-hier ; il a fait toutes ses excuses de ne pas être revenu. Il a sa maison pleine d'ouvriers et ne sait où se mettre. Mon père lui a proposé ce matin de rester avec nous jusqu'à ce que Marsay soit tout à fait arrangé, il a accepté ; de sorte que le voilà notre commensal. Je ne sais le temps que cela durera, mais j'en suis bien aise ; ce sera une distraction, puisque tout le monde nous abandonne. Il est d'ailleurs d'une amabilité charmante ; personne n'a plus d'esprit, et surtout de cet esprit *amusant* que notre génération ne connaît pas. Il me porte beaucoup d'intérêt; nous nous promenons ensemble tête à tête, il m'interroge sur mes goûts, sur mes désirs, sur mes châteaux en Espagne, avec une tendresse presque paternelle. Je suis aussi à mon aise avec lui que si je le connaissais depuis des siècles; il est vrai que la campagne lie bien vite. Mon père lui a donné *à perpétuité, en viager,* comme il le dit, la chambre d'en bas. Il y a fait un établissement tout entier et très-curieux; vous n'avez pas d'idée de la quantité de vieilleries qu'il possède. Nous nous promenons tous les jours en voiture, nous lisons, nous causons de tout et de tous. Il dit qu'il ne reconnaît pas son neveu, qu'il ne lui a jamais vu des goûts dissipés comme ceux qu'il montre aujourd'hui : « Il faut, ajoute-t-il, qu'il aime passionnément cette femme! » Oh! que Dieu et vous m'avez bien conseillée!

20 juillet.

Toujours la même vie! Qu'ajouter à cela? rien, ma chère. Je finirai par devenir imbécile; c'est tout ce que je puis vous dire. Le beau château de Lagny est toujours le rendez-vous des fêtes et des joies. On doit trouver extraordinaire de ne pas m'y voir; il faut pourtant s'y accoutumer.

31 juillet.

Ma chère madame Benoît, je viens d'avoir avec le chevalier une conversation qui décidera du reste de ma vie peut-être. Nous nous promenions dans le parc après déjeuner; il y avait déjà longtemps que nous causions, lorsqu'en approchant de la maison du lac, il me pria d'y entrer un instant. Je préparai des siéges sous la galerie, au bord de l'eau. Nous nous assîmes et nous restâmes sans parler presque un quart d'heure. Le chevalier me prit la main.

« Mon enfant, me dit-il, je sais tout. »

Je rougis et je baissai les yeux sans répondre.

« Je sais combien vous êtes raisonnable et que vous avez refusé un état qui aurait tourné la tête à toutes les jeunes filles. Cette sagesse m'avait déjà disposé en votre faveur, et je vous admirais sans vous connaître. Depuis que je suis ici, j'ai appris à vous apprécier ; je vois votre charmant caractère, votre bonté, votre naturel si rare, et, au risque de me faire moquer de moi, je viens vous dire que je vous aime. Je vous aime, non pas comme Raoul vous aimait, d'un de ces amours de jeune homme, fous ou légers, susceptibles d'exaltation et d'inconstance au même degré ; je vous aime ainsi que vous désirez être aimée, doucement, tranquillement, d'une affection presque paternelle, enfin d'un amour de soixante-dix ans. Voulez-vous m'épouser ? »

Mon cœur battait si fort que je ne trouvai pas une parole.

« Cette proposition vous étonne, vous afflige peut-être ; mais écoutez-moi ; je n'ai jamais songé à votre malheur ; notre position nous permet ce que nulle autre ne nous permettrait sans doute ; essayons-nous. Je ne me soucie pas de vous faire faire un mariage d'inclination, ajouta-t-il en souriant. Dans deux jours, Marsay sera prêt à me recevoir ; venez-y avec monsieur votre père ; nous y passerons six semaines ensemble, je vous promets que pendant ce temps, je ne changerai absolument rien à ma vie. Vous verrez si cet intérieur vous convient, vous verrez si ces habitudes de vieux garçon ne vous déplaisent pas trop ; alors vous me rendrez bien heureux en les partageant avec moi. Qu'en dites-vous ? parlez franchement : puis-je vous demander à M. de Rémigny ? »

Oh ! ma bonne ! quelles émotions m'agitaient ! Je venais de refuser par raison un homme que j'aurais tendrement aimé, je venais de mettre une barrière infranchissable entre moi et les gens de mon âge, et maintenant il me fallait écouter de nouvelles propositions, réunissant cette fois tout ce que j'avais *rêvé* dans mes utopies matrimoniales ; et c'était son oncle *à lui!* J'en fus abasourdie. L'épreuve qu'il me proposait n'était-elle pas bien inutile ? ne savais-je pas d'avance quelle existence convenable m'attendait ? ne devais-je pas accepter tout de suite ? D'ailleurs, en admettant l'épreuve, n'était-ce pas déjà m'engager ? Le moyen de dire à un homme, *lorsqu'on l'a essayé* : « Je ne veux pas de vous ! » C'est impossible. Et puis, mon cœur n'est-il pas condamné à cet amour de soixante-dix ans dont il me parlait ? Toutes ces idées se présentaient à la fois à mon imagination ; je balbutiai je ne sais quoi, il me pria de m'expliquer sans détour.

« Eh bien ! monsieur, je n'ai pas besoin d'épreuve ; j'accepte.

— Je vous demande pardon, mademoiselle ; je tiens à ma proposition, ou il n'y aura rien de fait. Je vous assure que je ne survivrais pas à votre malheur, et il n'y a que ce moyen d'être bien certaine de votre avenir.

— Mais, monsieur, il me semble...

— Mademoiselle, croyez-moi : mon expérience a été péniblement acquise ; que la vôtre n'arrive pas trop tard ! Puisque vous n'avez pas pour moi de répugnance, laissez-moi tout arranger comme je le désire ; c'est pour votre bien.

— Vous êtes trop bon ! Vraiment je suis confuse... je ne sais si je dois... »

J'étais vraiment fort embarrassée.

« Consentez, consentez. »

Je consentis ; mais faut-il ne rien vous cacher ? je fondis en larmes, je crus que mon cœur allait se rompre. Le vieillard s'en aperçut et chercha à me consoler ; il alla jusqu'à m'offrir d'en rester où nous en étions ; je n'acceptai pas ce sacrifice. Au fait, ne voulais-je pas un vieux mari ? Où pourrais-je en trouver un semblable ? Une autre image se dressa devant moi ; je vis Raoul m'ayant déjà complétement oubliée, adressant à une autre ces vœux et ces serments qui devaient n'appartenir qu'à moi. Que m'importait le reste ? Quand nous nous levâmes pour rentrer au château, j'étais déjà presque tranquille ; le chevalier me serra la main, et nous nous séparâmes.

Ce soir après dîner, mon père m'a prise à part, m'a félicitée sur ma résolution, en ajoutant qu'il acceptait de grand cœur et que nous partirions demain. Tout est donc décidé, je ne vous écrirai plus que de Marsay. C'est un grand moment dans ma vie. Quand je pense que bientôt je serai mariée ! que je serai *sa* tante et la femme du chevalier de Saint-Géran ! M'appellera-t-on madame la chevalière ?

Château de Marsay, 2 août.

Je ne vous ai pas écrit hier à mon arrivée ici, ma chère amie, parce que je ne fus jamais si fatiguée depuis que j'existe, que je n'avais surtout jamais éprouvé un découragement semblable. J'avais honte de vous l'avouer ; aujourd'hui, me voilà mieux, et je viens vous raconter mon entrée triomphante dans mes futurs domaines. Vous concevez facilement que ma dernière nuit à Rémigny fut loin d'être tranquille ; j'avais beaucoup à réfléchir et je réfléchis beaucoup. Nous partîmes dans la voiture du chevalier, très-bonne berline ; mais je gagnai un mal de tête affreux, parce qu'il tint les glaces fermées et qu'il nous fit entendre qu'en les ouvrant cela l'incommoderait. Il craint l'air pour ses rhumatismes ; c'est pourquoi il déteste les calèches et les phaétons. Nous ne nous ressemblons guère.

L'aspect de ce château me frappa. Mon Dieu ! qu'il est changé ! Vous savez qu'autrefois on arrivait par un charmant jardin anglais et que de là on apercevait la plus jolie pièce d'eau possible. Tout cela a disparu. M. de Saint-Géran a fait planter trois avenues droites ; ce qui fait que d'ici à dix ans on n'aura pas d'ombre dans ce divin séjour. La pièce d'eau est devenue un bassin encadré de pierres, avec de vilaines statues aux quatre coins. Nous trouvâmes pour nous recevoir au perron toute la société de Lagny, le duc de Senoncourt en tête. Cela m'embarrassa ; pourtant, j'eus la force de n'en rien laisser paraître. Le duc fit à son oncle une espèce de discours que je n'écoutai pas, et on nous introduisit dans les appartements. Ma chère, je ne m'y reconnus plus. Du premier salon on a fait une antichambre, du billard et du petit salon, une seule et énorme pièce avec quatre croisées de face ; il y a de quoi s'y perdre, c'est une halle. La cheminée est aussi haute que moi et la vieille pendule qui la décore me fait peur, tant elle est noire et enfumée. On a tendu les murailles avec de la brocatelle d'un vert foncé ; les rideaux et les meubles sont pareils, de sorte que cela est mortellement sombre. De grands portraits de famille sont suspendus tout autour de l'appartement. Je vous assure qu'il y aurait de quoi trembler si on y était seule le soir. A côté de ce salon, se trouve maintenant une bibliothèque en bois de chêne, ce qui n'est pas plus gai, puis le cabinet de M. de Saint-Géran. Ensuite, à la place du boudoir, de la chambre et de la serre réservée à la maîtresse de la maison, il n'y a plus qu'une seule chambre ; on a abattu les entresols, de sorte qu'elle est aussi haute que large. C'est effrayant ! Quand on m'y laissa hier en face d'un tableau représentant Mahault de Saint-Géran, en costume de veuve, et son mari, Godefroy, avec une cuirasse noire, ma chère amie, je me jetai à genoux et je priai malgré moi. Tout est sévère et triste dans cette habitation où tout était riant. C'est plus noble ; cependant je ne sais pas si je ne préférerais pas la gaieté à la noblesse, au moins quelquefois, sans tirer à conséquence.

On me montra toutes ces somptuosités aussitôt *mon débarquement*.

Le chevalier me dit qu'il était le plus fier et le plus heureux homme du monde de me recevoir dans son château, et qu'il me priait de m'en regarder comme la maîtresse. Après cette phrase et un superbe salut, il me demanda si j'avais faim et si je pourrais bien attendre le dîner, qui serait servi à deux heures, comme il en avait l'habitude chez lui. Dîner à deux heures, ma bonne ! c'est un peu dur. Enfin ! J'oubliais de vous parler de deux habitants de Marsay qui me paraissent cependant y tenir une grande place. C'est d'abord madame Anguin, femme de charge de la maison depuis 1775 ; puis demoiselle Flore, épagneule pelée, approchant, je crois, de son dix-huitième printemps, ce qui peut bien passer pour des hivers dans la race canine. La première a toutes les qualités et tous les défauts des gouvernantes de vieux garçons. C'est d'abord un ton parfait avec tout le monde, excepté avec son maître, une manière hautaine d'obéir qui ressemble comme deux gouttes d'eau à un commandement ; puis une probité et une vertu à toute épreuve, un intérêt personnel à ce qui regarde la maison, mais faisant profession d'abhorrer ce qui ressemble à une domination féminine ; aussi, me fait-elle des yeux abominables. Elle considère M. de Senoncourt et sa sœur comme ses enfants. Vous jugez si elle me déteste ! Elle porte encore le bonnet monté, le tablier de taffetas noir garni de dentelle, et le chignon ! Du reste, propre et rangée à l'égal de *madame Evrard,* à laquelle je crois qu'elle ressemble de plus d'une manière.

Flore a été belle ; mais, hélas !..... toutes les infirmités de son espèce se sont réunies sur son pauvre corps. Il lui reste à peine quelques poils aux oreilles et à la queue. C'est un parfait modèle des chiens de vieilles femmes, n'en déplaise à son propriétaire. Lorsque nous entrâmes au salon, je vis se lever de dessus le plus beau fauteuil une sorte de monstre, une boule de graisse, à laquelle il paraissait impossible de se remuer, et qui, après avoir essayé à trois reprises un aboiement, finit par produire un cri aigu, qui me fit reculer en arrière.

« Qu'est-ce que cela ? dis-je involontairement.

— C'est Flore, ma vieille et excellente chienne, répondit le chevalier ; je vous demande vos bontés pour elle. Néanmoins, si elle vous déplaisait trop, on la mettrait à l'office. J'avoue que cela nous coûterait à tous les deux ; depuis bien des années, nous ne nous séparons guère.

— Elle ne vous mordra pas, mademoiselle, ajouta M. de Senoncourt de manière à n'être entendu que de moi ; non pas qu'elle n'ait bonne volonté, car je ne connais pas de bête plus jalouse et plus hargneuse ; c'est seulement qu'il ne lui reste pas une seule dent dans la bouche.

— Ne dérangez rien chez vous, monsieur, répliquai-je au chevalier, comme si je n'avais pas écouté son neveu. Je suis très-disposée à adopter toutes vos habitudes et toutes vos affections. »

Le duc me tourna le dos en souriant d'un air contraint.

Je m'aperçois que j'ai oublié de vous confier une chose essentielle, qui vous paraîtra bien cruelle pour moi, et à laquelle je me ferai, je vous assure. Le chevalier est un peu sourd. Ce qu'il y a de plus ennuyeux, c'est qu'il ne veut pas le paraître, et que, s'il n'a pas entendu, il ne vous ferait pas répéter, dût-il garder le silence tout le reste de la conversation. Il prétend, avec raison, que rien n'est aussi malhonnête que d'obliger à recommencer deux fois la même phrase. Il a, du reste, un grand tact pour deviner au mouvement des lèvres et pour lire dans les regards. Ce qui fait qu'il se trompe rarement.

Revenons-en au récit de la journée. Après avoir parcouru ce pauvre château, nous nous mîmes à table à deux heures précises. C'est là que vous auriez été étonnée ! Le service est fort somptueux, mais il est si lent qu'on en perd la patience, et ce n'est pas étonnant. Le chevalier a beaucoup de gens ; le plus jeune touche à la soixantaine ; ils ont tous été élevés chez lui et portent des habits qui ressemblent tout à fait à des redingotes mal coupées. Ils ont aussi la queue, la poudre, les ailes de pigeon ; on croirait qu'ils vont jouer la comédie. L'argenterie et les porcelaines sont à l'avenant. Tout est fort beau, et tout a plus d'un siècle. Nous restâmes deux heures et demie à table ; je suffoquais. Le chevalier voulait absolument me forcer à manger de tout ; je n'ai jamais vu de persécution semblable : c'était, disait-il, pour goûter son cuisinier.

«Regardez, ajouta-t-il un moment après, regardez mon neveu ; il est réellement fou de cette petite baronne. Comme vous avez bien fait de n'en pas vouloir ! Il l'aurait aimée après, cela est sûr. Ces jeunes extravagants ne sont jamais contents de ce qui est à eux. Du reste, il va l'épouser. Je trouverais curieux de faire les deux noces ensemble ; qu'en pensez-vous ?

— Cela m'est très-égal, monsieur ; M. de Senoncourt et vous règlerez ces choses-là.»

Quand on eut placé le dessert, j'espérai que bientôt je serais quitte de cette effroyable corvée ; mais, hélas ! il s'agissait bien d'autre chose. On servit du vin de Champagne ; le chevalier proposa un toast au roi ; il me fallut y participer. Ensuite vint la famille royale ; nouvelle libation. Puis enfin, moi, mon père, les présents, les absents, la nature tout entière y passa. Et après ces beaux exploits le chevalier, bon vivant s'il en fut, entonna une chanson bachique tant soit peu aventurée. Les convives firent chorus ; cela dégénéra en une manière d'orgie de province, et tout cela à quatre heures après midi ! J'allais me lever de table, au risque de ce qui pourrait m'arriver, quand enfin on rentra au salon. Le café fut servi, les liqueurs, je ne sais quoi. Dieu ! que les vieilles gens boivent et mangent !

La soirée était belle; on parla de se promener. J'allais suivre ces dames lorsque mon père me rappela.

« Ma chère enfant, me dit-il, le chevalier ne sort pas; il désire faire sa partie de piquet, ainsi qu'il en a l'habitude. Je crois que tu ferais bien de rester près de lui. »

Je restai. M. de Saint-Géran m'en remercia par la fine fleur de son amabilité, et je vous assure qu'il ne m'en fit pas repentir. J'entendais pourtant les éclats de rire sur la terrasse. M. de Senoncourt est d'une gaieté! on voit bien qu'il n'épouse pas son oncle! Ne croyez pas, pourtant, que cela me rende triste; au contraire, je suis fort contente, et ce n'est pas une plaisanterie. Ne suis-je pas sûre qu'il m'aimera toujours, celui-là?

A neuf heures le souper fut servi. Cette vie ne me va pas trop; je m'y habituerai, je suppose; il ne s'agit que de cela. A onze heures chacun rentra chez soi. Ainsi que je l'écrivais tout à l'heure, ma chambre me fait une peur horrible. Les meubles en sont magnifiques, mais si lourds qu'il faut être deux pour remuer un fauteuil. Il paraît que nos grand'mères avaient toujours un laquais derrière elles.

Aujourd'hui tout a été de même qu'hier, si ce n'est que la bande joyeuse est retournée à Lagny aussitôt après le dîner, c'est-à-dire à quatre heures. Nous sommes *seuls*. Dès qu'ils furent partis, M. de Saint-Géran, pour nous consoler, disait-il, nous raconta ses aventures et ses campagnes de jeunesse. C'est fort intéressant, surtout ce qui concerne l'île et l'ordre de Malthe. Nous l'écoutâmes sans une minute d'ennui jusqu'au moment du piquet. J'avoue que je préfère de beaucoup ses histoires. Nous avons soupé comme hier, et à la même heure nous nous sommes séparés.

Flore a voulu me mordre parce que je l'ai caressée. L'aimable animal! Madame Anguin ne m'a pas mordue, mais elle y eût bien volontiers essayé. Le maître d'hôtel m'appelle *madame* tout court. Nous n'en sommes pas encore là, cependant!

4 août.

Je me plaignais à Rémigny de la monotonie de notre existence ; c'est bien autre chose ici, vraiment ! Voilà quatre jours que j'y suis, et je crois que je n'ai pas pu trouver un sourire. Le chevalier est pourtant très-bon pour moi. Je ne recommencerai pas le détail que vous savez ; c'est toujours la même chose ; c'est trop la même chose ! Le récit qui m'avait tant amusée commence à me sembler un peu long, car il se renouvelle chaque après-midi, le piquet également. Le seul moment que j'aie de libre, c'est le matin avant midi. On déjeune dans son appartement, et on ne se réunit au salon qu'une heure avant le dîner. Alors il m'est permis de lire, de travailler seule, de penser ! Ce matin j'ai essayé de sortir dans le parc ; M. de Saint-Géran l'a su et s'est inquiété.

« Ma chère Berthe, m'a-t-il crié dès qu'il m'a aperçue, pourquoi donc avoir été courir ainsi seule dans les bois? Si vous vouliez vous promener, n'aviez-vous pas la terrasse et les quinconces, où vous ne courriez aucun danger ? *Si j'avais une femme*, je n'approuverais pas du tout ces façons de chevalière errante, peu convenables pour une personne de votre âge et de votre rang. »

J'ai promis que je ne le ferais plus.

6 août.

Nous avons un agrément de plus dans notre vie, ma chère. Le chevalier est entré ce matin au salon, suivi de son valet de chambre portant deux énormes *in-folio* blasonnés sur toutes les coutures. C'est un traité de marine, par un chevalier de Malthe, et le livre favori de notre Amphitryon. Après dîner, au lieu de raconter ses histoires, il m'a priée d'en lire quelques pages. Je l'ai fait; mais je n'ai jamais rien vu de pareil. Il y a de quoi devenir enragé avec ce maudit marin, et se dégoûter de l'eau pour le reste de ses jours. M. de Saint-Géran s'est endormi après le premier chapitre; je m'en suis aperçue et j'ai cessé de lire; il s'est éveillé sur-le-champ.

« Pourquoi donc vous arrêter, mon enfant?

— Monsieur, vous dormiez.

— Cela ne fait rien, au contraire. La cessation du bruit fait cesser mon sommeil; il faut continuer. Cela m'aide à faire la sieste, et cela vous instruit. Ma chère demoiselle, on est bien aise de causer avec son mari de ce qui l'intéresse. »

Me voilà maintenant condamnée à apprendre la marine!

Mon père a l'air de trouver cela tout simple. Il ne s'occupe point de mes arrangements avec le chevalier; il va à Rémigny, fait ses affaires, monte à cheval, et ne songe pas du tout à ce que je fais. Je ne le reconnais plus. Il m'a demandé ce soir très-indifféremment si je me trouvais bien ici.

« A merveille, ai-je répondu.

— Tant mieux, ma fille, j'en suis charmé pour vous. »

Et il est sorti. Y comprenez-vous quelque chose?

9 août.

Je suis très-heureuse, ma bonne amie, que vous m'ayez appris à m'ennuyer; sans cela, je mourrais de chagrin ici. Imaginez qu'hier, après la sieste du chevalier, c'est-à-dire après que j'ai eu passé deux heures à lire tout haut les plus assommantes choses de la terre, ou, pour parler plus justement, de l'eau, mon père étant entré dans le salon, je lui ai demandé s'il ne serait pas assez aimable pour me faire venir mes chevaux de selle.

« Et pourquoi faire, mademoiselle? s'écria M. de Saint-Géran.

— Je prendrais Versailles et je ferais un temps de galop ce soir avant le souper.

— Je vous avoue, mademoiselle, que *si j'avais une femme,* je la supplierais de ne jamais monter à cheval. Comme il me serait impossible de la suivre, je serais fort tourmenté de la savoir sans moi livrée à un exercice aussi dangereux.

— Mais alors, monsieur, répliquai-je impatientée, que ferait donc votre femme, puisque vous ne lui permettriez de se promener ni à pied ni à cheval?

— Ce qu'elle ferait, mademoiselle! elle ferait ce que vous faites chaque jour avec tant de grâce et de complaisance; elle resterait près de moi. »

Il n'y avait rien à répondre à cela.

Une autre chose qui me blesse vivement dans mon futur mari, ce sont ses opinions désenchantantes sur le genre humain tout entier. Si j'exprime une idée noble, généreuse, jeune enfin, il sourit amèrement et prend un *éteignoir moral* pour assoupir cette flamme. Il décolore tout, il pose sa main de vieillard sur mes espérances et les glace; je crois voir la mort effeuillant une rose. Cette impression m'est odieuse!

Par exemple, vous savez quels orages ont dévasté ce pauvre pays. On est venu nous dire que le duc de Senoncourt avait donné quittance à ses fermiers pour cette année. Il a fait là une action bien digne d'un vrai grand seigneur. J'ai prié mon père d'agir de la même manière; il était près de céder lorsque M. de Saint-Géran l'en a détourné.

« Mon neveu s'est conduit comme un véritable fou. Par le temps qui court, la bonté est une duperie. Il a obligé ses fermiers ! Vienne une autre révolution, il sera le premier pillé, assassiné peut-être. S'il avait mon expérience, il saurait qu'en 89 les châteaux les plus vite détruits ont été ceux des philanthropes. La jeunesse sera donc toujours aveugle ! A son âge j'en aurais fait autant, à présent, c'est autre chose. Ils payeront, et ils s'en tireront à leur fantaisie ; cela ne me regarde pas. J'ai fait assez d'ingrats ! »

Et cependant cet homme est bon ! Deviendrons-nous donc ainsi, ma chère ?

15 août.

Nous sommes allés ce matin à la grand'messe et à la procession, ma bonne gouvernante. Ces pauvres paysans étaient dans la joie de leur âme de nous voir au milieu d'eux. Je me suis avisée de le dire à table. Le chevalier m'a accablée de railleries ; je n'ai vraiment su que lui répondre. Il m'impose ; je commence à en avoir peur. Et puis il répète bien souvent les mêmes anecdotes. Le dernier siége de Malthe, les galères de la religion, les Turcs et les Anglais me sortent par les yeux. Qu'une vie tout entière passée ainsi sera triste ! Je l'ai voulu ! je n'ai pas le droit de me plaindre, et je ne me plains qu'à vous. Je ne sais maintenant s'il ne valait pas mieux courir la chance d'un malheur comme le vôtre que de se résigner à cette mort anticipée et éternelle que je vois en perspective. Pourtant le duc m'a déjà oubliée ; il m'eût oubliée de même, et je le pleurerais à présent. Je m'étais trompée en vous assurant que je l'aimais, moi ; je ne l'aimais pas non plus. C'était de l'exaltation, de l'enivrement ; de l'amour, non. On me parle sans cesse de son mariage, cela m'est égal ; il doit venir ces jours-ci, je ne m'en occupe pas. Le pauvre Adolphe est très-malheureux, il perd une femme qu'il regardait comme la sienne depuis plus d'un an. Je ne comprends pas qu'il reste à Lagny et qu'il n'ait pas l'idée de venir se consoler près de nous. Il espère peut-être encore ; ce serait bien fou. On s'occupe déjà de la corbeille de la future duchesse. J'ai vu un magnifique cachemire envoyé de Paris, et que le chevalier m'a montré en me demandant si j'en voulais un pareil. Que ferais-je de cachemires pour vivre et mourir dans ce sombre château ?

25 août.

Je sors de mon lit, ma chère amie ; j'y ai passé huit jours, et j'espérais bien ne m'en jamais relever : je vois que la vie est une si douloureuse chose ! Que devenir ici-bas ? On m'a remis vos lettres ; elles m'ont fait du bien ; je vous aime tant ! Le duc est ici depuis ce matin ; je ne l'ai pas vu encore, puisque je ne quitte pas ma chambre. Il a prié monsieur son oncle de venir à Senoncourt ; nous partirons dès que je serai guérie. Ce voyage me déplaît, pourtant je m'y résigne ; je suis maintenant si accoutumée aux contrariétés qu'elles me sont presque indifférentes. Je ne vous en dirai pas davantage, je craindrais de me fatiguer. Je vous préviendrai de mon départ.

1er septembre.

Nous partons ce soir ; le duc nous a précédés de deux jours. Je l'ai revu ; il me parle à peine. Il est distrait, préoccupé. Décidément, l'absence de sa fiancée le rend très-malheureux. Elle viendra à Senoncourt, ainsi qu'Adolphe et toutes les hautes puissances de la Touraine. Mon père m'a prévenue qu'il ne serait nullement question des mariages dans cette réunion ; on désire les tenir secrets jusqu'au dernier moment. J'en ignore les raisons, et je ne les ai pas demandées ; cela m'importe peu. J'ai seulement prié mon père de faire venir sa calèche. Il me serait impossible, dans l'état de santé où je suis, de supporter la berline fermée du chevalier. Nous irons seuls avec Augustine, mon père et moi. Il y a une douzaine de lieues d'ici ; nous arriverons à minuit.

Château de Senoncourt, 2 septembre.

Oh! ma chère, quel paradis! quelle admirable terre, et qu'on serait heureux de vivre ici! Je n'ai jamais rien vu de semblable ; Rémigny est une chaumière à côté de cela. Procédons par ordre, et écoutez tout ce qui m'est arrivé d'étrange depuis hier. Toute la route, de Marsay ici, mon père ne dit pas un mot ; il lut tant qu'il y eut moyen d'y voir et dormit une fois que la nuit fut venue. J'eus donc le temps de réfléchir. Nous étions menés à quatre chevaux en d'Aumont ; nous allions grand train. Vers les dix heures, nous arrivâmes au bord de la Loire, et là un spectacle magique nous attendait. Nous vîmes d'abord une barque pavoisée avec une tente aux mille couleurs ; des rameurs vêtus en matelots napolitains, les uns portant des torches, les autres tout prêts à faire partir la légère embarcation. En face de nous, de l'autre côté de la rivière, un château illuminé du haut en bas se réfléchissait dans l'eau et avait l'aspect d'un palais magique. Aussitôt que les voitures se montrèrent, le duc et plusieurs de ses convives vinrent au-devant de nous. Après m'avoir froidement saluée, il prit le bras de son oncle, le conduisit vers le yacht et nous engagea tous à y monter. Nous partîmes, et une musique ravissante se fit entendre. La lune brillait ; le temps était superbe, seulement, quelques éclairs étincelaient à l'horizon et se reflétaient dans ce beau miroir si calme sur lequel nous voguions doucement ; c'était enchanteur! Lorsque nous fûmes tout à fait en face du château, la barque demeura immobile, et bientôt un feu d'artifice partit comme une gerbe de flamme au milieu de cette admirable nuit. Je regardais ; je sentis tout à coup une main serrer la mienne; mon cœur battit à briser ma poitrine. M'aimerait-il encore? me disais-je. Je me retournai ; je n'avais près de moi que le chevalier appuyé sur sa canne et modérément satisfait de ce magique spectacle. Lorsque la dernière fusée fut éteinte, il murmura :

« Voilà bien de l'argent perdu ! n'est-il pas vrai, mademoiselle? et vous, qui êtes si raisonnable, vous devez être de mon avis. »

Il n'en est pas moins certain que rien n'était beau comme ce feu et cette harmonie sur ce majestueux fleuve. Mon exaltation était à son comble. Un regret poignant traversa mon cœur en songeant que, si je l'avais voulu, j'aurais été la reine de cette fête ; j'essuyai furtivement une larme. Sera-ce la dernière que cette résolution me coûtera?

Nous quittâmes la barque devant des jardins en terrasse qui conduisent au château. C'est un bâtiment du temps de Louis XIII, construit avec toute l'élégance imaginable ; les pierres en sont restées si blanches qu'on croirait qu'il date d'hier. Nous avons trouvé un souper servi dans une délicieuse salle à manger en stuc blanc. Vous auriez juré un repas des contes de fées; tout y était embaumé de fleurs. La musique continuait à se faire entendre dans le lointain, de manière à ne pas gêner les causeries. Vous savez combien mon père tient à la représentation, je suis accoutumée dès l'enfance à un grand luxe ; eh bien ! ma chère, je suis stupéfaite de ce que je vois ici; vous n'en avez pas d'idée. Et je ne finirais pas si je voulais vous dépeindre les beautés de cette maison. On se retira à une heure du matin. Mon appartement est ravissant ; j'ai un boudoir, une chambre, un cabinet, un petit atelier et une serre à faire tourner la tête d'un botaniste.

Tout cela est clair, parfumé, bleu, couleur de rose, entouré de mousseline; c'est un bijou! A dix heures du matin, des trompes sonnèrent une *diane* un peu tardive, les échos la répétèrent ; j'ouvris mes fenêtres, qui donnent sur un bosquet au milieu duquel se promène un ruisseau à cascades qui fait le plus joli bruit possible. Du boudoir, on voit la Loire et les jardins de Sémiramis dont je vous ai parlé. On déjeuna à onze heures, après quoi des voitures se trouvèrent devant le château toutes prêtes pour la promenade.

«Mon oncle, dit le duc à M. de Saint-Géran, pour aujourd'hui seulement montez dans mon phaéton ; je vous conduirai moi-même avec mademoiselle et monsieur son père. Ne me refusez pas le plaisir de vous montrer mon parc et les embellissements qu'on y a faits depuis que vous n'y êtes venu.

— Je vais voir ici l'anglomanie dans toute sa splendeur ; mais je n'ai rien à vous refuser. Partons, mon cher duc. »

Nous partîmes dans un phaéton anglais traîné par deux chevaux bais qui valent plus de cinq mille francs pièce. Le chevalier critiqua tout, se plaignit du froid, du soleil, de l'ombre, me laissa à peine la faculté de regarder, et cependant j'en avais bien envie. Ce parc est superbe. Il y a un lac du double plus grand que celui de Rémigny ; des ruines, de vraies ruines d'abbaye dans l'endroit le plus sauvage ; des fabriques du meilleur goût. On ne se lasse pas d'admirer. Madame de Lagny me parut un peu humiliée dans cette promenade d'être avec *tutti quanti*. Adolphe a l'air très-content et très-amoureux tout à la fois; il m'évite, je n'y comprends rien. En rentrant je remontai chez moi ; je me disposais à rester seule un peu et à me recueillir lorsque mon père vint me dire que le chevalier me demandait ; je le suivis. Quel ne fut pas mon effroi en apercevant le livre de ce misérable chevalier de Milly ! Il fallait faire la lecture; le chevalier ne pouvait plus dormir sans cela, et son sommeil lui était nécessaire. Il s'éveilla un instant et me demanda quel bruit il entendait dans la cour. Je regardai ; c'étaient de joyeux pèlerins qui partaient à cheval pour une course lointaine. Raoul aidait madame de Lagny à se placer en selle, ils semblaient aussi heureux l'un que l'autre ; je restai seule avec le chevalier. Ce soir ils ont dansé pendant que je faisais le piquet du chevalier. Toujours le chevalier ! j'ai mis là une grande occupation dans ma vie !

8 septembre.

Que je voudrais être loin d'ici ! Quelle journée je viens de passer, et quand donc cette épreuve finira-t-elle ? Tous les étrangers sont partis, hors madame de Lagny, qui n'est d'ailleurs plus une étrangère. N'est-il pas bien singulier qu'elle reste ainsi chez un jeune homme ! Car il a beau être duc, il n'a, hélas ! que vingt-huit ans, pas davantage. Ils courent les bois du matin au soir avec Adolphe ; mon père se retire dans sa chambre, de sorte que je reste en tête-à-tête. Je suis très-souffrante ; je mourrai jeune comme ma mère, tant mieux !...

10 septembre.

Je suffoque, ma bonne amie, et je viens à vous. A qui pourrais-je me plaindre ? qui m'écouterait si ce n'est vous ? Mon Dieu ! mon Dieu ! c'est fini, la goutte fait déborder le vase. Je ne puis plus supporter cette existence, et cependant je l'adopte pour jamais ; je l'ai promis, et je l'ai promis avec joie, parce que j'espère que cela me tuera. Je me suis levée ce matin avec le cœur si gros que je ne pouvais m'empêcher de pleurer. Pendant le déjeuner il arriva un exprès d'un château des environs ; on nous invitait à un bal impromptu pour ce soir ; on accepta par acclamation. Je me sentis toute joyeuse à l'idée de quitter un instant ma chaîne et de me retrouver au milieu des plaisirs de mon âge.

« De sorte que vous allez tous partir, dit le chevalier. J'ai justement un accès de goutte ; il me sera impossible de vous accompagner. C'est bien triste à mon âge ! cela me donne envie de me marier ; car enfin *si j'avais une femme*, elle ne m'abandonnerait certainement pas, et je trouverais avec qui faire mon piquet, le bal de mes soixante-dix ans. »

Je compris où cela portait, je me sentis trembler d'émotion ; mon père me regardait, le duc n'écoutait seulement pas et causait avec madame de Lagny. Cette froideur me navra; tout me devint indifférent, le bal comme le reste.

« Je resterai près de vous, monsieur, murmurai-je tout bas ; vous ne serez point abandonné.

— Merci, mademoiselle ; vous ferez là une belle œuvre ; l'avenir et Dieu vous en tiendront compte. »

Il me fut impossible de manger ni de parler tout le temps qu'on demeura à table, et je m'échappai dès que je le pus pour venir chez moi. Mon père m'y suivit ; il me demanda avec intérêt si j'étais malade, si quelque chose me déplaisait, si je ne désirais pas retourner à Marsay ou à Rémigny ?

« Je ferai ce qui vous plaira, mon enfant ; il m'est trop cruel de vous voir souffrir. Oh ! si je pouvais parler ! Ayez confiance, tout finira bien. Ne croyez-vous pas que votre père veille sur vous ? »

Je remerciai mon père en pleurant ; je l'assurai que je n'avais rien, que je désirais seulement être dispensée de la lecture pour aujourd'hui. Il me promit qu'on me laisserait tranquille, qu'on n'exigerait rien de moi, et me pria en grâce de ne pas détester le chevalier de Saint-Géran, parce que c'était le plus brave homme du monde, dont l'intention n'était nullement de m'affliger ; puis il sortit en me recommandant de nouveau d'avoir bon courage.

Je restais comme une idiote, étendue sur un canapé de satin bleu où je m'étais jetée. Je vous jure que je n'avais pas une idée dans la tête, pas une pensée au cœur. Cet état m'effraye d'autant plus que j'y tombe souvent et que je crains de devenir folle. La cloche du dîner ne me tira pas de mon apathie ; on vint m'avertir deux fois qu'on était servi sans que je songeasse à remuer. Augustine, envoyée en troisième ambassadeur, fut très-humiliée de ce que j'avais encore mon peignoir du matin. Je la repoussai durement, ce dont elle fut bien étonnée, la pauvre fille ! et je descendis sans seulement me regarder au miroir. Que m'importe d'être jolie ?

A mon aspect tous les convives se mirent à parler bas ; ils avaient l'air plus consternés que moi. Le duc, qui causait avec madame de Lagny, se leva à moitié, je ne sais pourquoi faire.

« N'y allez pas, s'écria-t-elle, vous perdriez tout ! »

Probablement elle craignait qu'il ne se montrât trop aimable. Je hais cette femme de toute l'amitié qu'elle m'inspirait autrefois. On parla beaucoup du bal du soir ; la baronne raconta comment elle avait passé la journée à se garnir une robe avec des dahlias naturels. Chacun se récria sur son bon goût ; je vous proteste qu'elle ne recula devant aucun compliment. Elle nous quitta au dessert pour aller faire cette magnifique toilette, et, Dieu merci, elle y mit le temps ! Quand elle parut, les voitures étaient avancées ; Raoul la regarda d'un air de bonheur tel, qu'il m'ouvrit les yeux. Ma chère amie, faut-il vous le dire ? je sentis à ma jalousie que je l'aimais encore. Mon pauvre cœur était si gonflé que, sans rien écouter davantage, je vins me renfermer ici. Je comprends maintenant que j'ai fait mon malheur, je comprends combien les principes que vous m'avez donnés étaient faux. Dieu me garde de vous le reprocher ; vous avez cru bien faire, vous vouliez que votre expérience servît à votre élève, expérience bien funeste pour toutes deux, hélas! Maintenant me voilà liée pour ma vie à un vieillard qui n'a pas un de mes goûts, qui ne sent et ne voit rien comme moi; j'accepte cet avenir: puisque je ne puis être à *lui*, que m'importe à qui l'on me donnera? Au moins, rien ne m'empêchera de l'aimer! Vous le voyez, ma chère, je suis bien malade; ayez pitié de moi et surtout gardez-vous de trahir le secret que je vous confie; si mon père, si le chevalier savaient combien mes idées sont changées, ils changeraient aussi leurs projets et je ne veux pas qu'ils les changent. Ces projets sont la seule consolation qui me reste.

15 septembre.

J'ai horriblement pris sur moi; depuis que je ne vous ai écrit, ma bonne amie, je me suis martyrisé le cœur; j'ai eu chaque jour, chaque heure, de nouveaux combats à supporter. Le dernier de tous a eu lieu ce matin; maintenant mon sort est fixé, il n'y a plus à revenir; je me marie le 9 octobre, et le même jour le duc de Senoncourt épouse madame de Lagny. Je ne sais pas si j'aurai la force d'aller jusqu'au bout, mais je crois bien que je n'irai pas plus loin.

« Vous m'avez laissé seul hier, mademoiselle, me dit le chevalier quand nous nous sommes retrouvés à l'heure du déjeuner.

— J'étais souffrante, monsieur; je me suis couchée à huit heures.

—Dites-moi, mon enfant, causons un peu sérieusement : n'est-ce pas aujourd'hui que finissent nos six semaines?

— Oui, monsieur.

— Eh bien! que dites-vous de notre épreuve?

— Ma résolution est toujours la même.

— C'est-à-dire que vous consentez à m'épouser?

— Oui... monsieur,

— Je puis en prévenir le marquis.

— Oui, monsieur.

— Nous aurons une double noce alors. Mon neveu vient de m'annoncer qu'il faisait décidément madame de Lagny duchesse de Senoncourt. Vous ne vous y opposez pas?

— Non certainement, monsieur.

— Voulez-vous que la cérémonie ait lieu à Rémigny ou à Marsay?

— A Rémigny, monsieur; c'est là qu'est le tombeau de ma mère.

— A Rémigny, soit. Encore une question, Berthe, et répondez-moi comme si vous parliez à Dieu. Est-ce de bonne volonté, sans arrière-pensée, que vous consentez à être ma femme?

— Je vous le jure, monsieur; c'est de bonne volonté, et sans arrière-pensée.

— Je vous remercie, ma fille, et ne craignez pas, vous serez heureuse. »

Pour la première fois il m'embrassa. Lorsque je sentis ses lèvres toucher mon front, je fus près de me trouver mal. Il me sembla que ce baiser scellait le malheur de ma vie.

Viendrez-vous à cette triste union, ma chère? Je l'espère et je le désire. Votre tâche de mère n'est pas finie; je compte sur vous pour me soutenir dans cette dernière épreuve. Après, Dieu aura pitié de moi!

Château de Rémigny, 20 septembre.

Vous ne pouvez pas venir, ma bonne amie, vous êtes trop occupée, et votre fils demande tous vos instants. Je n'ai rien à dire à cela ; votre fils est votre fils, et moi, je n'ai plus de mère. Tout se prépare ici pour des fêtes superbes. On a invité, je crois, la province entière ; je ne me mêle de rien, c'est déjà bien assez d'essayer mes robes. Mon père veut, prétend-il, me faire une surprise ; il me cache toutes les pièces de mon trousseau. Je n'y tiens guère. Ce qui m'étonne, c'est la tranquillité d'Adolphe ; il reste à Lagny, assiste à tous les préparatifs, se montre même disposé à assister au mariage, et il m'écrivait tranquillement hier :

« Ma cousine, vous serez contente, je vous assure. Madame de Lagny s'occupe de votre corbeille et de la sienne. Vous aurez des magnificences de duchesse. »

Et pas un mot de regret, pas un souvenir de cet amour auquel il tenait tant ! Les hommes sont bien inconcevables ! Je me sens toujours si triste et si maussade que je ne sais vraiment pas pourquoi je vous écris. On signe les contrats le 1er octobre.

29 septembre.

Je ne comprends rien à ce qui m'arrive. Le duc de Senoncourt est ici depuis la nuit dernière. Lorsque tout le monde a été réuni au salon, il s'est approché de moi, a sorti de sa poche un petit écrin marqué d'un R et d'un S, avec la couronne ducale.

« Mademoiselle, a-t-il dit d'une voix tremblante d'émotion, voici un brillant qui vient de ma mère ; c'est un bijou de famille, il a servi d'anneau de fiançailles à toutes mes aïeules ; veuillez l'accepter, en vous rappelant que vous avez réclamé mon amitié pour vous. Croyez-le bien, mademoiselle, vous n'aurez jamais de meilleur ami que moi, et l'avenir vous le prouvera, j'espère. »

Il m'a baisé la main, je l'ai salué en silence. La bague est magnifique ; c'est un diamant de dix mille francs. Puisqu'il a servi d'anneau à ses aïeules, pourquoi ne l'a-t-il pas donné à sa femme? Je n'ai pas osé le demander, mais cela m'intrigue fort. Adolphe m'a embrassée deux fois en arrivant.

« Pauvre Adolphe! ai-je dit tout bas.

— Pas si à plaindre, m'a-t-il répondu. Vous verrez! »

Je n'y conçois rien du tout. En attendant, c'est après-demain qu'on signe ces deux contrats. Quel malheur de ne pas y voir votre nom!

1er octobre.

Ma bonne amie, que je vous embrasse! Je suis folle, je suis heureuse, je ne sais ce que je dis. Dieu est bon! je l'aime, je vous aime, j'aime tout le monde! Oh! je vous en prie, ne vous impatientez pas; écoutez-moi, vous saurez tout; mais pardonnez si je déraisonne, si mon récit n'a pas le sens commun. Et d'abord, ma mère, bénissez-moi; il me faut votre bénédiction pour être tout à fait la plus joyeuse des créatures. Maintenant, embrassez-moi encore, et m'y voilà!

Imaginez-vous que j'ai pleuré toute la nuit, que je me suis levée triste et malheureuse. Comment donc est-on malheureux? On m'a habillée, on m'a mis une belle robe de mousseline de l'Inde, garnie d'Angleterre; on m'a mis des rubans dans les cheveux. J'étais jolie; cela m'était bien égal; je ne me suis seulement pas regardée au miroir. Quelle indifférence! est-ce que je n'avais pas besoin d'être jolie? n'allais-je pas signer mon contrat de mariage? En attendant, je ne m'en suis pas moins trouvée mal au moment de descendre. J'ai demandé ma boîte à vinaigre; Augustine m'a présenté un écrin marqué toujours d'un R et d'un S, avec cette couronne ducale qui me poursuivait comme un spectre. J'ai trouvé dedans le plus joli bijou du monde, garni de rubis, puis ce bel écusson des Senoncourt à côté du mien ; je ne l'ai pas plus regardé que mon visage. Adolphe est venu me chercher, non pas en costume *de désespoir*, mais en habit et en gants jaunes de fiancé, gai comme dans *notre jeunesse*, et me riant au nez parce que j'étais pâle. Certainement, s'il ne m'avait pas soutenue, je serais tombée en entrant dans ce grand salon, si imposant par les gens qui s'y trouvaient. D'abord, près de la cheminée, mon père, grave et sérieux ; le chevalier, dont le bon visage formait un joyeux contraste avec ses vêtements noirs et le grand cordon de son ordre; Raoul, pâle comme moi, ému comme moi, appuyé sur la cheminée; enfin madame de Lagny, éblouissante de parure et de beauté; puis le notaire, l'abbé de Galais qui semblait se moquer de moi, les témoins. C'était tout. Oh! j'oublie Flore et madame Anguin, qui se tenaient respectueusement dans un coin, l'une portant l'autre. Je me mourais, ma chère.

Au milieu de l'appartement il y avait deux tables, une chargée de papiers, d'encriers, de plumes, de tout l'attirail de circonstance, et l'autre couverte de châles, de pierreries, de dentelles, de fleurs, de toutes ces jolies choses qu'on donne aux mariées, et qui les rendent si gaies, quand elles ne sont pas tristes comme je l'étais ce matin. Le chevalier s'avança vers moi et me conduisit à un fauteuil. Je saluai tout le monde ; Raoul me le rendit si gauchement que je le remarquai malgré ma préoccupation : il a si peu l'habitude d'être gauche!

« Asseyez-vous, mon enfant, me dit le chevalier, et écoutez-moi. Nous sommes ici une douzaine de coupables auxquels vous devez votre indulgence et votre pardon. Il faut leur rendre justice, ils ont tous joué leurs rôles à merveille, jusqu'à Flore, à qui personne n'avait ordonné de vous détester, et qui l'a fait de son propre mouvement. Je suis arrivé ici le jour où mon cher neveu, que voilà, venait d'être refusé par vous et ne parlait de rien moins que d'aller se jeter à la rivière. Je lui ai fait expliquer les raisons de ce refus, et, grâce à ma vieille expérience, j'ai compris qu'il m'était possible de réparer tout cela. Je me suis chargé de vous ôter vos folles idées, de vous dégoûter pour jamais des vieillards, et de vous apprendre qu'il fallait, avant tout, croire aux vieilles chansons et aux vieux proverbes ; cela vaut mieux que les vieux maris. Or, il y a bien soixante ans que l'on chante :

Il faut des époux assortis.

« Eh bien ! que dites-vous de cela ? Avez-vous été bien malheureuse ? avez-vous bien pleuré cet ingrat qui se mourait d'amour pour vous ? avez-vous bien maudit cette pauvre baronne, qui s'est dévouée jusqu'à faire enrager son amant et à se laisser faire la cour par le plus joli garçon de la province ? Et moi ! m'avez-vous traité de vieux fou, de radoteur, de grognon ? suis-je enfin à vos yeux un oncle de comédie ? Nous savons tout cela, car vos confidences innocentes ont été violées. Ce crime est impardonnable, et vous allez nous gronder ! Allons, répondez-moi ; vous voyez que M. le duc attend votre consentement, que le notaire attend votre signature, et que moi, ma chère nièce, je compte sur vos remercîments. »

Je pleurais encore, ma bonne ; mais quelle différence ! J'ai tendu ma main à Raoul, qui a glissé à mon doigt le bel anneau de sa mère. Le chevalier m'a embrassée, mon père m'a embrassée, puis la baronne, puis Adolphe, qui m'a demandé comment je l'avais cru assez stupide pour céder sa chère fiancée à un autre. Enfin, vous n'avez pas d'idée de cette confusion ; tout ce monde avait la tête tournée. On a signé sans savoir ce qu'on faisait, et, malgré mes beaux serments, me voilà devenue duchesse de Senoncourt. C'est cependant joli d'être duchesse, et je dois vous avouer, puisque je suis dans un moment de franchise, que, lorsque je disais le contraire, je n'en pensais pas un mot. Et si vous saviez quelle corbeille! Raoul m'a promis qu'on nous donnerait pour nous seuls une fête sur l'eau comme celle où j'ai tant pleuré. N'êtes-vous pas bien contente? Je vous quitte; mon père m'appelle, et M. le duc de Senoncourt, mon féal époux et seigneur, m'attend pour monter à cheval.

5 octobre.

Je vous écris dix lignes exprès pour vous dire que la comtesse de Mantries, son fils et l'abbé de Galais sont arrivés ce matin, accompagnés de madame de Jaucourt. Vous n'avez jamais vu de pareilles figures! Madame de Mantries m'a annoncé le mariage de son fils avec une *héritière de quinze cent mille francs,* et madame de Jaucourt m'a emmenée dans un coin pour me rappeler sa recommandation au sujet de la place près de madame la Dauphine, en ajoutant que la mort de Sa Majesté, en lui donnant ce titre, rendait très-convenable pour une duchesse une position quelconque dans sa maison.

« C'est cependant bien désagréable pour vous de vous marier au milieu d'un deuil, et je pense que M. de Senoncourt a fait les démarches nécessaires pour que les choses se passent convenablement. Ces permissions ne se refusaient pas autrefois aux grands seigneurs. »

Au fait, j'avais oublié de vous dire qu'il n'y aurait pas de fête, à cause de la mort de Louis XVIII, et que Sa Majesté Charles X avait daigné répondre qu'il verrait notre mariage avec plaisir.

9 octobre.

Nous sortons de l'autel, mon amie. Je suis mariée et ma première pensée est pour vous qui m'avez servi de mère et à qui je dois tout, après Dieu. Je viens vous faire mes adieux de jeune fille; d'aujourd'hui ma vie sérieuse va commencer. Continuez-moi vos bons conseils, aimez-moi toujours, et croyez que ma nouvelle position ne changera pas mon cœur. La cérémonie a été des plus touchantes; mon père était aux anges, *son rêve des Mille et une Nuits est réalisé.* L'abbé m'a demandé pardon avec une mine si comique qu'il n'y avait pas moyen de tenir son sérieux; le chevalier m'a encore embrassée, depuis hier c'est la vingtième fois au moins; puis il m'a dit:

« Ma chère enfant, vous avez un beau et bon mari, une grande fortune, une superbe position; quand vous irez à la cour on vous donnera votre tabouret héréditaire. Croyez-moi, cela vaut mieux que le vieux fauteuil de Flore et le chevalier de Malthe.

LE CASQUE D'OR.

A Mademoiselle Mathilde C.

Te voilà donc arrivée à un âge où tu peux lire et comprendre les contes de ta vieille tante, ma chère Mathilde, toi que j'ai portée dans mes bras, toi la fille de mon frère chéri, toi que j'ai présentée au baptême. Hélas! il me semble que c'était hier! Pour toi le temps arrive; pour moi, il s'enfuit déjà : tu presses sa course de tes vœux, moi je retiens son vol; tu espères, et moi je regrette. Oh! c'est une cruelle chose que d'assister ainsi à la ruine de soi-même! Mais il y a une grande consolation à voir grandir auprès de soi les enfants qui doivent nous remplacer. Dieu et la nature le veulent ainsi. Toutes nos destinées se ressemblent; nous passons du sourire aux larmes, des larmes à l'oubli; il n'y a qu'une seule chose qui survive à tout : la religion et la bonté. Prie, mon enfant, et si tu souffres, tu seras consolée; sois bonne, et tu seras aimée. La prière et l'affection sont toute la vie d'une femme. Prier le ciel, aimer ceux qui nous entourent, n'est-ce pas là une noble vocation, et le cœur ne se sent-il pas orgueilleux de la remplir?

Tu n'as jamais entendu parler peut-être d'un beau pays qu'on appelle l'Alsace; c'est une province de notre France, conquise par les armes de Louis XIV et la valeur du grand Turenne. Je vais te dire un épisode de ces longues guerres, si glorieuses, mais si cruelles pour ce siècle de héros. L'Alsace est un admirable jardin; les montagnes dont cette vaste plaine est entourée, la brillante ceinture que lui forme le Rhin, ce noble fleuve, coulant libre entre deux royaumes, font de cette immense vallée un des lieux les plus ravissants de la terre. Autrefois l'Alsace fut indépendante, puis elle servit de champ de bataille aux Français et aux Impériaux, qui se la disputaient; enfin, elle nous demeura en partage ainsi que je viens de te l'apprendre tout à l'heure.

LE CASQUE D'OR.

I

Par une belle nuit du mois de décembre 1674, deux cavaliers cheminaient lentement et avec précaution dans une des vastes forêts des Vosges. Celui qui marchait devant, âgé d'environ vingt à vingt-cinq ans, semblait servir de guide à l'autre. Il était impossible de rien entrevoir de son costume sous le grand manteau dont il se couvrait; son chapeau rabattu sur son visage ne laissait apercevoir que deux yeux bruns, brillants comme des éclairs, et une petite moustache blonde, fièrement retroussée en doubles crochets. Son compagnon, âgé d'environ cinquante ans, se cachait avec plus de soin encore; d'épais sourcils grisonnants, une moustache presque blanche, un gros nez aquilin, donnaient à sa physionomie une expression vulgaire et repoussante.

Il était, du reste, inutile de chercher à connaître le parti auquel appartenaient les deux étrangers : leurs feutres ne portaient ni plumes ni cocardes; on les eût pris pour des commerçants plutôt que pour de nobles guerriers.

« Arrivons-nous bientôt, monsieur ? dit à voix basse le plus âgé des voyageurs.

—Nous sommes à peine à moitié chemin de la montagne. Ce diable de Florimont est fort élevé, et pour nous trouver au château de Falsberg, il faut que nous parvenions à sa cime. »

Ils continuèrent leur route pendant un quart d'heure. Tout à coup un cri éloigné retentit dans le silence de la nuit, plusieurs autres lui répondirent isolément, les échos les répétèrent jusque dans la profondeur des vallées, et on n'entendit plus rien.

« Il paraît que les bourgeois de Turckheim ne dorment pas, monsieur, ni les Impériaux non plus, car voilà le garde-à-vous des sentinelles qui réveille ces vieilles forêts. »

A ces mots, le jeune homme se retourna ; son œil perçant examina son compagnon avec défiance.

« Pour un marchand, vous êtes bien au fait des usages militaires, monsieur, que vous ayez reconnu sur-le-champ la voix de nos factionnaires. Au milieu de la nuit leurs avertissements ont quelque chose de sauvage qui effraye presque toujours ceux qui n'ont pas l'habitude de la guerre, et vous ne vous êtes pas mépris une minute sur leur cause. »

L'inconnu sourit :

« Je suis un vieux soldat, capitaine ; je n'ai pas toujours vendu des peaux de martres, et j'ai fait plus de campagnes que je n'ai d'écus aujourd'hui. Pas une des escarmouches de la Fronde ne s'est passée sans moi, je vous assure. C'était le beau temps alors ; nous étions jeunes !

— Et sous les ordres de qui combattiez-vous, monsieur? apparteniez-vous à M. le prince ou à M. de Turenne? Dans cette guerre de mirmidons je ne connais que ces deux-là qui vaillent la peine d'être cités.

— Je faisais partie de l'armée de M. le prince; j'étais à Rocroy.

— Tant pis!

— Comment, tant pis?

— Oui ; j'aurais préféré avoir pour compagnon de voyage un soldat de M. de Turenne ; car, voyez-vous, M. de Turenne est mon héros, tout Allemand que je suis, et je m'estimerais heureux de rencontrer quelqu'un qui le connût.

— Vous le verrez bientôt, si ce qu'on dit est vrai ; ses troupes ne sont pas loin d'ici et il a le projet de vous livrer bataille.

— Ceci me semble difficile, monsieur ; notre armée est trois fois plus nombreuse que la sienne, la chaîne des Vosges nous sépare, nous avons nos places fortes à garder. Nous n'irons certainement pas au-devant de lui.

— Mais s'il vient à votre rencontre?»

Ce fut au tour du jeune homme de sourire.

« On voit bien, monsieur, que vous ne connaissez pas le pays ; il est impossible à une armée de franchir ces barrières sans de bons guides, dit-il en montrant du doigt les immenses forêts dont ils étaient environnés, et nul Alsacien ne servira de conducteur aux ennemis de sa patrie.»

L'étranger ne répondit rien. A mesure qu'ils cheminaient vers la partie supérieure de la montagne, le sentier devenait plus étroit et les difficultés augmentaient.

« Nous sommes ici bien près d'un lieu très-redouté, monsieur ; s'il faisait jour, vous apercevriez à notre droite la caverne du Dragon, où la plus fameuse sorcière de tout le littoral a établi son antre. Peu de montagnards oseraient approcher, à cette heure, de l'habitation de Thécla; heureusement les marchands et les soldats ont peu d'imagination, n'est-il pas vrai?

— Sans doute, sans doute. Mais quelle est cette sorcière dont vous me parlez?

— Une pauvre vieille folle, qui a perdu son unique enfant, et qui, depuis lors, déraisonne au profit du public. Elle a fait sur ma famille une prédiction qui empêche ma pauvre petite sœur de dormir, et qui rendait quelquefois mon père bien soucieux, malgré tout son courage.

— Et quelle est cette prédiction?

— Il y a dans notre château une relique, un casque d'or, reste fabuleux de la grandeur des Ribeaupierre; il a été rapporté de la Palestine par je ne sais lequel de mes aïeux, qui l'avait reçu en présent d'un chef maure dont il refusa la rançon. Ce casque n'a jamais pu coiffer une tête humaine. Une ancienne légende annonce que lorsque le casque aura *paré* la tête d'un étranger, auquel il ira *comme une parure*, la maison de Ribeaupierre sera dans le deuil; l'aîné mourra, le plus jeune quittera l'Alsace et *jamais* ce nom ne sera plus porté dans notre pays. Or, à l'époque de ma naissance Thécla a annoncé à ma mère que ce siècle verrait la prophétie se réaliser.

— C'est une grande maison que la vôtre, monsieur?

— La plus noble et la plus puissante de toute l'Alsace, où il y en a tant de nobles et de puissantes!

— Ce château est le château de vos pères?

— Non, monsieur, notre berceau paternel est plus loin sur la route de France.

— Pourquoi ne l'habitez-vous plus?

— C'est encore une légende.

— Dites-la-moi, je vous en prie.

— Très-volontiers ; aussi bien personne ne l'ignore depuis Colmar jusqu'à Strasbourg. — Si vous avanciez de quelques lieues sur la route de France, comme je viens de vous le dire, vous trouveriez une petite ville au pied des montagnes, entourée de murs et de fossés, fermée par des portes, comme le moindre de nos bourgs dans ce pays guerrier : c'est Ribeauvillé, le domaine de notre maison. Au-dessus de la ville, dans la position la plus étrange, sont les trois châteaux du même nom, bâtis sur trois pointes de rochers ; l'une d'elles est devenue inaccessible ; les deux autres ruines, la plus grande surtout, annoncent l'importance de ces manoirs. Il y a bien des siècles qu'ils furent construits par trois frères qui, ne voulant pas se séparer et ne pouvant rester tous dans le même castel, à cause de leur suite nombreuse et de leurs grandes richesses, convinrent d'élever chacun une habitation à leurs frais ; l'aîné choisit la plus haute, le cadet s'empara de cette pointe presque inabordable, le plus jeune se plaça au milieu. Une affection sans bornes unissait particulièrement ces derniers l'un à l'autre ; ils se quittaient à peine, leurs plaisirs et leurs chagrins étaient communs ; rien de plus touchant que cette union fraternelle. Pour ne pas s'envoyer sans cesse des messagers, et pour éviter à leurs serviteurs l'ennui de gravir ces rochers à pic, ils convinrent, lorsqu'ils voudraient aller à la chasse, de s'avertir l'un l'autre en tirant une flèche par une fenêtre. Chaque jour presque ils répétaient ce signal qui les réjouissait également, car, je vous le répète, ils s'aimaient d'une tendresse bien rare. Un matin, l'idée de se prévenir leur vint en même temps ; ils s'avancèrent vers la fenêtre, tout joyeux d'arriver le premier, tant il était de bonne heure. Au moment où le plus jeune ouvrait le châssis de plomb pour bander son arc, son frère, qui l'avait deviné, lança son trait ; dirigé trop juste, il atteignit le pauvre jeune homme au cœur et le tua. Je vous laisse à penser quelle fut la douleur du meurtrier ! il légua tout ce qu'il avait à son frère aîné, et partit pour la Terre-Sainte. On n'en a jamais entendu parler. Le seul des trois frères, si unis, qui survécut, Ulric de Ribeaupierre, ne voulut jamais qu'on ouvrît les manoirs inférieurs ; il ordonna qu'ils tombassent en ruines, en mémoire et en expiation du crime involontaire qui avait été commis. Depuis ce moment, les paysans des environs assurent que vers l'aurore, dans la saison des chasses, une ombre se montre sur les murailles détruites, et que vers quatre heures du matin on entend le sifflement d'une flèche, auquel répond un cri déchirant; ils en sont convaincus, et rien ne les empêcherait de faire un signe de croix et de murmurer une prière, lorsque le moindre bruit venant de la montagne frappe leurs oreilles. Ma sœur est aussi superstitieuse qu'eux, et depuis le commencement de la guerre elle ne cesse de pleurer.

— Mais cette sorcière, jeune homme, ne peut-on la voir?

—Ma foi! si le cœur vous en dit et que vous ne soyez pas trop fatigué, nous lui rendrons visite à l'instant même, car j'aperçois sa lumière briller à travers les sapins ; elle n'est pas couchée.

— Entrons donc.

— Bien volontiers. »

Les voyageurs tournèrent alors la tête de leurs chevaux vers la caverne. En approchant, ils s'aperçurent que la lueur provenait d'un grand feu, devant lequel plusieurs hommes étaient assis. Wilfrid de Ribeaupierre parla au plus apparent d'entre eux.

« Thécla est-elle chez elle, mes amis?

— Oui, monsieur le comte, répondirent-ils en le reconnaissant, mais elle a fermé sa porte et nous a mis dehors; elle est en présence de l'esprit.

— Elle me recevra, moi! Je l'espère, du moins, monsieur, car en ma qualité de Ribeaupierre je suis grand-maître de tous les sorciers d'Alsace. Nous voilà au milieu des vassaux de Phalsberg, nous n'avons plus rien à craindre. »

Ils approchèrent alors d'une sorte de masure en bois de sapin, construite au milieu de la caverne et dont les murs tombaient en ruines. Le comte de Ribeaupierre frappa trois coups sur une fenêtre à vitres de plomb. Après une minute d'intervalle la porte s'ouvrit, et une grande femme, revêtue d'un costume semi-masculin, les cheveux épars et un poignard à la ceinture, parut sur le seuil.

« Que me voulez-vous ? dit-elle. Qui vient me déranger dans ce jour de méditation et de prière ? Je suis avec l'esprit, et aucun profane ne peut interrompre ma veillée.

—Excepté moi, Thécla, moi qui dois entrer le jour et la nuit dans cette cabane, quels que soient les hôtes qu'elle renferme, moi, Wilfrid, comte de Ribeaupierre. »

La devineresse s'inclina profondément.

« Entrez, monseigneur, vous l'avez dit, cette demeure est la vôtre. L'esprit et la servante sont vos esclaves ; entrez et ordonnez. Que désirez-vous ?

— Mon compagnon de voyage veut vous consulter, Thécla, et je lui ai promis ma protection. Est-ce l'heure ? Pouvez-vous maintenant lire dans sa destinée ? »

Thécla détacha du mur la torche de résine qui éclairait seule cette chaumière, et s'approchant de l'inconnu elle l'examina lentement, en promenant sa lumière sur tous les traits de son visage. Il avait ôté son chapeau. A mesure que cette inquisition continuait, sa main devenait tremblante, ses traits se bouleversaient. Elle reporta la torche où elle l'avait prise, ferma la porte au verrou, se promena dans la chambre, et sembla oublier complétement la présence de ses hôtes, jusqu'à ce que le comte la lui rappelât.

« Vous demandez votre sort, jeune homme ! Mais votre sort, vous le savez. Le jour approche où la maison de Ribeaupierre abandonnera ses manoirs et ses vassaux. En punition du fratricide commis dans votre race, votre race a été maudite, vous ne l'ignorez pas plus que moi. Le vengeur approche, le casque d'or couvre la tête d'un mort ; une noble fille pleurera, et l'Europe pleurera ensuite le vengeur ! Vous mourrez tous les deux de la mort du soldat ! Et toi, marchand, qui viens ici pour ton commerce, ta fosse se creuse déjà de l'autre côté du fleuve. Pourquoi le lion s'est-il fait renard ? Pourquoi le noble cœur s'enveloppe-t-il de trahison ? Je ne te vois qu'à travers un nuage, je ne puis dire ton nom, je ne puis savoir au juste ce que tu es, mais je te crains ! Étranger, la mort te suit !

— Vous êtes bien sombre ce soir, Thécla, et si c'est là tout ce que vous avez à nous dire, nous vous quittons. Nous sommes fatigués de cette longue journée, et il faut que nous arrivions au château avant minuit. »

Thécla se mit en travers de la porte.

« Vous emmenez cet homme au château, noble comte ?

— Oui, sans doute.

— Imprudent ! Vous ne savez donc pas ce qu'est cet homme ?

— Un marchand de fourrures, recommandé par mon oncle, le chanoine du très-haut chapitre de Strasbourg. »

Elle frissonna des pieds à la tête.

« Cet homme... cet homme... c'est l'ange exterminateur. »

Le comte sourit dédaigneusement.

« Je vous demande pardon, monsieur, pour cette folle. Nous avons eu une singulière fantaisie de nous détourner pour venir dans cet antre. Remettons-nous en route ; ma sœur nous attend à souper sans doute, et la pauvre enfant croira peut-être déjà que je suis perdu.

— Un instant encore, comte, écoute-moi. Je suis ta servante et ton esclave, mais je t'ai vu naître, mais je t'aime, car tu as été bon pour celui qui n'est plus, car tu m'as donné du pain quand j'en ai manqué. Cet homme que tu vois devant toi, ne le conduis pas au château de tes pères, ne le montre pas à l'orpheline, ne le laisse pas prier à ta chapelle, ne le fais pas asseoir à ta table, ne lui donne pas ta main, car c'est ton ennemi, c'est le fléau de ta maison, c'est l'envoyé du ciel, c'est le vengeur. Ne le touche point, car la mort est proche et il est sacré ; mais laisse-le errer dans cette forêt, laisse-le quitter ces montagnes si tu tiens à la vie, et après, enorgueillis-toi d'avoir marché côte à côte avec un pareil homme, car il vit au delà des âges. Voilà ce que j'avais à te dire. Maintenant fais ce que tu jugeras convenable : tu peux sortir. »

Le comte resta interdit à ce discours. Malgré lui ses regards se fixaient sur les traits de l'inconnu ; il parcourait des yeux cette physionomie commune et douce, si éloignée de ressembler à un *vengeur*. L'étranger ne sourcilla pas.

« C'est bien un marchand, murmura Wilfrid ; il ne croit pas aux sorciers !

— Vous me faites beaucoup d'honneur par vos prédictions, ma bonne femme. Je ne suis ni un ange ni un exterminateur ; je m'occupe de mon commerce, et je viens à la suite du noble comte parce que j'ai affaire à Nancy, et que, sur la recommandation de son oncle, il m'a promis de me faire traverser les Vosges sans être inquiété par les armées. Je ne vois pas que cela vaille la peine de vous tourmenter ainsi, et de me prêter des intentions de conquérant. »

Thécla se retira de devant la porte, et secouant la tête, elle ajouta d'un air de douce tristesse :

« Il faut que les destinées s'accomplissent ; allez donc tous les deux vers la vôtre. Que le ciel vous pardonne et prenne pitié de l'orpheline ! »

Ils sortirent après avoir jeté chacun une pièce de monnaie sur la table de la sorcière. Elle les suivit de l'œil, les bras levés vers le ciel. Quand elle ne les aperçut plus, elle se retourna vers les vassaux de Phalsberg, qui entouraient le feu.

« Enfants, s'écria-t-elle, il est inutile que vous veilliez. Couvrez-vous de cendres, chantez vos hymnes de mort, le jour est proche où la domination de l'étranger pèsera sur votre tête, où il ne restera plus pierre sur pierre du noble manoir que vous défendez. Rien n'empêchera cette destruction, car le sage l'a annoncée depuis longtemps, et les enfants doivent expier les fautes des pères jusqu'à la dernière génération ! »

Le lendemain l'aube se levait à peine que l'étranger était déjà debout. En arrivant au château de Phalsberg, il s'était retiré dans sa chambre et avait refusé de souper avec la noble demoiselle Edith, sœur du comte de Ribeaupierre. Depuis, ceux qui gardèrent le souvenir du passé se rappelèrent que cet homme ne s'était pas couché de la nuit et qu'ils avaient entendu ses pas retentissant sur les dalles. Il sortit de son appartement aussitôt qu'il fit jour et se mit à errer dans le manoir, où tout dormait encore.

Depuis une demi-heure il demeurait pensif à l'une des fenêtres de la salle d'armes, embrassant du regard cette admirable plaine d'Alsace et le magnifique spectacle du soleil se levant dans les montagnes, lorsque le frôlement d'une robe de soie lui fit retourner la tête, et il se trouva en face d'une belle jeune fille qui l'examinait attentivement. Elle rougit en se voyant surprise, et lui fit la révérence pour sortir d'embarras.

« Soyez le bien venu, monsieur, vous qui nous êtes envoyé par notre oncle le révérend chanoine, et racontez-moi ce que vous savez de sa santé. A-t-il moins souffert ce mois-ci de son rhumatisme ?

— Beaucoup moins, mademoiselle.

— Et il vous a donné cette lettre ? ajouta-t-elle en montrant un papier ployé dans sa ceinture.

— Lui-même, dans la cathédrale de Strasbourg.

— C'est bien. Et vous désirez vous rendre à Nancy par les sentiers de la montagne ?

— Oui, mademoiselle, pour éviter les deux armées.

— Celle de M. de Turenne est loin, mais celle des Impériaux ! Vous voyez d'ici briller le mousquet de leurs sentinelles sur les remparts de Turckheim. Que le ciel protége l'Alsace ! au milieu de ces grands États, elle ne peut être que la victime !

— Et pourquoi donc, mademoiselle ? Pensez-vous que, si par hasard l'Alsace devenait française, elle aurait à se plaindre de cette réunion ? Ne seriez-vous donc pas orgueilleuse et fière d'obéir au grand roi, au grand homme qui donnera son nom à ce siècle ? Les Français ne sont point cruels, et je vous jure que si l'armée de M. de Turenne était là, à la place des Impériaux, vous n'auriez point à vous en plaindre.

— Je vous crois, monsieur, vous êtes mon hôte, je dois vous croire ; mais je ne sais rien de tout cela, moi, pauvre fille, élevée solitaire dans ce château ; je ne sais que prier Dieu pour mon pays et pour mon frère. Quand désirez-vous partir ?

— Aujourd'hui même, si cela se peut ; je n'ai déjà perdu que trop de temps.

— Je vais donner des ordres en conséquence. D'ici là, monsieur, regardez-vous ici comme chez vous, parcourez les salles, les galeries, elles vous offriront quelque intérêt. Wilfrid m'a dit que vous êtes un ancien militaire, vous trouverez ici des souvenirs de gloire, et ils doivent être précieux pour un homme qui en a sans doute beaucoup pour son compte. »

Et s'inclinant légèrement, elle quitta la salle d'armes.

L'inconnu se promena dans cette vaste galerie pendant quelques minutes encore après son départ, examinant l'un après l'autre et d'un coup d'œil de connaisseur les trophées suspendus aux murailles et les écussons qui décoraient les meubles. Mais son regard d'aigle se portait surtout avec une curiosité empressée sur la plaine qui se déroulait devant lui, sur le camp des Impériaux, assis entre Turckheim et Colmar. Il semblait calculer les distances, et resta longtemps enseveli dans ses méditations.

On commençait à faire du bruit dans le château ; l'étranger ouvrit la porte de la grande salle, demanda à un domestique qu'il trouva dans le corridor le chemin de la chapelle, et s'y fit conduire à l'instant. Cette chapelle présentait le caractère de l'antiquité la plus reculée. Les vitraux coloriés, les colonnettes à jour, les ogives du moyen âge ne pouvaient laisser un doute sur l'époque de sa construction. Des tombeaux remplissaient toutes les chapelles. Les statues des comtes de Phalsberg, des châtelaines de Ribeaupierre étaient ornées de pierres précieuses et de diadèmes; aussi les clefs des grilles restaient-elles entre les mains du majordome qui, à l'aspect du nouvel hôte, s'empressa de les lui ouvrir. Il lui fit l'histoire de ces générations éteintes, dont il était le gardien ; il lui raconta les hauts faits des preux et les vertus des nobles dames ; on eût dit un historiographe de la cour de France. Arrivé près de la plus sombre des voûtes, le majordome s'arrêta.

« Entrez ici avec respect, monsieur; car ici est la destinée de la plus noble famille d'Alsace : voilà le tombeau de Wilfrid de Ribeaupierre, septième du nom, et voilà le fameux casque d'or qui sera enseveli avec le dernier héritier de la branche aînée. Fasse le ciel qu'il reste longtemps sous ma garde ! Mais la prophétie de la vieille Thécla effraye tout le monde. »

Le visage de maître Martin Serrurier (j'ai négligé de dire que tel était le nom inscrit dans la lettre du chanoine) prit une expression singulière ; il entra, la tête baissée vers la terre, les mains jointes, dans l'attitude de la prière et de la réflexion.

« Peut-on toucher ce casque? demanda-t-il après avoir admiré longuement les ciselures et les pierreries dont il était couvert.

— L'usage est de le laisser voir aux visiteurs de distinction qui viennent ici, on leur permet même de l'essayer, puisqu'une fatale légende annonce la destruction de ce château lorsque le heaume aura trouvé un front assez robuste pour le porter sans fatigue. »

Maître Martin souleva deux fois le casque à la hauteur de sa tête, deux fois ses bras retombèrent ; une grande pensée semblait l'agiter; enfin, comme faisant un effort sur lui-même, il leva la visière, ouvrit le gorgerin et essaya la magique coiffure qui se trouva juste à sa mesure, et qui ne fit pas ployer d'une ligne son cou nerveux. L'intendant leva les bras au ciel, jeta un cri et se prosterna la face contre terre.

« Malheur à la maison de Ribeaupierre ! » répondit une voix qui sortait de derrière une colonne.

Et l'ombre de Thécla se projeta sur le casque, sur la statue, sur maître Martin dont le trouble augmentait de plus en plus. Faisant un effort sur lui-même, il releva le majordome en souriant.

« D'où vient donc que vous avez peur d'un pauvre marchand de fourrures, pacifique et ennemi de la guerre? Pouvez-vous croire que je sois dangereux pour votre maître ! Fi ! vous lui faites injure, ne parlez point de cet enfantillage, croyez-moi ; il est inutile d'effrayer mademoiselle de Ribeaupierre pour si peu de chose. »

L'intendant ne répondit que par une profonde inclination. Superstitieux comme tous les Allemands, il regarda dès lors le mystérieux étranger avec une crainte respectueuse. Sa fidélité de vieux serviteur s'inquiéta de ce funeste présage. Néanmoins, il garda le silence sur l'événement de la chapelle, ce secret lui paraissant trop important pour ne pas le conserver en lui-même ; mais il ne douta pas un instant du malheur de ses maîtres, et pleura d'avance sur cette famille à laquelle il avait dévoué sa vie.

La messe et le déjeuner réunirent maître Serrurier et ses hôtes. Edith l'accabla des soins et des prévenances qu'elle croyait devoir au protégé de son oncle. Après le repas, le comte de Ribeaupierre lui annonça que tout était prêt pour son départ.

« Je ne vous accompagnerai point, monsieur, il faut que je retourne à Turckheim, ma présence y est nécessaire. Lorsqu'hier au soir vous êtes venu réclamer mon secours au nom de mon vénéré parent, lorsque vous m'avez supplié de vous cacher à tous les yeux dans la crainte des reîtres dont nos troupes sont malheureusement composées en grande partie, je vous ai donné ma foi de gentilhomme que vous arriveriez sain et sauf à Nancy. Vous pouvez vous en reposer sur moi, sur les guides auxquels je vous confie. Vous allez être initié au secret intime de nos montagnes; mais vous n'êtes point un espion, je pense, on peut se fier à votre honneur ; vous ne nous trahirez pas ? »

Maître Martin releva vivement la tête à ces mots. Il fut un instant avant de répondre ; tout à coup sa physionomie changea complétement, son air commun fit place à une dignité remarquable, il avança la main vers son hôte comme pour faire un serment, et lui dit:

« Je vous remercie, monsieur le comte, j'ai changé d'avis ; je n'accepte pas les guides que vous m'offrez, je n'en ai pas besoin. L'hospitalité généreuse que j'ai reçue ici, la noble confiance que vous m'avez montrée ne sortiront pas de mon souvenir. Il se peut qu'un jour je sois à même de vous en prouver ma reconnaissance. Je pars seul, retournez à votre commandement, vous êtes digne de le conserver, car vous avez un cœur généreux et vous êtes brave. Merci aussi, mademoiselle, de votre bon accueil. Fasse le ciel que vous soyez heureux toujours, dignes enfants de la maison de Ribeaupierre ! si les bénédictions de l'étranger portent bonheur, les miennes vous suivront partout. »

Le comte et Édith restèrent étonnés des paroles qu'ils venaient d'entendre. Le marchand les salua et sortit sans qu'ils songeassent d'abord à le retenir. Un instant après, Wilfrid se frappa le front et courut sur ses pas ; l'inconnu montait à cheval quand il le rejoignit.

« Un instant encore, » dit le comte.

Maître Serrurier le suivit dans la salle d'armes.

« Monsieur, vous êtes mon hôte, me préserve le ciel d'avoir aucune méfiance de mon hôte ! Mais votre conduite est étrange ; vous partez seul lorsque je vous offre des guides ; vous allez vous mettre en chemin dans un pays que vous ne connaissez pas, quand vous n'êtes venu à moi que pour chercher ma protection. Pardonnez-moi si je vous parle ainsi ; dans un temps comme celui où nous vivons, lorsque tant d'ennemis nous entourent, je ne saurais trop prendre de précautions ; vous ne me quitterez point, vous ne sortirez pas de ce château que je ne sache bien positivement qui vous êtes.

— Maître Martin Serrurier, marchand de pelleteries à Paris, rue des Fourreurs, recommandé à vos soins par le révérend chanoine votre oncle.

— Pardonnez-moi si j'en doute ; je suis chargé de grands intérêts, je défends Turckheim.

— Monsieur le comte, il faut que je parte.

— Cela ne se peut plus.

— Il le faut, vous dis-je, quand je devrais employer la violence ; on m'attend.

— La violence ! vous êtes seul contre nous tous !

— Jeune homme, écoutez-moi. Vous êtes bien jeune, et la jeunesse a des instincts d'honneur que la corruption efface plus tard, hélas ! Vous entendrez la vérité. Je vous jure sur le Christ que je ne suis point un traître ; je vous jure que votre confiance n'est point mal placée. J'ai refusé de connaître vos secrets, et je m'en vais seul. Si le hasard me fait découvrir ce que je cherche, ce sera la volonté de la Providence, mais je ne vous en rendrai pas complice. Plus tard nous nous reverrons, je m'expliquerai davantage ; aujourd'hui je ne dois vous dire qu'un seul mot : laissez-moi partir, je ne vous trompe pas.

— Eh bien, monsieur, dût-il m'arriver des malheurs affreux, dussé-je être regardé comme un fou, je ne sais pas résister à cet accent de vérité qui règne dans vos paroles ; vous êtes libre. Que le ciel vous punisse si vous me trompez !

— Bien, bien, monsieur le comte, voilà qui prouve la noblesse de votre âme ; soyez sans crainte, vous ne serez pas trahi. Une dernière faveur : en souvenir de notre rencontre, changeons d'épée ; la mienne est moins brillante que la vôtre, cependant elle a également son prix, croyez-moi.

— Je ne serai pas confiant à demi, j'accepte. Adieu, monsieur, bon voyage et bonne chance ; si nous nous revoyons, vous serez peut-être moins mystérieux. »

L'étranger le salua de la main, monta à cheval et partit au galop.

III

Huit jours après, cette plaine si tranquille était semée de combattants. Au moment où on s'y attendait le moins, quand on le croyait retenu de l'autre côté des Vosges par la difficulté du passage, le vicomte de Turenne vint attaquer les Impériaux. Surpris à l'improviste, ils se défendaient vaillamment. Le canon grondait de toutes parts, des troupes de cavalerie parcouraient la vallée en tous sens, les habitants effrayés s'enfuyaient dans les bois. Édith, seule au château de Phalsberg, saisie de crainte et entourée de ses domestiques tremblants, priait le ciel de protéger son frère. Le vieux majordome lui avait, le matin, révélé l'aventure du casque d'or. Superstitieuse et exaltée, elle regardait dès lors la chute de sa maison comme inévitable. Vers le soir, fatiguée de son incertitude, et pensant que Thécla pourrait peut-être lui donner quelques nouvelles, elle s'achemina vers la caverne du Dragon. La chaumière de la sorcière était vide; dans une espèce de vase posé sur une table, se trouvaient des herbes aromatiques encore bouillantes; un poignard tombé à côté, un gantelet de chevalier un peu plus loin, indiquaient l'exécution de quelque charme magique. Édith se laissa tomber dans un fauteuil et attendit. La canonnade continuait toujours. Tout à coup la porte de la cabane s'ouvrit, Thécla, dans son costume ordinaire, mais le visage pâle et le maintien abattu, entra suivie de deux paysans. A l'aspect de la jeune fille elle fit deux pas en avant.

« Édith de Ribeaupierre, avez-vous vu ceci? — Et elle lui montrait le vase dont je viens de parler.

— Oui, répondit-elle ; mais vous, savez-vous quelque chose ?

— Je sais que j'ai passé la nuit à mélanger ces herbes magiques pour conjurer l'orage grondant sur cette vallée ; je sais que l'ennemi est venu, qu'on ne m'a pas écoutée, qu'il est entré malgré moi dans le château des Ribeaupierre ; je sais qu'aujourd'hui cet ennemi triomphe, et que mes charmes sont impuissants. Fille de mon seigneur, couvre-toi de deuil ; la prédiction est accomplie, le casque d'or a été sur une tête capable de le soutenir ; ta maison est éteinte. Malheur ! malheur ! malheur ! »

En ce moment le bruit du combat sembla se rapprocher, quelques cris se firent entendre, Édith se leva effrayée.

« Mon Dieu ! protégez mon frère, murmura-t-elle.

— Turckheim est pris, s'écria un des paysans placés en dehors de la cabane, car voici un parti de Français qui s'avance vers nous. Ils accompagnent un blessé. Oh ! Seigneur ! que vois-je ? mademoiselle, mademoiselle, c'est M. le comte ! »

C'était lui, en effet. Le mystérieux marchand, couvert d'habits somptueux, portant sur sa poitrine l'ordre du Saint-Esprit, marchait à côté du brancard. Édith se précipita vers son frère.

« Mademoiselle, lui dit respectueusement l'inconnu, il dort du sommeil des braves, vous ne le réveillerez pas ; mais je lui ai promis à son dernier moment de le porter au tombeau de ses pères, de faire ensevelir avec lui cette épée et le casque d'or dont le malheureux présage ne s'est que trop réalisé ; je lui ai promis de veiller sur sa sœur, et je tiendrai mon serment. Mon quartier général sera établi à Phalsberg, afin que ce château n'ait rien à souffrir de l'occupation de mes troupes ; et vous, mademoiselle, vous serez libre de vous retirer où vous jugerez convenable, mon appui ne vous manquera pas. »

La jeune fille ne répondit que par ses sanglots. —Le funèbre cortége marchait toujours, l'étranger soutenant Édith et lui adressant des paroles de consolation. Thécla les suivait répétant par intervalles : « Malheur ! malheur ! la maison de Ribeaupierre est éteinte.

— Quel est ce seigneur ? demanda le majordome.

— Le vicomte de Turenne, répliqua Thécla. A son tour maintenant, la mort ne le fera pas attendre ! »

UNE PROMENADE A RANDAN.

Il fait bien chaud pour voyager, n'est-il pas vrai, mon enfant? cependant c'est une si jolie chose qu'un voyage, à ton âge, où tout est plaisir, où tout est distraction. Tu entres dans la vie, les sentiers en sont bordés de fleurs que tes jeunes yeux voient éclore, et dont les parfums se répandent sur tout ce qui t'entoure. Veux-tu que, pour amuser les loisirs de la veillée, pour oublier ce soleil brûlant, je te raconte une promenade charmante que j'ai faite il y a quelques années? Nous y gagnerons toutes deux, toi, en apprenant ce que tu ne sais pas, peut-être, moi, en évoquant un agréable souvenir. C'est une si douce chose qu'un souvenir sans regrets!

« J'étais en Auvergne, dans ce pays d'Auvergne, un des plus curieux à visiter de notre chère France. J'avais déjà vu des merveilles de toutes sortes dont je te parlerai une autre fois si cela t'amuse, lorsque, par le plus beau soleil possible, je partis de Clermont pour aller visiter Randan.

« La route traversait la Limagne dans toute sa longueur. C'est une plaine riante et cultivée, coupée de ruisseaux, de prairies, parsemée de bouquets d'arbres, de villages et de châteaux. De temps en temps, sur une cime de montagne, on distingue un vieux manoir, et puis la pointe d'un clocher gothique. Mais cela passe comme un songe, on n'a que le temps d'entrevoir. Combien de choses nous effleurons ainsi dans la vie! combien de bonheurs aperçus et laissés loin derrière nous! combien d'illusions enchanteresses effacées sans même avoir été nommées!

« En traversant Riom, on perd tout désir de s'y arrêter. C'est une ville triste. La prison, dont on longe les murs, serre le cœur. On ne respire librement qu'en retrouvant la vaste étendue du marais (ainsi s'appelle cette partie de la Limagne).

« Aigue-Perse est une ancienne cité, ses églises sont curieuses. Tu y verrais des statues bien vieilles, un tombeau caché dans le fond d'une chapelle, dont l'inscription indéchiffrable te laisserait une vive curiosité. On y a représenté une jeune mère tenant son enfant au sein. A leurs pieds, un homme, un vieillard, je crois, paraît dans un état de désespoir violent. C'est peut-être là une belle légende, je te la conterais volontiers si je la savais. Hélas! qui la sait?

« D'Aigue-Perse à Randan on n'allait autrefois qu'avec des bœufs, maintenant le chemin large et commode vous conduit sans dangers jusqu'à la grille de la première cour. Tu serais frappée de l'aspect du château, ma chère enfant, et je t'assure qu'il produit cet effet-là sur tout le monde. On suit une belle allée d'arbres, à travers lesquels se devinent les communs, les écuries, et au milieu des buissons de fleurs, apparaissent ces tours à flèches pointues, ces murailles à carreaux mosaïques rouges et noirs, dont l'assemblage est si original.

Imagine-toi qu'à la place de ce vaste bâtiment, il n'y avait autrefois qu'une espèce de donjon (c'est la tour de droite où se trouve l'appartement du roi), tout le reste a été ajouté. Le chevalier sans peur, ce grand Bayard que tu connais, venait souvent se délasser des fatigues de la guerre chez sa mie, la dame de Randan. En entrant dans le salon, qui n'est précédé que d'un vestibule, on retrouve les habitudes bourgeoises de la maison d'Orléans. On est entouré de meubles brodés par les filles du roi, par la reine même, une grande table ronde avec des tiroirs numérotés rappelle les intérieurs de familles campagnardes. Les tentures, les ornements ne sont pas assez somptueux, il y a là trop de simplicité pour un appartement royal. Ce défaut est racheté dans celui qu'on a arrangé sur l'emplacement de l'ancienne chapelle. Ce sont des soieries, des peintures, des glaces, on est ébloui, on est content, c'est d'une admirable élégance. Dans la chambre à coucher de Madame Adélaïde, j'ai remarqué les portraits de tous les jeunes princes quand ils étaient enfants, des souvenirs d'émigration, des vues d'Angleterre; ce sont presque les seuls tableaux que l'on voie à Randan.

« Tout autour du château règne une galerie, une sorte de balcon qu'on a élargi en abattant une tourelle qui devait être d'un effet peu agréable. C'est là qu'est la véritable grandeur de ces lieux : une vue magnifique, une de ces vues d'Auvergne qui étonnent par leur étendue. On domine les vallées et les montagnes, à l'exception de la chaîne du Puy-de-Dôme, qui se découpe sur le ciel dans un lointain bleuâtre et vaporeux.

« Ce qui te charmerait le plus à Randan, c'est la chapelle. On y va du château par une galerie découverte, dans le genre de celle du Palais-Royal. Rien n'est plus joli que cette terrasse garnie de fleurs de toutes saisons. La chapelle est petite; de la tribune des princes, où je suis entrée, on la domine tout entière. On est frappé d'une impression nouvelle, rien ne ressemble à ce que vous voyez. Au-dessus de l'autel est une statue de l'Immaculée Conception. Les deux fenêtres sont deux immenses glaces sur lesquelles sont peintes des vierges admirables. C'est mieux que les vitraux anciens, ce sont de beaux tableaux sur verre. Ce procédé, si longtemps perdu, est retrouvé d'une manière bien victorieuse. Les couleurs sont aussi vives, aussi brillantes, et on s'est débarrassé de cette multitude de traverses en plomb qui séparaient les figures en mille pièces et qui en gâtaient les lignes.

« On vous conduit ensuite par des escaliers dérobés et des corridors aux nouvelles salles à manger. Rien n'est plus digne d'une princesse. Dans ces salles voûtées et peintes sur du stuc, on est entouré de fleurs, d'amours, de papillons, d'oiseaux; enfin de toutes les choses gracieuses de la nature, représentées avec un vrai talent. Les meubles et les portes d'érable, incrustés d'amarante, ressortent admirablement sur ce fond bizarre. Les cuisines, qui précèdent, sont à elles seules une véritable merveille. Et puis les fours, grands et petits, c'est une espèce de monde; on n'a pas d'idée de tout ce qu'elles renferment, le tournebroche est une merveille, les offices, les innombrables casseroles, je t'assure que l'eau en vient à la bouche. Il paraît qu'on mange beaucoup à la cour!

« Nous descendîmes ensuite dans le jardin. Il ressemble à tous les jardins parfaitement tenus; mais quand on arrive en face du château, on reste en admiration, on en est séparé par un champ de roses qui se présente en amphithéâtre couronné de ses belles tours. C'est un coup d'œil magique. J'ai eu bien de la peine à m'y arracher pour faire une excursion dans la forêt. Là tu verrais de beaux arbres, des allées aussi soignées que celles d'un parterre, c'est une promenade pleine de charmes !

« Veux-tu maintenant savoir quelque chose de ce qui s'est passé dans ces lieux? Je vais te raconter ce que j'ai lu dans de vieux livres que j'ai feuilletés pour toi et qui m'ont amusée. Je ne sais pas si c'est par sympathie, mais j'aime les vieilles histoires.

« *Randan* paraît avoir été depuis 570 un monastère de Bénédictins, célèbre par ses miracles ; peut-être même a-t-il existé en même temps que le château. Baudouin de Randan vivait en 1204, Chatard de Randan en 1208, Guillaume de Randan traita en 1224 avec Chatard de Vichy, seigneur d'Abret. La fille de Baudouin épousa Hugues, seigneur du château, qui prit le nom de château de Randan, auquel son fils ajouta, en 1240, le nom de Saligny qui était celui de sa femme. Leur tombeau a été découvert dans le bâtiment que l'on appelait le Monastère ou le Vieux Château.

« Après trois générations, la terre arriva à Jean Lourdin, qui fut connétable des royaumes de Naples et Sicile ; le mariage de sa fille amena le château dans la maison de Coligny d'Andlau, et ensuite dans celle de Polignac. Elle y resta jusqu'à ce que plusieurs alliances la fissent passer dans celle de Larochefoucauld.

« C'est par erreur que quelques auteurs font mourir du Guesclin devant le château de Randan ; il est mort au siége de Châteauneuf de Randon. Mais si cette histoire est controuvée, il en est une du même temps presque, et qui passe pour plus véritable, c'est celle du chevalier Bayard et de la belle dame de Randan. En rapprochant l'époque où vécut Bayard, de la vie des dames de Randan, on trouve que ce dut être à Anne de Polignac que le bon chevalier adressa son hommage. Anne resta veuve de 1515 à 1518. C'est elle qui reçut en 1539, dans son château de Verteuil, Charles-Quint et les enfants de France, Henri, depuis Henri II, et Charles son frère, avec tant de noblesse et de grâce, que l'empereur dit : *n'avoir jamais entré en maison qui sentît mieux la grande vertu, honnêteté et seigneurie que celle-ci.*

« Une comédie de Monvel représente la dame de Randan refusant les hommages de tous les seigneurs de la cour et du roi François 1er lui-même, et choisissant Bayard pour époux. Mais Bayard mourut sans avoir été marié, et s'il aima et fut aimé de la dame de Randan, il ne l'épousa pas. C'est au château même de Randan que la tradition le fait venir.

« Les voyageurs ne traversaient pas toujours au quatorzième siècle les bois de Randan sans danger. Le pape Clément VI, pendant qu'il était abbé de la Chaise-Dieu, allant de Paris à son abbaye, fut arrêté et dépouillé dans la forêt de Randan ; il se réfugia au prieuré de Thuret, à trois lieues de la forêt, et fut très-bien reçu par le prieur Étienne Aldebrand. Touché de ses soins, Clément VI lui demanda, dit-on : « *quand il pourrait reconnaître ses services ?*

— « Quand vous serez pape, » lui répondit Aldebrand qui ne pensait sans doute pas si bien dire.

« En effet, Clément étant devenu pape, nomma Aldebrand évêque de Toulouse et son camérier.

« Charles, sire de Rueil, premier mari d'Anne de Polignac, fut tué à la bataille de Marignan en 1515 ; elle eut de ce mariage un fils : Jean de Rueil, tué au siége d'Hesdin sans avoir été marié.

« La terre de Randan passa au second mari d'Anne de Polignac, François II, comte de Larochefoucauld, prince de Marsillac, qu'elle épousa le 5 février 1518, et qui laissa sept enfants, dont le second, Charles de la Rochefoucauld, fut seigneur de Randan. Il commanda cinquante hommes d'armes des ordonnances, fut chevalier des ordres du roi, et servit à la défense de Metz, où il livra, avec cent chevau-légers qu'il commandait, un grand combat, contre don Henriquez qu'il battit. Il fut ensuite nommé colonel général de l'infanterie, ambassadeur en Angleterre, conclut la paix avec l'Écosse, fut blessé au siége de Bourges et tué au siége de Rouen en 1562, à l'âge de trente-sept ans. Il avait épousé Fulvie Pic de la Mirandole.

« Une circonstance remarquable, c'est que c'est aux femmes que la terre de Randan doit sa gloire et son illustration.

« Anne de Polignac était, on peut le croire, veuve du comte de Sancerre, lorsqu'elle fut aimée de Bayard. Elle était veuve du comte de la Rochefoucauld, lorsqu'elle reçut chez elle Charles-Quint et les enfants de France. Fulvie de la Mirandole était veuve, lorsque l'on érigea en sa faveur la terre de Randan en comté. Plus tard, la comtesse de Sennecey obtint, le 2 mai 1649, que la terre de Randan ne relevât que du roi ; et au mois de décembre 1663, le comté de Randan fut érigé en sa faveur en duché-pairie. Il paraît que c'est à la première comtesse, Fulvie de la Mirandole, que l'on doit d'avoir fait rétablir le château sur un plan plus régulier. Les armes de la Rochefoucauld, qui sont burelées d'argent et d'azur, à trois chevrons de gueules sur le tout, le premier érimé, se voyaient il y a peu d'années sur l'entrée de la cour, et une tradition du pays attribue la construction du château à un prince de la Mirandole, et même, disent quelques-uns, au fameux Pic de la Mirandole, mais pour ce dernier, la chose n'est pas possible.

« De ces divers rapprochements seulement, on est amené à conclure, que la nouvelle comtesse de Randan l'a fait élever sans doute après l'érection de sa terre en comté. Du reste, l'architecture ne contredit en rien cette assertion ; elle rappelle les châteaux du seizième siècle : Saint-Germain, Fontainebleau sont du même style que Randan. Il existe une carte topographique fort grossière de Siméoni, Florentin, qui représente le château de Randan, qui termine la Limagne à l'extrémité nord, placé sur une éminence, la façade tournée du côté de l'orient ; il se compose de deux tours, placées en trois corps de logis, l'un au milieu, les deux autres à droite et à gauche, celui du milieu plus grand que les deux autres. La tour méridionale est ronde, la tour septentrionale carrée. Nulle proportion n'a été observée dans cet ouvrage, que son ancienneté seule rend curieux, et qui peut donner une idée grossière de ce qu'était Randan au seizième siècle.

« Fulvie de Mirandole eut quatre fils : Jean-Louis de la Rochefoucauld, comte de Randan, a tenu le premier rang en Auvergne pendant les guerres de la Ligue. On attribue à une dame de Randan, qui ne pourrait être que Fulvie, l'anecdote suivante :

« Après avoir été fille d'honneur de la reine Catherine de Médicis, et dame d'honneur de la reine Louise de Lorraine, veuve à vingt-deux ans, elle quitta la cour en 1558. On prétend qu'elle se retira à Randan, et que là, encore dans l'éclat de la jeunesse et de la beauté, cette beauté même lui devint odieuse et augmenta ses regrets. Elle voulut en perdre jusqu'au souvenir et fit enlever de son château tout ce qui pouvait la lui représenter. Au bout de douze ans passés dans le chagrin et l'abandon, obligée de quitter son château, elle descendit dans une hôtellerie, et aperçut une femme âgée qui semblait la regarder et l'attendre. Elle la salua, son salut lui fut rendu aussitôt, elle la salua encore. C'était elle-même qui n'avait pu se reconnaître dans l'image de cette femme flétrie par les années. Elle se croyait encore belle comme à vingt ans.

« Jean-Louis de la Rochefoucauld, comte de Randan, chevalier des ordres du roi, commandant de cent hommes d'armes et gouverneur d'Auvergne, est celui de tous les seigneurs de Randan qui a laissé le plus de souvenirs.

« Ligueur forcené, et assisté par son frère l'évêque de Clermont, il fut la principale cause des malheurs du pays. Il prit, le 15 juillet 1539, le château de Bussières, près Randan. Il prit et ravagea Vic-le-Comte, et enfin Issoire qui fut livré au pillage pendant trois mois.

« Il fit ou laissa prendre d'assaut le château de la Mothe qui appartenait à Jean d'Arnauld, son ami, de la famille des Arnauld, si célèbre, et auquel il avait promis que rien ne serait tenté sur ses propriétés. Aussi, à la bataille de Croz-Rolland, près d'Issoire, où d'Arnauld combattait à la tête des troupes royales, ce dernier cherche Randan, l'atteint, le fait prisonnier, après l'avoir blessé de deux coups d'épée, et un cavalier lui tire un coup de pistolet. D'Arnauld, aussi nommé la Mothe, du nom de son château, le charge sur son cheval, et le conduit ainsi deux cents pas ; mais attendri par ses souffrances, il le fit placer dans une voiture, et le fit conduire à Issoire dans sa propre maison, où le comte de Randan mourut une heure après. *M. de la Mothe lui faisant, durant sa vie*, dit un historien, *tout le service et secours qu'il put*. Le corps du comte de Randan fut porté à Riom, et déposé dans une chapelle de l'église des Cordeliers : il y resta jusqu'au mois d'avril 1664, époque où sa fille le fit porter à Randan.

« Les seigneurs de Randan avaient un tombeau dans l'église de Randan ; on y descendait par une trappe sous une des dalles de l'église. Il était sous la première chapelle, du côté de l'Évangile. Cette chapelle était celle du château, on y parvenait par une porte particulière, aujourd'hui murée.

« Jean-Louis de la Rochefoucauld avait épousé Isabelle de la Rochefoucauld ; il n'en eut qu'une fille, Marie-Catherine, qui lui succéda dans la seigneurie de Randan. Elle avait épousé, le 8 août 1607, le marquis de Sennecey, lieutenant du roi au comté de Maconniers, chevalier des ordres, ambassadeur en Espagne, qui mourut à quarante-quatre ans d'une blessure reçue au siége de Royan. Le marquis de Sennecey était de la maison de Beaufremont. La marquise de Sennecey fut nommée, par la reine Anne-d'Autriche, gouvernante du roi Louis XIV, dit un auteur, et de M. le duc d'Orléans, son deuxième fils. On conçoit, d'après Saint-Simon, que la grande faveur de madame de Sennecey, auprès de la reine, vint de sa conduite lors de l'avanie faite au Val-de-Grâce à Anne d'Autriche, que le chancelier Séguier fouilla jusque dans son sein. Dès que la reine fut veuve et régente, en 1643, elle rappela madame de Sennecey, la rétablit sa dame d'honneur : sa fille, la comtesse de Fleix, eut la survivance, et elles devinrent duchesses.

« La survivance du duché-pairie de Randan fut concédée en même temps que sa création à Marie-Claire de Beaufremont, fille de la marquise de Sennecey; et à Jean-Baptiste de Foix-Candale, son petit-fils, et à ses descendants mâles.

« La duchesse de Randan mourut le 10 mai 1677, à l'âge de quatre-vingt-neuf ans ; elle fut très-regrettée dans la province, et entre autres à Riom qu'elle avait comblé de bienfaits, en voici un exemple : dans ces temps de disette, elle fit donner à la ville tout le blé qu'elle avait dans les greniers de Randan, et laissa aux conseils le soin d'en fixer le prix. En reconnaissance, une députation lui fut envoyée pour lui demander la permission de faire faire son portrait pour être placé à l'hôtel-de-ville. En 1793, ce portrait, où elle est peinte en deuil et en grand costume de cour, fut pris pour celui d'une religieuse, et sa figure percée d'un coup de sabre.

« On croit que si Fulvie de Mirandole, comtesse de Randan, a fait commencer le château moderne, Marie-Catherine de la Rochefoucauld, duchesse de Randan, l'a fait continuer, car on prétend qu'il a été trouvé dans une flèche qui était sur une des tours carrées de la façade abattue en 1821 ou 1822, une plaque en cuivre sur laquelle on lisait le nom de l'ouvrier et ces mots : *bâti en* 1630 *ou* 1666, on n'est pas parfaitement sûr de la date.

« Les deux enfants de la duchesse de Randan et du marquis de Beaufremont, moururent tous les deux au service avant leur mère :

le premier portait le nom du marquis de Sennecey; le second, Louis de Beaufremont, nommé comte de Randan, fut tué à la bataille de Mersée, le 16 juillet 1641. Le comte de Fleix, gendre de M. de Sennecey, était mort de même au siége de Marvick.

« Marie-Claire de Beaufremont, marquise de Sennecey, devenue, après sa mère, duchesse de Randan, et dame d'honneur de la reine Anne, mourut trois ans après, à l'âge de soixante-deux ans, en 1680. Son fils aîné, Jean-Baptiste Gaston de Foix, duc de Randan, pair de France, était mort en 1665, à vingt-sept ans; il ne laissa qu'une fille qui mourut à dix ans.

« La nouvelle pairie tomba à Henri-François de Foix, duc de Randan, né en 1640, il mourut le 22 février 1714, sans laisser d'enfants; avec lui s'éteignit le duché-pairie de Randan qui n'eut ainsi que cinquante-trois ans d'existence, et la terre reprit le titre de comté que Louis XIV lui avait expressément réservé.

« Le dernier duc de Randan, sept jours avant sa mort, avait fait, à la date des 14 et 15 février 1714, un testament authentique. On n'a pu découvrir le notaire qui l'avait reçu, et l'on n'en connaît pas la disposition. On doit croire qu'il appela à sa succession ses héritiers naturels.

En effet, le duc de Lauzun, qui hérita de la terre, était parent du dernier duc, puisqu'il était neveu de la grand'mère du duc de Randan, et oncle, à la mode de Bretagne, de ce dernier.

« Antoine, comte, puis duc de Lauzun, succéda au duc de Foix; il était de la famille Nompart de Caumont. Qui ne connaît sa vie, sa faveur, sa disgrâce? à l'âge de soixante-deux ans, Lauzun épousa, le 21 mai 1695, Geneviève-Marie de Durfort, fille du maréchal de Lorge, à peine âgée de seize ans. Ce mariage ne fut pas heureux : on accuse, en Auvergne, le duc de Lauzun d'avoir, par jalousie, enfermé sa jeune femme pendant plusieurs années à Randan, et la duchesse était irréprochable. Elle jouissait cependant d'une certaine liberté, et recevait les personnes considérables de la province.

« Le duc de Lauzun mourut en 1723, à l'âge de quatre-vingt-dix ans, sans laisser d'enfants ; son titre et sa fortune passèrent au duc de Biron, son petit-neveu, dont un neveu a porté jusqu'en 1789 le nom de duc de Lauzun. La duchesse, soit comme héritière testamentaire, soit comme exerçant ses reprises, succéda à son mari dans la possession de Randan, dont elle fit don, sans réserve d'usufruit, à son neveu Guy Michel de Durfort. Elle vécut jusqu'au 17 mai 1740.

« A la mort de la duchesse de Lauzun, Randan appartint à la maison de Lorge, et Guy Michel de Durfort en devint propriétaire ; il fut mestre-de-camp d'un régiment de cavalerie de son nom, en 1720 ; lieutenant général au gouvernement de la comté de Bourgogne, en Franche-Comté, en 1730 ; brigadier de cavalerie, en 1740 ; chevalier des ordres, en 1745 ; lieutenant général la même année ; et maréchal de France en 1768. Il était connu généralement en Auvergne sous le nom de maréchal de Randan. A la mort du maréchal, la terre de Randan échut à son frère, Louis de Durfort, qui eut deux fils et deux filles ; les deux fils moururent tous deux avant leur père ; l'aînée des filles fut mariée en 1754, au vicomte de Choiseul, l'autre au comte de Durfort-Civrai.

Randan fut adjugé, le 1er septembre 1781, au vicomte de Choiseul, devenu duc de Praslin. A la mort de son frère, la duchesse reprit la terre de Randan, comme lui appartenant en propre. La seigneurie de Randan restait à la maison de Choiseul-Praslin, lorsque la Révolution vint lui enlever, priviléges, dîmes, rentes féodales, cens, et la réduire au rôle de chef-lieu de canton et de justice de paix.

A cette époque, les archives du château furent brûlées et le château lui-même ne fut sauvé que par la solidité de ses tours. Le tombeau des anciens comtes de Randan, où se trouvaient encore trois bières intactes, fut violé, les ossements dispersés, le caveau comblé, la chapelle nivelée.

Après plusieurs changements, le bourg et château de Randan fut enfin acheté par mademoiselle d'Orléans, en 1821, et devint ainsi une demeure princière.

Voilà, ma chère enfant, l'histoire de ce noble manoir. Tu vois combien de noms illustres ont traversé ces murs ; de combien d'événements il a été témoin. Ce petit coin du monde a ses chroniques comme un grand royaume, et ses douleurs comme tout ce qui appartient à l'humanité.

J'espère t'en avoir donné une idée juste ; j'espère t'avoir inspiré le désir de le parcourir un jour ; mais ce que je ne puis te rendre, ce sont les impressions de mon âme en face de ces merveilles de la création, embellies encore par les merveilles de l'art. L'homme est bien petit au pied des montagnes ; il y a si loin de lui aux sommets orgueilleux perdus dans les nuages ! Pourtant, cet être si faible et si borné a créé aussi : c'est lui qui a conçu le plan de ces bâtiments majestueux ; c'est lui qui a combiné ces couleurs si brillantes pour en former une imitation de la nature, plus belle que la nature elle-même. Oh ! que de reconnaissance on doit à celui qui a fait et les hommes et les montagnes. Dieu a mis un peu de son esprit dans le nôtre. A ton âge, cet esprit domine encore, voilà pourquoi les enfants ressemblent à des anges. Oh ! garde, garde tes ailes ! elles tomberont assez vite. Une autre fois, je te raconterai le château d'Effiat, les jeunes malheurs de l'infortuné marquis de Cinq=Mars ; ensuite, si cela ne t'ennuie pas, nous nous promènerons ensemble dans toute l'Auvergne. J'aurai de superbes légendes, de longues histoires à te dire. M'écouteras-tu ? Les vieilles gens aiment à causer ; ils aiment à parler de ce qui n'est plus, parce qu'ils n'osent pas songer à leur destinée future, ils se cramponnent à cette terre, en se rappelant les liens qui les y attachent. Ces liens, si nombreux dans nos jours de jeunesse, se rompent peu à peu ; on reste seul au milieu d'une génération nouvelle qui ne vous comprend pas, pour qui vous êtes une énigme. On ne remplace point l'avenir par le passé, mais l'un peut faire oublier l'autre ; et l'oubli, c'est le sommeil des vieillards.

FIN.

TABLE.

Henriette de Namples	5
Les Inséparables	35
Ma Mère!	63
Marie	77
Le Petit Château	97
Georges Minsky	113
André	139
Le Singe d'Adrien	151
Le Grand Pompée	161
La Chambre du Proscrit	177
Le Chevalier de Malthe	199
Le Casque d'or	259

FIN DE LA TABLE.

www.ingramcontent.com/pod-product-compliance
Lightning Source LLC
Chambersburg PA
CBHW060359170426
43199CB00013B/1931